Der Onkel

Herbert Wehner
in Gesprächen und Interviews

Herausgegeben von Knut Terjung

Hoffmann und Campe

CIP-Kurztitelaufnahme der Deutschen Bibliothek

Der Onkel: Herbert Wehner in Gesprächen u. Interviews /
hrsg. von Knut Terjung. – 1. Aufl. – Hamburg:
Hoffmann und Campe, 1986.
ISBN 3-455-08259-9
NE: Wehner, Herbert [Mitverf.]; Terjung, Knut [Hrsg.]

Copyright © 1986 by Hoffmann und Campe Verlag, Hamburg
Schutzumschlag- und Einbandgestaltung: Werner Rebhuhn
unter Verwendung eines Fotos von Knut Terjung
Gesetzt aus der Aldus-Antiqua
Satz: Utesch Satztechnik GmbH, Hamburg
Druck und Bindung: May + Co., Darmstadt
Printed in Germany

Inhalt

Vorbemerkungen

Eine »Agentin für Autorenrechte« hatte mich angesprochen. Sie habe eine Idee und dafür einen Verlag an der Hand und suche nur noch jemanden, der das Buch mache. Sie meinte, es gebe sicherlich eine große Anzahl von Menschen, die interessiert wären nachzulesen, was Herbert Wehner im Laufe vieler Jahre gesagt hat – nicht in zurechtgelegten Reden, sondern spontan und unvorbereitet in Gesprächen und Interviews mit Journalisten. Sie meinte, daß ich dafür als Herausgeber in Frage käme, weil ich unter Wehner in den Jahren von 1974 bis 1982 als Pressesprecher der Sozialdemokratischen Bundestagsfraktion gearbeitet habe.

Ich empfand es als sehr reizvoll, mittels eines renommierten Verlages wesentliche politische Gedanken des inzwischen Achtzigjährigen in Erinnerung zu bringen – wachhalten zu helfen. Was mich aber besonders für diese Idee einnahm, war die Vorstellung, zusätzlich den Versuch zu unternehmen, von meinem früheren »Chef«, der sich vor drei Jahren auf »seine« schwedische Insel Öland zurückgezogen und seitdem beharrlich geschwiegen hat, Antworten auf Fragen zu erhalten, die ich mir so oft gestellt habe und damit die hier abgedruckten grundlegenden Wehner-Interviews aus früheren Jahren zu ergänzen.

Im Dezember 1984 sprach ich Herbert Wehner auf das Vorhaben an. Er meinte, das könne man machen, und das könne Sinn geben. Er lud mich ein, in den ersten Tagen des Jahres 1985 in sein Haus nach Schweden zu kommen, bei ihm und seiner Frau zu wohnen. Dort fänden wir dann genügend Zeit zu reden. Die Gespräche, die wir miteinander hatten, habe ich vom Tonband abgeschrieben und etwas gekürzt. Das Drum und Dran meines Aufenthalts bei den Wehners, der mir nachhaltig in Erinnerung bleiben wird, versuche ich sehr detailliert zu schildern, weil ich denke, die Persönlichkeit dieses Politikers könnte so für manch einen verständlicher werden – auch wenn Wehner selber das Persönliche stets bewußt vor der Öffentlichkeit verbarg, weil es ihm ganz und gar darauf ankam, was man »die Sache« nennt.

Der hilfsbereite Peter Munkelt, Leiter des Archivs im Erich-Ollenhauer-Haus, hat mir einen riesigen Stoß von Abschriften fast aller Wehner-Interviews zugänglich gemacht. Sie zu sichten, dauerte Monate. Das Buch konzentriert sich auf diejenigen Interviews, die nach meiner Ansicht Wehners wichtigste politische Anstöße markieren und den biographischen Hintergrund dazu erhellen. Einige kleine tagesaktuelle Frage- und Antwort-Niederschriften sollen Wehners Art von Spontaneität belegen. Und es scheint unverzichtbar, seine wohl wichtigste Bundestagsrede vom 30. Juni 1960 zu dokumentieren, weil in den Gesprächen mit Recht sooft Bezug darauf genommen wird.

Manche Fragen wurden dem SPD-Politiker zu verschiedenen Zeitabschnitten von verschiedenen Journalisten immer wieder vorgelegt. Er hat dann natürlich nicht immer das gleiche geantwortet. Es ist aber sicherlich von Interesse, wie die Variationen um einige zentrale politische Themen in diesem Buch sichtbar werden. Personen- und Sachregister mit ihren Annotationen – für die hilfreiche Unterstütung danke ich Franklin Kopitzsch und Regine Stützner vom Hoffmann und Campe Verlag – erleichtern dem Leser, diese Themen zu verfolgen.

Schließlich sei vorweg bemerkt, daß hier Rundfunkinterviews in der Form unkorrigierter Bandabschriften wiedergegeben werden, das heißt völlig unpoliert. Diese Texte mögen zuweilen nur mit etwas Mühe lesbar sein, ihre Ursprünglichkeit bleibt dabei aber gewahrt.

Athen, Oktober 1985   Knut Terjung

Teil 1

Mit 80

»Die Insel ist wie ein Naturreservat mit ihren seltenen Pflanzen und mehr verlassenen Windmühlen als neuzeitlichen Schornsteinen«, schrieb der langjährige schwedische Regierungschef Tage Erlander nach einem Besuch bei Herbert Wehner auf Öland, den er zu seinen »schönsten Erinnerungen – aus vielen Gründen« zählt. »In einem sonnigen, trockenen Klima leben einige treue Inselbewohner und pflegen ihre historischen Erinnerungen, von denen die meisten nach dem Zeugnis eines berühmten Historikers traurige sind.

Auf der Ostseite mit Ortsnamen aus der Wikingerzeit wie Spjuterum und Runsten wohnen Wehners in einem sehr schönen alten Haus. Als Gast – auch wenn man nicht Ministerpräsident ist – wird man mit gehißter schwedischer Flagge empfangen« – so Tage Erlander.

Als ich am 2. Januar 1985 dort eintreffe, weht keine Flagge. Das wäre wohl auch zuviel der Ehre, und zum Flaggehissen sind auch die Witterungsverhältnisse keinesfalls angetan. Es ist minus zehn Grad kalt. Ein Schneesturm von Stärke zehn fegt über Öland, bildet meterhohe Schneeverwehungen. Die Reise war umständlich: mit dem Flugzeug nach Kopenhagen – mit der Fähre nach Malmö - mit dem Zug über Alvesta nach Kalmar – dann mit dem Taxi vom Festland aus sechs Kilometer über Europas längste Brücke auf die Insel. Für die Wehners ist die Fahrt von Bonn hierher noch schwieriger, denn sie benutzen nicht das Flugzeug, sondern ihren schwedischen Volvo.

Hätte mir Greta – Wehners Stieftochter, die er vor ein paar

Jahren geheiratet hat – nicht sehr sorgfältig den Weg beschrieben, wäre das Haus unmöglich zu finden gewesen. Denn die schwedischen Nachbarn sind von Wehners »vergattert«, keinerlei Auskunft zu erteilen. So sollen unliebsame Besucher abgehalten werden.

Auf eigene Faust, ohne Gretas liebevolle Wegweisungen, hatten sich einmal Horst Ehmke und Conrad Ahlers hierher durchgeschlagen. Das war zu Herbert Wehners 65. Geburtstag. »Der Onkel«, dem die Befeierungen seiner Person stets zuwider waren, der sich Geburtstagsfeten entschieden verbat, hatte sich der ihm von seinem Parteivorstand zugedachten öffentlichen Ehrung durch Urlaub auf Öland entzogen. Willy Brandt aber, darauf beharrend, daß es nicht angehe, diesen Tag im Leben des ehrwürdigen Jubilars einfach zu ignorieren, hatte die beiden findigen Emissionäre abkommandiert, ein ordentliches Geschenk zu übermitteln. Als es den beiden Polit-Männern, ehemalige Fallschirmspringer, nach vielen Mühen dann schließlich doch gelungen war, Wehners Schweden-Domizil auszukundschaften, fanden sie das Haus verschlossen und leer vor.

Der »alte Fuchs« hatte Lunte gerochen, war an diesem für ihn sehr privaten Tag vorsorglich in ein anderes Haus ausgewichen, das ihm Freunde zur Verfügung gestellt hatten. Nur das Vortäuschen, man sei in wichtigem Staatsauftrag der Bundesrepublik Deutschland gekommen, hatte eingeweihte schwedische Wehner-Nachbarn veranlassen können, das Geheimnis zu verraten. Als das Gratulationsteam Ehmke/Ahlers dann endlich auf Wehner gestoßen war, strafte »der Onkel« die unerbetenen Gäste mit langem Schweigen ab.

Als ich jetzt ankomme, ist mitten im Schnee ein sommerlicher Gartenstuhl an die durch die Schneeverwehungen kaum zu erkennende Straße gestellt worden – verabredetes Zeichen: Hier aussteigen aus dem Taxi – links durch den Schnee stapfen – nicht über die verwehte Freitreppe, sondern von unten, durch die Kellertür das Haus betreten. Greta heißt mich dort willkommen, verpaßt mir Pantoffeln,

führt mich nach oben in die Küche. Dort erhebt sich »der große alte Mann der deutschen Sozialdemokratie«, wie manche pathetisch über Wehner sagen, und der dann »einszweiundachtzig« zischt, von seinem ihm angestammten Schaukelstuhl: »Habe die Ehre.«
Ansonsten spricht er äußerst wenig an diesem Vormittag. Greta redet mit mir, und Wehner verharrt schweigend in seinem dunkelblauen Strickpullover in seinem Stuhl am Fenster.
Ich habe Greta, die gern Süßes ißt, eine Dose selbstgebackener Weihnachtsplätzchen mitgebracht, Herbert Wehner eine Dose seiner seit Jahrzehnten beibehaltenen amerikanischen Tabakmarke »Revelation«, ein kerniges Graubrot und eine Flasche klaren Schnaps, der hier bekanntlich teuer ist und den die Wehners gern einmal an Nachbarn weitergeben. Wehner quittiert diese Mitbringsel mit kaum wahrnehmbarem Lächeln aus einem Mundwinkel heraus. Aber, nachdem ich irgendwann an diesem Vormittag einen Teil der Schneemassen weggeschaufelt habe, damit der ersehnte Postbote durchkommt, da steht er von seinem Platz in der Küche auf, streckt sein Kreuz durch, streckt seine Hand aus und sagt, fast feierlich: »Ich danke Ihnen.«
Greta führt mich durch das Holzhaus, das die Familie vor 23 Jahren über Parteifreunde erworben hat. Man habe sich das nur leisten können, weil es damals »nicht mehr als ein Mittelklassewagen« gekostet hat. Die Einrichtung der vielleicht sieben Zimmer ist im Laufe der Zeit gewachsen. So hat sich jemand eingerichtet, der sagen kann, er stamme aus einer »richtigen« Arbeiterfamilie und der sich eine umfassende Bildung angeeignet hat. Da dienen keine Vorlagen aus Glamour-Heften von »Schöner Wohnen«, da gibt es nichts »Repräsentatives«, sondern nur schlichte Behaglichkeit. Im unteren Stock: die Wohnräume mit schwedischen Möbeln und altem Kachelofen. Nach Neujahr steht noch der Weihnachtsbaum, den Greta mit selbstgefertigten Strohsternen und Äpfeln geschmückt hat – auf sächsische Art. Darunter: eine Krippe aus dem Erzgebirge mit handgeschnitzten Figu-

ren, das Jesuskind in der Mitten. In die Fenster hat Greta, immer darauf bedacht, es Herbert Wehner schön zu machen, rote Pyramiden gestellt mit aufgesteckten Elektrokerzen – ein schwedischer Brauch.

Einen Stock höher liegen die Schlafräume. Vor dem Treppenaufgang dorthin hängt zwischen Bildern ein Spruch an der Wand:

> Es ist uns aufgetragen
> am Werke zu arbeiten,
> aber es ist uns nicht gegeben
> es zu vollenden.

Greta führt mich auch in das kleine Zimmer, in dem der fast Achtzigjährige schläft. Ich zögere, mir diesen Raum und ein Blatt genauer anzuschauen, das ohne die Verzierung eines Rahmens über dem Bett hängt und nach Gretas Erläuterungen von ihrer verstorbenen Mutter stammt. Darauf sind in einfacher Art mit Buntstiften Tulpen gemalt und darunter sieben Worte:

> Geh aus mein Herz und suche Freud.

Mir kommen die Schimpfkanonaden Wehners in den Sinn, seine bissigen Zwischenrufe – das einzige, was bei etlichen Leuten hängengeblieben ist –, aber auch die Schmähungen, die er so oft zu ertragen hatte: »Vaterlandsverräter« – »Bolschewist« – »Kommunistensau«.

Ich habe in diesem Moment auch das Wehner-Bild vor Augen, das der Rhöndorfer Maler Ernst Günter Hansing vor zehn Jahren fertiggestellt hat. Hansing damals in einem Interview auf die Frage, ob er mit seinen Zacken, Kanten und Blitzen »politisches Urgestein« vermitteln wolle:

»›Politisches Urgestein‹ – das mag politisch als Bezeichnung für Urkraft stimmen; trotzdem habe ich oft das Gefühl, daß es noch nicht Wehner im Tiefsten erkennbar macht. Denn ich habe Wehner selbst gesagt, daß ich ihn als sehr hartes

14

Holz empfinde, das verletzt ist, wie mit der Axt eingeschlagen. So habe ich auch versucht, ihn zu malen: gekerbt, teilweise gesplittert, verwundet. Und nun kommt es: Wie ist es beim Holz, wenn es verwundet wird? Man hat das Gefühl, diese Wunden wollen nicht heilen. Gerade Wehner ist für mich ein anhaltend Verwundbarer, der bis zur Erschöpfung kämpft um seine Idee. Und das habe ich versucht, auszudrücken in dem Bild. Wenn ich ›Urgestein‹ höre, dann habe ich immer das Gefühl, daß man Wehner nicht im Letzten gerecht wird. Denn das Wort ›Urgestein‹ verbindet sich irgendwo mit Adenauer – und jetzt seien Sie mir nicht böse – das ist wie eine Oberfläche, an der etwas abprallt, das im Angriff nicht eindringt. Ich habe auch mit Wehner darüber gesprochen, und er meinte, daß ich das völlig richtig sehe; er könne Angriffe, die gezielt gegen ihn vorgenommen werden, nicht an sich abprallen lassen. Darin hätte er nicht diese Elefantenhaut, die alles abträufeln läßt... Es war einfach die Ehrlichkeit, die mir gegenüber saß. Es ist ein ehrliches Gesicht, es hat keine Masken, legt sich frei, öffnet sich, und deshalb könnte man diese Art von Öffnen ein Entgegenkommen dem Nächsten gegenüber nennen. Warum muß es immer mit strahlender Geste sein? Das ist hier mit einer Ehrlichkeit, einer Direktheit, die man lesen muß natürlich. Wenn man dafür die Augen nicht öffnet, kann man es nicht lesen. [...]
Ich beobachtete Wehner schon jahrelang, ob das im Parlament ist oder im Fernsehen. Aber diese Nähe, die Nähe gibt ja die Atmosphäre erst, um richtige Empfindungen, richtige Schwingungen zu haben. Wenn ich einmal auf die Polterei komme, die ihm vorgeworfen wird: das ist wirklich ein echter Bestandteil seiner Ehrlichkeit. Das drückt sich auch bei der Freude am Wehner-Zeichnen aus, es ist kantig, das ist nicht abgerundet, nicht wohlgefällig, das muß eckig kommen, und dadurch, durch diese Eckigkeit, entstehen in dem Bild Spannungen, die dann nachher wie ein eckiger Kristall werden.«
Unten in der Küche, dem Hauptaufenthaltsort in der kalten

Jahreszeit, sitzt Herbert Wehner immer noch in seinem Schaukelstuhl, Pfeife rauchend. Pfeife habe er immer geraucht, mit drei Ausnahmen: »Im Bett – im Bundestagsplenum und – im Zuchthaus.« Den klotzigen weißen Eisschrank hat Greta mit aufgeklebten Bildern ansehnlicher gemacht: Da hängt ein Foto, das Wehner zusammen mit dem ersten sozialdemokratischen Bundespräsidenten Gustav Heinemann und mit dem zweiten sozialdemokratischen Bundeskanzler Helmut Schmidt zeigt – daneben ein Postkartendruck von einem lustigen, durch den Schnee rodelnden Mädchen – daneben ein Ausschnitt aus einer Illustrierten mit Blumen drauf.

Zum Mittagessen – am Küchentisch – hat Greta Schmorbraten bereitet, mit grünen Bohnen und Kartoffeln. Und wie immer besteht Wehner noch auf etwas Süßem zum Nachtisch. Nach dem Tee erhebt er sich, blickt aus dem Fenster nach draußen, wo es immer noch schneestürmt, und bemerkt leise: »Der Wind hat sich gedreht.« Greta, die nicht mehr so gut hört, ruft laut, sie habe ihn nicht verstanden. Darauf wird er so laut, wie manche ihn kennen: »Ich – sagte – der Wind – hat – sich – gedreht.« Und – fast wie um Vergebung bittend für die Grobheit – räumt er dann in aller Ruhe das Geschirr zusammen, bindet sich eine Schürze um und macht sich daran abzuwaschen.

Für mich, der ich Wehner in achteinhalb Jahren sehr korrekt gekleidet, meist an seinem Schreibtisch oder in endlos erscheinenden politischen Konferenzen den Vorsitz führend erlebt habe, ist es ein seltsames Gefühl, einfach dazusitzen. So springe ich auf, greife nach einem Tuch, um beim Abtrocknen zu helfen. Aber Wehner erschreckt mich ein weiteres Mal, verweist mich barsch auf meinen Gast-Stuhl zurück: »Gönnen Sie mir nicht einmal mehr das? Das ist doch das einzige, was ich noch zu tun habe, das Geschirr in Ordnung zu bringen.« Ich sitze eine Weile herum, und es wird mir ungeheuer. So will ich mich mit den Worten verdrücken: »Ich denke, es ist besser, Sie während Ihrer Mittagsruhe allein zu lassen.« Da sagt mir Wehner – in

gemäßigtem Ton: »Das würde ich an Ihrer Stelle nicht tun, denn da kommt gleich eine ganz wichtige Sendung; die sollten Sie hören, wenn Sie jetzt Bescheid wissen wollen.«
Ein wenig habe ich schon gelernt, wie Wehner zuweilen zu verstehen ist. Ich setze mich wieder auf meinen Platz und harre der Dinge. Herbert Wehner rückt sich in seinem Schaukelstuhl zurecht, legt seine Taschenuhr auf den Tisch – es ist gleich 13 Uhr –, hebt ein altes Kofferradio zwischen die Knie und schaltet ein. Krächzend und nur mit Konzentration zu verstehen, kommt aus dem Gerät, das er fest umschlossen in den Händen hält, über Langwelle die Stimme eines Nachrichtensprechers vom Deutschlandfunk. Und anschließend gibt es Berichte zum Tage – aus Deutschland und aus aller Welt. Wehner kennt die verschiedenen Stimmen und Namen aus Köln ganz genau.
Am Nachmittag führt mich Wehner raus aus der Küche, rein in sein Wohnzimmer, wo er auch einen Stammplatz hat. Seine Pfeife hat er frisch angezündet. Das Tonband läuft. Jetzt können wir mit dem eigentlichen Gespräch beginnen. Er leitet selber ein.

Wehner: Sie sehen, wo ich heute hier bin, ich bin ein Mensch, der sich seine eigenen Gedanken machen darf und kann, aber nichts leisten kann.
Terjung: Was würden Sie gerne leisten heute?
Wehner: Ich kann keine Erfindung machen, was ich leisten kann.
Terjung: Es gibt einen Mann, der sich auch aus der Politik zurückgezogen hat, der freilich nicht so alt ist wie Sie und der auf eine ganz andere Art seinen Lebensabend gestalten will, nämlich Helmut Schmidt, der viel in der Weltgeschichte herumreist, viele Vorträge hält, für die er auch Geld bekommt...
Wehner: ... darauf kommt's wohl auch an. Er verdient viel Geld. Das ist seine Sache. Habe nichts dagegen. Wegen mir kann er massenhaft Geld machen. Er wird auch eines Tages aufhören, weil er dann nicht mehr lebt.

17

Terjung: Vielleicht tun Sie Helmut Schmidt da unrecht. Aus meinen Beobachtungen habe ich den Eindruck gewonnen, daß es ihm weniger darauf ankommt, jetzt viel zu raffen, sondern eher darauf – er ist ja hanseatischer Bürger –, das Geld sozusagen als Meßlatte zu nehmen für seine fortbestehende Bedeutung. Aber zu Ihnen, Herr Wehner, Vorträge zu halten, unbezahlte Vorträge, wie ich mir nicht anders vorstellen kann, würde Sie das nicht reizen?

Wehner: Nein, das nicht. Ich war Sozialdemokrat, entschuldigen Sie mal, ich war Organisator. Ich habe gegründet, (hämmert auf den Tisch) Sachen, die sonst nie gegründet worden wären, und ich denke nicht daran, gewissermaßen ein Konkurrent zu einem zu werden, der an vielen Stellen eine Masse holt. Ich habe nichts. Ich habe meine Reste, die Reste dessen, was aus meinen Büchern... Zig Jahre bin ich Parlamentarier gewesen, seitdem es ein Parlament gibt, war ich dort. Aber jetzt bin ich schon zwei Jahre raus – aus!

Terjung: Sie hatten sich früher immer bei allen möglichen Gelegenheiten, bei Sitzungen, auch bei Gesprächen, viele Notizen gemacht, und zwar in einem Stenogrammstil, der für kaum jemanden lesbar ist. Was ist das eigentlich für eine Schrift gewesen, Ihre Kurzschrift?

Wehner: Das war die Gabelsberger Stenografie.

Terjung: Wo haben Sie die gelernt?

Wehner: In der Schule. Als ich in der Schule war, hab' ich mehrere Jahre diese Kurse gemacht. Das ist lange her.

Terjung: Diese unzählig vielen Notizen auf irgendwelchen Blättern, haben Sie die eigentlich sortiert, haben Sie inzwischen Zeit gehabt, die in irgendeine Ordnung zu bringen?

Wehner: Nein.

Terjung: Was wird denn aus diesen Aufzeichnungen? Es mag ja Leute geben, die geradezu Angst davor haben, daß diese Notizen irgendwo mal veröffentlicht werden könnten.

Wehner: (wird laut) Ich bin draußen! Ich habe dem Bundestag angehört seit 1949. Ich war einer von den ganz wenigen

Leuten, die immer in allen Sitzungen waren und die sich auch beteiligt haben, sei es durch Fragen, sei es durch genaues Hören und dann durch das Auswerten von dargelegten Argumenten. Das alles ist doch nicht in irgendwelchen Stößen von, na sagen wir mal Antworten auf Fragen und Darstellungen von Erläuterungen, kann das doch nicht fixiert sein, wissen Sie.

Greta läßt mich wissen, daß all das, was Wehner über zig Jahre hinweg Tag für Tag an Aufzeichnungen in seiner abgewetzten Aktentasche nach Hause geschleppt habe, ungesichtet in riesigen Körben schlummere. Er selber wollte nie seine Memoiren schreiben. Diese Haltung begründete er einmal so: Entweder müsse er auch wahrheitsgemäß für manch einen sehr Unangenehmes – »die Rosinen« – hervorholen, dann aber füge er auch seiner Partei Schaden zu, und das behage ihm nicht, oder aber er lasse »die Rosinen« weg, dann aber würde das Ganze langweilig, und das behage ihm erst recht nicht. Um Quälgeister von Verlagen abzuwehren, die sich mit dieser Einlassung partout nicht zufrieden gaben, hat Wehner des öfteren behauptet, er habe seine Memoiren schon vor vielen Jahren einem Verlag zugesagt.

All diese Aufzeichnungen werden also wohl nie in ihrer Essenz das Licht der Öffentlichkeit erblicken. Fest steht nur, daß der in unzähligen Aktenordnern gesammelte Schriftwechsel mit DDR-Stellen, in dem sich Greta und Herbert Wehner für die Übersiedlung von Festgehaltenen einsetzen, der Friedrich-Ebert-Stiftung übereignet wird. Dort soll das Material historisch aufgearbeitet und nicht vor Ablauf von dreißig Jahren veröffentlicht werden. So hat es Wehner verfügt, weil er das Risiko nicht eingehen will, daß die betroffenen Menschen etwa im nachhinein Schaden erleiden könnten.

Terjung: Herr Wehner, Sie wollten sich mit Anstand zurückziehen, haben Sie bei Ihrem Abschied aus der Bonner

Politik gesagt, und in Anstand leben und sich Ihre Gedanken machen. Was bewegt Sie denn heute am meisten? Was geht Ihnen am meisten im Kopf umher?

Wehner: Es gibt sehr viel. Ich will herausfinden, wie denn Arbeiterbewegung vielleicht doch wieder handlungsfähig werden kann. Das ist es, was mich bewegt. Ohne sie zu erfinden und ohne etwas Neues hinzustellen.

Terjung: Und in welcher Form und wem würden Sie diese Gedanken übermitteln? Gibt es Sozialdemokraten, die Sie besuchen und die Sie um Rat fragen?

Wehner: Es gibt noch eine Reihe Leute, die mit mir sprechen, von mir etwas hören, auch manches erklärt haben wollen, wie ich es sehe. Aber ich will niemandem meine Meinung aufzwingen. Ja, ich habe noch einige persönliche Kontakte.

Terjung: Ist es so, daß viele Ihrer Weggefährten den Kontakt nicht suchen, oder blocken Sie da selber ab? Sie sind ja sehr schwer zugänglich.

Wehner: Es kommt drauf an. Wenn jemand sich meldet, daß er kommen wolle, frage ich, was er will oder wie er sich das denkt, und dann kann man's machen oder nicht.

Terjung: Aber hat Sie das nicht auch öfter betrübt, daß Menschen nicht den richtigen Zugang zu Ihnen gefunden haben und Furcht vor Ihnen gehabt haben? Ich kenne eine ganze Menge Leute, die Sie sehr geschätzt haben und immer weiter schätzen und eine starke gefühlsmäßige und geistige Zuneigung zu Ihnen empfinden, die allerdings immer Distanz hielten, um Ihnen nicht zu nahezutreten. Sie haben sich doch auch oft mit einer Aura umgeben, Menschen nicht an sich heranzulassen.

Wehner: Wenn jemand etwas will, dann laß' ich ihn reden, und dann sag' ich ihm, ob ja oder nein (hämmert auf den Tisch) und wenn nein, warum nicht und wenn ja, würde ich sagen, nur unter den und den Umständen, und es geht nicht so einfach. Also das ist eine Sache, mit der ich nicht ein gewissermaßen gekaufter und schon vorher gekennzeichneter sei es Förderer oder ähnliches bin. Ich kann anderen

Leuten nicht helfen, wenn sie nicht selber imstande sind, ihre Entwicklungsfähigkeit zustandezubringen.

Terjung: Es gibt jedenfalls 'ne ganze Reihe von Sozialdemokraten, die mit Ihnen über die notwendige politische Richtung in Konsens sind?

Wehner: Ja.

Terjung: Insofern wundere ich mich darüber, wenn Sie sagen, Sie gehörten nicht mehr in diese Reihen.

Wehner: (hämmert mit seiner Pfeife auf den Tisch) Ich gehör' ja auch nicht, das sehen Sie doch. Ich bin ausgeschieden. Ausgeschieden worden. Ich habe doch nicht gesagt: Macht Euren Dreck alleene.

Terjung: Aber finden Sie nicht auch, Herr Wehner, daß Sie politisch ein erfülltes Leben hatten wie kaum ein anderer Politiker?

Wehner: Das hilft doch nicht mehr. Das lohnt ja nicht. Ich sehe nicht die in der SPD, die so sind, daß man sagen kann: gut, also das dauert noch 'n paar Jahre, dann geht das wieder voran. Das sieht man noch nicht. Wird auch zunächst noch dadurch erschwert, daß manche dieser sogenannten Jungen das Feld weitgehend beeinflussen.

Terjung: Werden Sie nicht auch fröhlich, wenn Sie so viele Ihnen zustimmende Briefe bekommen?

Wehner: Da kann ich gar nicht fröhlich sein. Ich weiß, daß ich eine große Anzahl von Briefen und Zuschriften bekomme, bekommen habe und auch noch eine Weile bekommen werde – wahrscheinlich.

Terjung: Ich frag' mich wirklich, was kann ein Mensch denn eigentlich mehr in seinem Leben politisch erreichen, als Sie erreicht haben mit Ihren Anstrengungen?

Wehner: Das weiß ich nicht. Wird sich ja zeigen, ob es welche gibt. (Lange Pause)

Terjung: Könnten Sie sich aus dem heutigen Abstand heraus vorstellen, einen anderen Beruf eingeschlagen zu haben als den des Politikers?

Wehner: Nein, wieso? Ich war von sehr früher Zeit an als politisch Aktiver tätig.

Terjung: Haben Sie denn nicht irgendwann einmal in Ihrem Leben ernsthaft gedacht: Hätt' ich doch nicht die politische Laufbahn eingeschlagen, sondern wäre beispielsweise Musiker geworden, hätte mich der Kunst zugewandt?

Wehner: Solche Einschätzungen habe ich nicht gehabt, was ich alles könnte. Ich bin (hämmert mit seiner Pfeife auf den Tisch) aus der *Arbeiterklasse heraus, hinein in das Organisieren.* Es ging um die Fähigkeit, aus einem Kern heraus eine arbeits- und entwicklungsfähige Partei aufzubauen. Dieser Kern ist zur Zeit nicht da. Seit geraumer Zeit.

Terjung: Musik hat für Sie jedenfalls eine wichtige Rolle gespielt?

Wehner: Sicher. Hat's auch.

Terjung: Auch Bildende Kunst?

Wehner: Ja.

Terjung: Sie haben in Ihrer Godesberger Wohnung sehr schöne Bilder hängen. Ich meine mich zu erinnern, insbesondere auch Bilder von Chagall.

Wehner: Ja sicher.

Terjung: Können Sie das erklären, was Chagall Ihnen sagt?

Wehner: Chagall hat mir nix gesagt. Seine Bilder haben. Die hab' ich, ja.

Terjung: Gibt's da auch 'nen echten Chagall dabei?

Greta Wehner: Bei uns in Bonn haben wir den echten Chagall, den wir von Bischof Kunst haben. Der hängt im großen Zimmer über'm Sofa. Dann haben wir noch so einen kleinen echten Chagall, den haben wir von einem amerikanischen Freund bekommen, der hängt im Flur, wenn man reinkommt gleich bei der Kommode. Ist aber völlig unauffällig. Aber der hatte damals gesagt, das sei auch 'n echter Chagall. Der Bischof Kunst hat ja Chagalls gekauft seinerzeit, wo keiner Chagalls kaufte, und zwar massenhaft . . .

Terjung: Zu der politischen Aufgabe, Herr Wehner, vor die Sie sich gestellt sahen. Was haben Sie für das, was Sie Gemeinwesen nennen, bewirken wollen?

Wehner: Das Gemeinwesen ist eine Summe von einer ganzen Reihe von Gruppen oder Parteien oder sonstigen Organisationen, und meine Aufgabe bestand darin, so viel wie möglich an positiven Entwicklungen sozialer Demokratie zustandezubringen, das war meine Auffassung, und das habe ich auch zeitweise versucht.

Terjung: »Zeitweise« – das heißt ein ganzes Leben lang aktive Politik. Sie haben immer etwas tiefstapelnd gesagt, Sie gäben sich Mühe. In Wirklichkeit hieß das: totaler Einsatz, hieß das: alles geben. Aber Sie haben auch anderen Sozialdemokraten – jedenfalls wenn sie in führender Position standen – das gleiche abverlangt, ist das richtig?

Wehner: Es ging mir darum, die Fähigkeiten, die Menschen gegeben sind, stärker auszuarbeiten. Ich will immer versuchen, anderen Menschen Anregungen zu geben, miteinander zu diskutieren, aufeinander zuzugehen, um herauszufinden, was der Gesellschaft förderlich sein kann, in die man hineingesetzt worden oder in die man hineingetrieben worden ist. Wenn sie wollten, habe ich versucht, ihnen nicht etwas aufzudrücken, sondern sie zu entwickeln. Es geht doch um die Art, *wie* Menschen miteinander arbeiten und ohne fortgesetztes *Gegen*einander . . .

Terjung: Und wenn sich führende Sozialdemokraten nicht so einsetzten, wie es Ihnen notwendig erschien, haben Sie diese Genossen mit Verachtung gestraft.

Wehner: Verachtung ist nicht so richtig. Sondern: (wird laut) Es hatte eben keinen Sinn, weil es Leute gibt, die für sich selber alles zustandebringen wollen, für sich selber alles nutzbar machen wollen. Mir ist es immer darum gegangen, soviel wie möglich aufeinander zuzugehen und miteinander zu bewirken, das ist meine Grundauffassung gewesen.

Terjung: Für eindeutig Schwächere sind Sie immer eingetreten.

Wehner: Ja, damit aus Schwächeren solche werden, die die Fähigkeiten, die sie haben oder die sie allmählich entwickeln sollen, nutzen können.

Terjung: Ich erinnere mich, wie behutsam, geradezu sanft Sie auf Schwächere, zum Beispiel auf einfache alte Menschen oder auf in irgendeiner Weise Behinderte zugegangen sind. Aber wenn Sie's mit vermeintlich starken Menschen zu tun hatten, haben Sie die immer recht hart rangenommen. War das so?

Wehner: Ja, weil ich Argumente von ihnen hören und mit ihnen darüber reden wollte, und wenn's drauf ankam, auch ringen wollte, wie man die Probleme in der Gemeinschaft, in der wir uns befinden, angehen sollte. Es ging immer um eine sinnvolle Steigerung des miteinander Wirkens.

Terjung: Herr Wehner, Sie haben sich bis zum Geht-nicht-mehr abgerackert, und zwar zeit Ihres Lebens. Ist Ihnen nie der Gedanke gekommen, Sie hätten vielleicht besser mit Ihren Kräften haushalten sollen, sich mehr Zeit nehmen sollen zum Auftanken für Ihr eigenes Leben? Hat sich der totale Einsatz gelohnt?

Wehner: Ich weiß nicht, ob ich einen totalen Einsatz entwickeln konnte und entwickeln wollte. Worum es mir gegangen ist, ist, soviel wie möglich dazu beizutragen, daß allmählich aus dem aufeinander Zugehen Gemeinschaften werden, daß da nicht jeder nur das macht, was ihm am besten gefällt, sondern daß man sich wechselseitig unterstützt, wechselseitig stärkt.

Terjung: Gibt es Menschen, die Sie nennen können, von denen Sie besondere Stärkung bekommen haben?

Wehner: Viele, aber ich bin der letzte, der es anfängt, sozusagen Rangordnungen zu nennen.

Terjung: Haben Sie, Herr Wehner, auch Kraft geschöpft aus Ihrer Religiosität, aus Bindungen an das Christentum, die Bergpredigt?

Wehner: Ja sicher, nur ich bin der letzte, der damit prahlt. (Wird laut) Deshalb werd' ich auf solche Fragen keine Antworten geben, nicht? Ich kenne die Bergpredigt. Ich kenne, hier sehen Sie mal an, das ist mein Bild, nicht? (Ganz leise) Das ist Christus und das sind die Jünger. (Er, dem Selbstbeweihräucherung und Politur am eigenen Bilde zuwider sind, deutet nur behutsam auf ein Bild an der Wand, das das Abendmahl darstellt.)

24

Terjung: Sie haben selbst einmal in einer Hamburger Kirche gepredigt. Wie ist es dazu gekommen?

Wehner: Jetzt hör' ich auf! (Wird sehr laut) Ich will das nicht! Ich *habe* das, verflucht noch mal, was soll ich Ihnen jetzt darüber erzählen? Die Gemeinde wollte von mir hören, und ich habe ihr gesagt, was ich verstehe über das, was also christliche, auch biblische Äußerungen darstellen können. Aber das jetzt wieder sozusagen frisch zu machen... Ich habe in der Schule, in Kursen, in den Berufen als junger Mensch, später auch das alles mit durchgemacht.

Terjung: Herr Wehner, zu Ihren hervorstechenden Eigenschaften scheint mir zu zählen, daß Sie ein sehr mißtrauischer Mensch sind. Ist das so?

Wehner: Nicht generell und auch nicht individuell, sondern was man im Umgang mit anderen Menschen erlebt, versteht, begreift oder auch versucht, denen deutlich zu machen, das gibt dann unter dem Strich die Summe dessen, mit wem man am besten wirken kann oder wirken soll oder wen man dazu bringen soll zusammenzuwirken.

Terjung: Jedenfalls braucht man doch gerade in exponierter politischer Stellung immer wieder Korrektive, um sich selber nicht zu verrennen?

Wehner: Ja sicher, so ist das Leben.

Terjung: Sie und Willy Brandt hätten ja möglicherweise ein sich ergänzendes, ideales Korrektiv-Paar sein können. Aber so schön war das ja nicht. Hat es eigentlich irgendwann mal Ansätze gegeben, von der einen Seite oder von Ihnen aus, diese schwierige Beziehung Herbert Wehner/Willy Brandt in Ordnung zu bringen?

Wehner: Wir haben keine. Das gibt's nicht. Ich kann nicht. Das geht nicht. Ich kenne Brandt. Ich kenne seine Art und Weise, wie er andere Leute behandelt hat, und so habe ich mich davon ferngehalten und habe weder mit ihm etwas gemacht, sondern ich habe ihn das machen lassen. Ich hab' ja nicht den Ehrgeiz gehabt, ihn rausschmeißen zu lassen. Da ist überhaupt keine Fähigkeit bei mir zu sagen, also, laß' uns jetzt Brüder werden. Das gibt's nicht.

Terjung: Sie sind dazu wahrscheinlich zu unterschiedlich in Ihrer Grundart?

Wehner: Ich kenne seine Entwicklung, die hat mich nicht begeistert.

Terjung: Sie selber haben ihn aber doch zum ersten Mann der Sozialdemokratie gemacht.

Wehner: Ja, war sonst kein anderer da. (Pause) Eine Weile sah das halt so aus, als sei das einer, der sich aktiv in die Notwendigkeiten hineinbewegt.

Terjung: Das war die Zeit, als Willy Brandt Regierender Bürgermeister war in Berlin.

Wehner: In Berlin, ja richtig.

Terjung: Und ich hab' mal mit Helmut Schmidt darüber gesprochen, der mir auch damals sagte, in *der* Zeit hätte er besonders hohe Stücke auf Willy Brandt gehalten...

Wehner: Ja.

Terjung: ...Schmidt, der übrigens zu Ihnen immer – das hab' ich aus Gesprächen herausgehört – eine Beziehung hatte fast wie der Sohn zum Vater – oder wie der Neffe zum Onkel? Ich will das jetzt nicht pathetisch überzeichnen. – Es gibt diese These, Herr Wehner, ist lange Zeit verbreitet worden und hält sich nach wie vor, Sie hätten 1974 Willy Brandt als Bundeskanzler gekippt. Wie war das damals wirklich? Und hat Herr Genscher dabei eine Rolle gespielt?

Wehner: Ja sicher, das hat er, Genscher ist für mich also... Ich würde nicht gut über ihn reden. Das kann ich nicht.

Terjung: Wären Sie bereit, darüber zu sprechen, wie das damals gewesen ist, wie's wirklich gewesen ist?

Wehner: Das müßte ich mir überlegen... (Lange Pause) Wie will man einen anderen (gemeint: Willy Brandt) charakterisieren, wie will man ihn bewerten, wo wird man sagen: aber in dem Fall hielt ich ihn für nicht von mir einfach bejaht? Er war eben so, wie er war, und ich hatte zu versuchen, mit ihm zusammenzuarbeiten, auch wenn mir das nicht alles paßte. Ich selber hatte nie eine Art Ehrgeiz, »der«, die »Nummer eins« zu werden. Das war nicht meine

Sache. Dazu hab' ich zuviel Arbeiterbewegung mitgemacht. Und kenne sie. Und wußte, wo die Schwierigkeiten sind.

Terjung: Sie sind immer die »Nummer zwei« gewesen, und dabei haben viele Beobachter gesagt, Sie seien die eigentliche »Nummer eins«. Hat Ihnen das auch gutgetan, so gesehen zu werden?

Wehner: Ob das gutgetan hat, das ist nicht das Problem. Ich hatte nur diejenigen, die in einer Sache Fragen an mich stellen oder Notwendigkeiten mir gegenüber zu begründen sich bemühen, dann Antworten zu geben. Was ich nie gemacht habe, war also zu sagen: (wird sehr laut) Ich bin *der*. Ich war das nicht.

Terjung: Aber Sie waren der, der maßgeblich am Godesberger Programm mitgewirkt hat.

Wehner: Das hab' ich fast ganz alleine gemacht, wenn ich auch viele Leute habe mitwirken lassen. Und es ist ein Gesamtakt gewesen von sehr vielen. Nur, ich hab' es organisiert und hab' es damals so wie es ist zustande gebracht. Nun wird es ja wohl bald erledigt werden. Wer weiß, wie es geändert wird, wozu es geändert wird, wann es in welcher Weise geändert wird, dann wird man beurteilen können, wie das aussieht. Ich bin ja jetzt nicht mehr gefragt und werde auch nicht dazu benutzt oder gebraucht. Weder gefragt noch benutzt.

Terjung: Und Sie haben mit Ihrer Rede vom 30. Juni 1960 für die SPD eine ganz entscheidende politische Markierung erreicht. Und Sie haben die Große Koalition betrieben und 1966 zustande gebracht.

Wehner: Ja, hab' ich gewollt, weil ich wollte, daß dadurch etwas für dieses getrennte Deutschland, für dieses gespaltene Deutschland zustande gebracht wird.

Terjung: Diese Fortentwicklung der SPD in Regierungsverantwortung ist dann 1969 in eine Kleine Koalition mit der FDP gemündet. Für Sie eine zu frühe Beendigung der Großen Koalition?

Wehner: Ja.

Terjung: Haben Sie denn irgendwas versucht an jenem Tag,

als es um die Besiegelung der sozialliberalen Koalition ging, doch noch die Große Koalition fortzusetzen?

Wehner: Ich war nicht der Meinung, daß man alle zusammen in eine Sammelregierung bringen müsse oder solle. Das ist mir kein Ideal gewesen. Nur zunächst einmal, erstmal war ich derjenige, der erreicht hat, daß die SPD eine Koalition mit den anderen eingegangen ist.

Terjung: Haben Sie eigentlich eine Erklärung dafür, warum seitens der SPD-Spitze stets die 13 Jahre sozialliberaler Koalition hervorgekehrt und die drei Jahre sozialdemokratischer Regierungsverantwortung in der Koalition mit der CDU/ CSU unter den Teppich gekehrt worden sind? Wollte man einfach vergessen machen, mit Strauß einmal in einem Kabinett zusammengesessen zu haben oder daß es damals auch Gemeinsamkeiten mit dem späteren politischen Gegner gegeben hat?

Wehner: Das war auch eine der Folgen der sehr verschiedenen Charaktere in der Leitung der SPD. Ich wäre für eine breite, lange Praxis sogenannter Großer Koalition gewesen, um dann allmählich feststellen zu können, herauszufinden, vielleicht gibt es jetzt Wechsel, Kräftewechsel, Möglichkeiten...

Terjung: Liegt Ihnen, Herr Wehner, die CDU von ihrem Gedankengut her und von ihrer Definition her mehr als die FDP, die ja zunehmend in die Rolle kommt, nur eine bestimmte Klientel in der Bevölkerung bedienen zu wollen?

Wehner: Ja, das tut sie ja auch. Da kann man sie nicht wegstoßen. Ich glaube nicht, daß die FDP schon bald völlig losgebunden wird, um irgendwo alleine zu sein. Das ist nicht zu erwarten.

Terjung: Sie meinen, daß sich die FDP als Partei, das heißt auch über fünf Prozent hinaus hält?

Wehner: Das glaube ich, ja. Und zwar wird sie sogar von einem Teil der Union solche Stimmen bekommen, damit die CDU mit dieser Gesellschaft zusammen weitermachen kann. Das wird die Praxis sein.

Terjung: Aber darf ich noch einmal zurückgreifen, ist es

richtig, daß Ihnen die Union – wenngleich politischer Gegner – von ihrer Definition, von ihrem Gedankengut her nähergelegen hat als das, was man die Freie Demokratische Partei in den verschiedenen Phasen nannte oder nennt?

Wehner: Na ja, eine »Union«, die aber nun auch wieder – da kommt ja dann dieser bayerische Sondervorgang mit ins Spiel – mit Strauß usw. Das ist ja gar nicht einfach wegzufegen. Die werden alle miteinander zu tun haben, und die werden auch noch lange etwas Ähnliches fördern wie eine hochgehaltene, bis in eine gewisse Höhe gehaltene FDP. Das sind alle diese bürgerlichen Parteien, wie sie sich nennen, worauf sie stolz sind. Und die SPD war nicht stark genug, das zu verhüten.

Terjung: Woran lag's denn bei der SPD?

Wehner: An sich selbst. (Laut) Die hatten auch gewisse gute Zeiten, aber sonst nicht.

Terjung: Wann haben Sie eigentlich kommen sehen, daß es mit der sozialliberalen Koalition zu Ende ging? War das schon bei den Koalitionsverhandlungen nach der Wahl 1980?

Wehner: Ja, das war klar, daß das nicht ging.

Terjung: Ging das nicht schon los mit dem Beharren der FDP auf fünf Mark Eigenbeteiligung für Krankenhausaufenthalte?

Wehner: Ja.

Terjung: Nur, was ich mich immer wieder frage, und darauf hätte ich sehr gerne eine Antwort von Ihnen, Herr Wehner, nachdem man das so kommen sah, wäre es da von den Sozialdemokraten nicht klüger gewesen, das Stöckchen, das die FDP hingehalten hat . . .

Wehner: (sehr laut) . . . die hat der SPD nie ein Stöckchen hingehalten, um Himmels willen, der Genscher ist ein ganz schlimmer Mann, damit Sie Bescheid wissen, nicht? Und so wird er bleiben. Und sie werden ihn immer noch weiter pflegen. Das ist Genscher. Es gibt einen anständigen Menschen, obwohl der auch – das ist der Mischnick, der es auch damals war, der sich auch dafür eingesetzt hat, mit uns zusammen zu koalieren, aber sich auch untergeordnet hat, diesem Genscher.

Terjung: Hatte er die Kraft nicht mehr, das anders durchzustehen?

Wehner: Ja, ja.

Terjung: Haben Sie noch irgendwelche Kontakte zu Mischnick?

Wehner: Jetzt nicht mehr.

Terjung: Ich meine, der war ja immer sehr anständig...

Wehner: ...ja, ja und hat auch oft mit mir gesprochen. – Ich selber will nicht auf ihn einreden, das ist sinnlos, und er mag mich nicht mehr, denn ich bin abgeschrieben, nicht? Um so besser für alle diese Leute.

Terjung: Das weiß ich nicht, ob das Mischnick so sieht.

Wehner: Er sieht das so.

Terjung: Vielleicht will er nicht aufdringlich werden Ihnen gegenüber. Aber Sie haben doch sehr viel gemeinsam miteinander bewirkt.

Wehner: Ja sicher; es hatte mir auch imponiert, daß er ein Landsmann von mir war.

Terjung: Beide Dresdner.

Wehner: Ja.

Terjung: Obwohl Sie also Ewigkeiten nicht mehr in Ihrer Heimat waren, ist das Heimatgefühl bei Ihnen doch wohl ziemlich stark verwurzelt.

Wehner: Ja. Das werd' ich nie mehr vergessen und werd's auch nie wiederbekommen. Es gibt so welche (in der DDR), die sagen, ich werde wohl – so hat es auch mal der jetzige dortige Chef gesagt, mir sagen lassen, ich sollte doch mal kommen.

Wehner reiste wenige Monate nach diesem Gespräch privat und ohne Aufsehen nach Dresden. Man weiß nur, daß er bei dieser Gelegenheit auch den DDR-Staatsratsvorsitzenden Erich Honecker noch einmal getroffen hat. Davor war Wehner zuletzt im Frühjahr 1934 in Dresden gewesen. Während er im NS-Deutschland bereits steckbrieflich gesucht wurde, hatte er unter Lebensgefahr einen Besuch zu Hause gemacht.

Terjung: Aber darf ich noch mal zurückkommen auf den Bruch der sozialliberalen Koalition? Hätten die Sozialdemokraten nicht, als die FDP die Sozialdemokraten damals vorführen wollte, besser daran getan, zu einem früheren Zeitpunkt die FDP vorzuführen? Klarzumachen, was die eigentlich wollten? Hat man da nicht allzu lange gewartet? War das noch realistisch, zu glauben, durch das Abwarten und durch das Sich-weiter-Bemühen hätte die sozialliberale Koalition noch länger hingezogen werden können?

Wehner: Nein, also, wenn ich auch nur den Namen Genscher ausspreche, dann schüttelt es mich, ich kann's Ihnen sagen – ein Mann, der das alles immer mit der CDU und für die CDU betrieben hat und dafür von denen gefüttert worden ist.

Terjung: Der sah ja wohl keine andere Möglichkeit mehr, um die FDP über die fünf Prozent zu retten?

Wehner: (laut auf den Tisch hämmernd) Das heißt: Dann ist die SPD gezwungen, sich künftig nur allein als Kraft durchzusetzen. Das ist alles. Das dauert wahrscheinlich, ich weiß nicht, vielleicht zehn Jahre.

Terjung: Oder es böte sich an, wenn ich Sie richtig verstehe, langfristig wiederum eine Große Koalition anzustreben?

Wehner: Ja. Aber die gibt es ja nicht. Machen die nicht.

Terjung: Gibt es denn keinerlei Kräfte in der SPD, die überhaupt darüber nachdenken, das möglich zu machen?

Wehner: Jedenfalls jetzt nicht.

Terjung: Was stimmt Sie denn nach wie vor so bitter dem Parteivorsitzenden gegenüber, ist es seine Verhaltensweise Ihnen persönlich gegenüber, oder meinen Sie dessen Politik?

Wehner: Das ist ein Mann gewesen – nun kann er ja wohl noch einmal ein paar Jahre lang seine Position behalten –, der nichts zu tun hatte mit jemandem, der die ganze Arbeit im Parlament gemacht hat, der das organisiert und realisiert

31

hat, worauf es ankommt. Der Brandt kennt nur sich und läßt
nur die Leute rankommen, mit denen er kann. Das ist die
Eigenart. Die gibt es eben. – Aber ich habe ihn nicht von
hinten angegriffen, sondern habe den Versuch gemacht,
einen gewissen Ausgleich zu finden hinsichtlich der Füh-
rungspersonen der Partei und der Organisation, der sie
zugehören – auch was die Gewerkschaftsseite anbetrifft.

Terjung: Also Sie hat auch gestört, daß Brandt nach Ihrer
Auffassung vielleicht zu sehr eingegangen ist auf die Linke
in der SPD und zu wenig auf die Gewerkschaftsseite, ganz
grob gesagt?

Wehner: Ja sicher. Er hatte selber keine wirkliche Praxis in
Gewerkschaftsarbeit. Ich habe Gewerkschaftsarbeiten gemacht jahrelang noch und noch, ohne Rang, aber so, daß die
Vertrauen hatten. Das muß alles wieder neu erarbeitet werden.

Terjung: Es gibt ja Leute, die – vielleicht etwas boshaft –
sagen, Brandt sei der einzige wirkliche Liberale in der
SPD.

Wehner: Ja, das wurde immer so gesagt. Das hält er auch
von sich selber so.

Terjung: Herr Wehner, als Sie 1973 in Moskau waren,
haben Sie dem Parteivorsitzenden und damaligen Kanzler
einiges Unfreundliche ins Stammbuch geschrieben, was
Wirbel gemacht hat. War das ganz bewußt von Ihnen so
dosiert worden?

Wehner: Was war das?

Terjung: Na ja, da kamen Äußerungen wie: »Er badet gern
lau und mit Schaum«, und die waren ja wohl insbesondere
auf die damalige Ostpolitik des Bundeskanzlers gerichtet?

Wehner: (Pause)

Terjung: Wollten Sie da wieder was ankurbeln durch solche
Äußerungen oder . . .

Wehner: Wieso? Solche Äußerungen habe ich doch nicht
gemacht. Wenn sie die erfinden und wenn Sie hören und
sehen, was die Zeitungen – da sieht man nicht, daß es sich
um sachliche Erörterungen handelt.

Terjung: Na ja, aber es gibt doch keinen Zweifel daran, daß Sie sich damals, Herr Wehner, während Ihrer Reise in die Sowjetunion gegenüber Journalisten sehr kritisch über den damaligen Bundeskanzler Brandt geäußert haben und daß das in den deutschen Zeitungen dann mehr oder weniger richtig wiedergegeben worden ist...

Wehner: (laut) Welche Zweifel? Woher wissen Sie das, daß das mehr oder weniger richtig war? Es wird betont, es wird gemacht, es wird erfunden. Ich kann doch nicht für solche Geschichten auch noch Buße tun müssen. Wenn jemand liest oder gelesen hat, was ich in diesen ganzen Zeiten wirklich geschrieben habe, auch in den Büchern, die herausgekommen sind, wird er sehen, alles war immer ganz konkret, ganz realistisch, soweit man das kann, die Grundlage für die Arbeit.

Terjung: Aber was hat denn damals eigentlich wirklich zu Brandts Rücktritt geführt?

Wehner: (lange Pause)

Terjung: Daß er dann Parteivorsitzender geblieben ist, das haben Sie aber doch auch gewollt, daß er das bleiben sollte?

Wehner: (sehr laut) Ja sicher, was wollen Sie denn von mir überhaupt noch wissen? Ich habe *nie* den Brandt sozusagen rausgeschmissen, nicht? Aber ich *kenne* seine Art, andere zu behandeln. Dafür kann ich nichts. Das war so.

Terjung: Mir ist nur daran gelegen zu wissen, was eigentlich damals wirklich passiert ist.

Wehner: (spöttisch) Was ist passiert? Das weiß ich nicht, was passiert sein kann.

Terjung: Jedenfalls hat Genscher damals...

Wehner: (äußerst laut) Wenn Sie mir mit Genscher kommen, muß ich Ihnen sagen: Das ist der schlimmste Mann in der deutschen... Das ist ein ganz fürchterlicher Mensch, ein schlimmer Manipulierender und Egoist. Ich kenne eine Reihe von Leuten in der FDP, die ich sehr schätze, auch wenn ich die in wesentlichen politischen Standorten nicht sozusagen für mich in Anspruch nehmen kann. Da gibt es, wie gesagt, den Mischnick, der ist ein solcher Mann, bei allen sonstigen Eigenarten.

Terjung: Bezieht sich denn Ihr politischer Hauptvorwurf gegen Genscher darauf, daß er, während er mit den Sozialdemokraten regiert hat, schon gemeinsame Sache mit der CDU vorbereitet hatte?

Wehner: Das hat er *auch*, nur, ich sage Ihnen: Das ist ein Mann, den ich tiefst unterschätze, was seine Werte betrifft. Das ist ein Mann, der *nichts* anderes im Kopf hat, als das, was Sozialdemokratie ist, kaputtgehen zu lassen und es auch während der Zeit der Regierung und dann später, jetzt noch in seinen ganzen Regierungspraktiken nicht seinläßt, sondern weiter so macht, bis er einmal umfallen wird, ich weiß es nicht, er ist ja noch nicht so alt.

Terjung: Und sein Nachfolger, Herr Bangemann, ist der aus ähnlichem Holz geschnitzt?

Greta Wehner (die das Essen vorbereitet): Kann ich mal zwischendurch sagen, ißt Du Knäckebrot?

Terjung: Ja gern.

Wehner: . . . ja, das ist ein Mann, der seine eigene Klientel bedient, dem es immer nur darauf ankommt, soweit vorn zu stehen, wie es überhaupt geht, sonst ist mit ihm nichts.

Terjung: Bei Ihrem Widerwillen gegenüber der FDP – ist Ihnen die CDU nicht manchmal als verläßlicherer Partner vorgekommen, aus dem einzigen Grunde, daß sie sich auch als Volkspartei versteht und nicht nur eine bestimmte kleine Klientel bedienen will?

Wehner: Das tut die FDP sowieso, was anderes wollen sie doch nicht. Die Wirklichkeit ist: Die FDP, die am Abglittern ist, wird gehalten von den Leuten dieser konservativen CDU und dieser wirklich reaktionären CSU, damit es für diese Mehrheit ausreicht, damit die Sozialdemokraten überhaupt nicht mehr an die Regierung kommen können.

Wir müssen unser Tonbandgespräch unterbrechen. Denn Greta, von der Herbert Wehner, wenngleich inzwischen mit ihr verheiratet, als »die Tochter« spricht, mahnt zum

Abendbrot. »Zu Befehl«, raunzt er, die rechte Hand zackig zur rechten Schläfe führend und begibt sich mit mir wieder an den Küchentisch. Hier verfällt er in langanhaltendes Schweigen; Greta, die gelernte Sozialhelferin, hat hier wieder das Wort. Sie erklärt, warum sie so strikt darauf bestehen müsse, daß die Essenszeiten eingehalten werden. Die Ärzte nämlich hätten für den seit 1960 an Diabetes Leidenden immer wieder einen neuen Ernährungsplan zugeschnitten. Darum bedient sich Greta bei der Zubereitung der fünf Mahlzeiten am Tag einer Tabelle von Broteinheiten und einer Briefwaage, um die Zuträglichkeit der einzelnen Nahrungsmittel exakt zu messen und zu errechnen.

Phantasievoll den Eindruck vermeidend, Wehner rationierte Diätkost vorzusetzen, schneidet Greta das Brot hauchdünn, in kleine appetitliche quadratische Häppchen, belegt sie mit verschiedenerlei Wurst und Käse, garniert sie mit mundgerechten Stückchen von Tomaten und Gurken. So erscheinen die schmackhaften Mahlzeiten auch immer als sehr reichhaltig. Ihr Taktgefühl gebietet es Greta, dem Gast die gleiche Portion – und alles vorgeschnitten – aufzutragen wie dem, für den sie seit Jahren sich aufopfernd sorgt. Zweimal am Tag zaubert sie aus allerlei abwechselnden, für einen Diabetiker verträglichen Zutaten süßen Nachtisch, den Wehner nicht missen mag.

Ich erinnere mich daran, wie Greta in früheren Bonner Jahren – als Wehners Rhythmus weniger diktiert wurde von den Mahlzeiten als von sich aneinanderreihenden Sitzungen – mit ihrem Proviantkorb in die Konferenzen hereinplatzte. Dann setzte sie dem Vorsitzenden energisch zu, er müsse aber bald mal Schluß machen und hinterließ ihm – für andere unmerklich – ein Päckchen in Alufolie. Wenn Wehner in einem späteren Diskussionsbeitrag irgendeines Parlamentariers schon oft Gehörtes zu erkennen meinte, packte er unauffällig unter seinem Tisch Gretas Mitbringsel aus und fand außer den üblichen mundgerechten Häppchen oft noch ein Zettelchen, auf dem ein paar Blumen gemalt waren und ein lieber Gruß. Eine Sekunde lang war er dann als

»Vorsitzender der SPD-Fraktion im Deutschen Bundestag« nicht präsent, lächelte verhohlen aus einem seiner Mundwinkel Freude, bevor er das Zettelchen eilends in seiner Jackentasche vor Neugierigen verbarg und seine Häppchen gelassen zu kauen begann.

Hier auf Öland ist für Wehner abends um sieben und noch einmal um neun Fernsehzeit. Dann beginnen die schwedischen Sendungen mit Regionalem und Politischem aus aller Welt. Danach gibt es regelmäßig ein Programm mit Sportberichten. Wehner verfolgt die Ereignisse, die über den Bildschirm eines sehr einfachen kleinen Schwarzweißgerätes (ohne Fernbedienung und technischem Schnickschnack) kommen, mit Konzentration – das Schwedische perfekt beherrschend. Ich sitze still daneben, verstehe kein Wort. Das Hauptinteresse gilt an diesem Abend dem ausführlichen Wetterbericht: Es hat auf der Insel einige Verkehrsunfälle gegeben. Die Ölandbrücke ist nicht mehr befahrbar. Man ist gleichsam abgeschnitten, und der eisige Schneesturm hält an, führt zu weiteren meterhohen Verwehungen.

Den Weg vom Wohnhaus zu dem ebenfalls aus Holz gebauten Gästehaus muß ich mir erst freischaufeln. Greta verpaßt mir gegen die Kälte eine Lammfellmütze mit herunterlaßbaren Klappen für die Ohren und ein Paar dicke Strickfäustlinge. Letztere bekomme ich später zur Erinnerung geschenkt, weil, wie Greta bemerkt, »Herbert ja sowieso nicht mehr Skilanglauf betreiben kann«. Sie hat Wohnraum, Schlafzimmer, Küche und Duschraum für mich warm hergerichtet. In den Fenstern finde ich wieder die für die schwedische Weihnachtszeit typischen roten Pyramiden mit brennenden Elektrokerzen vor. In der Küche ist eine große Dose mit hier so kostbarem deutschen Bier bereitgestellt. Ich fahre meine Tonbandkassette zurück, höre in Ruhe den ersten Teil des Gesprächs an.

Im Vergleich zu früheren Wehner-Interviews sind die Fragen oft länger als die Antworten. Wehner scheint keine sonderliche Lust zu verspüren, sich in persönlichen Erinnerungen zu ergehen. Was ihn bewegt, ist offensichtlich die politische Gegenwart in Deutschland, die er zwar verfolgt, so gut er das von hier aus kann, aber nicht mehr mitzugestalten vermag. Und er grämt sich, ob seine Partei zukünftig in der Verfassung sein wird, die alten Ideen der Arbeiterbewegung unter sich verändernden gesellschaftlichen Verhältnissen umzusetzen. Um in diesem Sinne etwas anzuschieben, scheut er auch nicht vor harscher Kritik an Personen zurück. Die Sprache, derer er sich bedient, wirkt jetzt noch verdichteter, wuchtiger, stakkatohafter, holzschnittartiger.

Terjung: Herr Wehner, worin begründet sich Ihre Sicht, daß die Partei der Grünen sich nur noch kurze Zeit halten kann? Bisher hat sich diesbezüglich ja manch einer getäuscht.

Wehner: (sehr laut) Das ist ein Verein, der sich gegründet hat, und der das eine Weile machen und wieder auseinandergehen wird. Zunächst mal hat diese Organisation, falls sie überhaupt so zu nennen ist, alle Möglichkeiten, der CDU und CSU größte Hilfe zu leisten, indem sie eine völlige Sonderrolle spielt. Es wird eine ganze Zeit dauern, ehe man wieder miteinander streiten kann über das, was eigentlich politisch für Deutschland notwendig ist. (Sehr laut) Es gibt Leute, die wollen alle Macht diesen Burschen so in die Hände geben, (trommelt) wie sie's schon mal versucht haben. Wir hatten Pech, daß das nicht früher geheilt worden ist.

Terjung: Das heißt, es müßten wieder neue Leute in der SPD heranwachsen...

Wehner: Was heißt »heranwachsen«? Die wachsen doch zum großen Teil heran in diese Scheißorganisation, die jetzt nicht mehr SPD ist, sondern, wie nennen die sich, na, »Die Grünen«, nicht? Dauert eine Weile.

Terjung: Wer könnte denn von den Sozialdemokraten mittleren Alters der SPD wieder Impulse geben, Impulse, die Sie für richtig halten?

Wehner: Wieso, was heißt das: wer könnte?

Terjung: Haben Sie irgendwelche Männer oder Frauen im Auge, von denen Sie sagen, die müßten jetzt nach vorn, und die könnten wieder richtungsweisend sein für die SPD?

Wehner: Ja, die kann ich doch nicht erfinden und auch nicht sozusagen als solche anzeigen und sagen: die, die, die. Zunächst müssen anständige Sozialdemokraten die Kraft aufbringen, wieder systematisch mit den sogenannten Gewerkschaften wirklich zusammenzuwirken, die ja zur Zeit kaum eine Rolle spielen und nicht sehr eindrucksvoll sind.

Terjung: Ich meine, Sie haben sich ja sicher Gedanken darüber gemacht. Wen könnten Sie sich denn als künftigen Parteivorsitzenden vorstellen?

Wehner: Den kann ich doch nicht erfinden! Ich werde mich doch jetzt nicht hinstellen und ein paar von diesen Leuten, die jetzt eine Rolle spielen, nennen; die müssen zunächst einmal aus dieser Rolle raus und ersetzt werden durch Sozialdemokraten, die sich wirklich um die Arbeiterschaft und die Angestellten kümmern, und die dann so aktiv sind, daß man nicht wieder so Manöver machen kann mit dem, was man SPD nennt.

Terjung: Zunächst einmal sieht es ja so aus, als ob Hans-Jochen Vogel auch den Parteivorsitz für sich erstrebt?

Wehner: Ja sicher, das ist anzunehmen.

Terjung: Und es sieht so aus, als ob Willy Brandt einen Mann wie Lafontaine nicht gerade direkt als Parteivorsitzenden, aber doch als neue Leitfigur mächtig fördert.

Wehner: Ja, was für einer, dieser Lafontaine! Darüber rede ich nicht.

Terjung: Was würden Sie denn heute einem jungen Menschen, der Ihnen nahesteht, sagen, der Rat sucht und sich von der SPD nicht mehr hinreichend angesprochen fühlt, der meint, er solle grün wählen?

Wehner: Ich werde Ihnen keine Antwort geben. Grün ist jetzt die Mode, nicht? Vorher gab es auch schon viele solche (wird sehr laut) – ich scheiß darauf, ich mache das nicht, daß ich also sage: nur die, nur die, nur die. (Leise) Die werden einige Zeit eine Rolle spielen und werden sich wieder selber zerfransen, zerfasern, gegeneinander bringen, und dann woll'n wir mal sehen, was aus den Menschen allmählich werden wird. Ich habe Jahrzehnte und viele Etappen – zuerst Jugendbewegung, dann Arbeiterbewegung, dann parlamentarische Praxis – dafür gebraucht, und ich habe mich auch gekümmert, daß man aufeinander zuging, miteinander sprach, auch miteinander rang um die verschiedenen Meinungen, Erfahrungen und Notwendigkeiten, die man als solche begreift. Das alles geht ja nicht in einem Ruck zu machen.

Terjung: Bleiben wir noch bei den Grünen, die ja manchem als die eigentliche, konsequente Oppositionspartei erscheinen...

Wehner: (sehr laut) Ich sage Ihnen, machen Sie jetzt mit mir nicht die Mode! Die Grünen werden nur kurze Zeit leben! Ich bin kein Schiedsrichter für solche Leute, die plötzlich, weil sie nichts anderes wußten, weil sie noch jung waren, weil andere darunter wieder älter waren, die wissen wollten, wie sollen wir jetzt andere zusammenholen. Ich halte nichts von diesen »Grünen« oder »Roten« oder »Schwarzen« oder was sonst noch die einzelnen Leute eine Weile lang sind. Das alles paßt nicht. Ich habe in langer Zeit erlebt, wie aus Krieg wieder Frieden und dann (wird laut) wieder Krieg und dann wieder Frieden wurde, wie sich immer wieder ganz verschiedenartige Gruppierungen aus großen oder kleineren Parteien darstellten, das ist so gewesen und wird auch immer wieder kommen.

Terjung: Sie halten es wohl nicht für sonderlich sinnvoll, wenn sich die SPD um irgendeine Art von Bündnis mit denen, die sich »Grüne« nennen, bemüht?

Wehner: Sehen Sie mal (wird sehr laut), ich gebe Ihnen keine Antwort, weil das, was sie jetzt anfangen werden, über »Grüne« zu schreiben, zu sagen, das wird eine Weile eine Rolle spielen und genauso mies sein wie manche frühere Gruppierungen oder frühere Organisationen. Das hilft nichts, jetzt plötzlich mit den Grünen zu operieren.

Terjung: Was hilft, was muß die SPD auf kürzere und auf

längere Sicht vor allen Dingen tun, um wieder regierungsfähig zu werden und Regierungsverantwortung übernehmen zu können?

Wehner: Das kommt nicht einfach, das wird nicht geschenkt. Das muß man durch eine fleißige, ehrliche und auch systematische Bemühung um Zusammenschluß und um Gemeinsamkeit mit anderen versuchen. Das alles ist ja jetzt durcheinander. Zunächst einmal wird die SPD für *lange* Zeit nichts anderes als eine Versuchsorganisation sein, wie man an manchen Stellen Mehrheiten zustande bringen kann. Und wie man die allmählich sich entwickeln lassen kann. Das geht ja alles wieder von vorne los.

Terjung: Mit sehr unterschiedlichen, nicht sonderlich einheitlichen Versuchen.

Wehner: Ja, das ist wahr, ja. Das ist nicht zu ändern.

Terjung: Es ist ja der Eindruck entstanden, daß die Sozialdemokraten in Folge politischer Entwicklung, aber auch infolge parteipolitischer Entwicklungen einen anderen Kurs beschreiten in der Frage des NATO-Doppelbeschlusses, in der Frage der Raketenstationierung als vorher mit Helmut Schmidt. Sie waren auf dem Kölner Parteitag, wo Helmut Schmidt für seine Position, für die er bis zuletzt eingestanden ist, nur ganz wenige Stimmen bekommen hat. Wenn Sie damals hätten abstimmen müssen auf diesem Kölner Parteitag, wie hätten Sie denn votiert?

Wehner: Das weiß ich jetzt nicht. Ich müßte dann nachdenken und herausfinden, wie das war. Ihnen das jetzt sozusagen als eine Erfindung darzubringen, das kann ich nicht.

Terjung: Die SPD war ja mal sehr stolz darauf – ich habe die gleiche Frage vor eineinhalb Jahren Helmut Schmidt gestellt –, so etwas zu haben wie ein Triumvirat, das heißt, eine aufeinander eingespielte Dreimännerherrschaft, bestehend aus – in alphabetischer Reihenfolge – Brandt, Schmidt, Wehner, und Helmut Schmidt hat mir da gesagt, ein solches Triumvirat habe es in Wirklichkeit nie richtig gegeben. Es gab aber wohl eine vertrauensvolle, sachlich gute Zusammenarbeit zwischen Wehner und Schmidt?

Wehner: Ja. Reibungslos und ohne Eifersucht und ohne Verärgerung. Ich kannte ihn ja aus der Hamburger Sozialdemokratie. Ich selber war lange Zeit in Hamburg gemeldet und hatte dort eine Wohnung, wenn ich auch kaum hindurfte, weil ich in Bonn zu tun hatte.

Terjung: Ich hab' übrigens damals auch Helmut Schmidt gefragt: »Was wünschten Sie, das die Nachwelt einmal über Sie sagt?« Seine Antwort war: »Daß ich einer war, der seine Pflicht getan hat.« Darf ich Ihnen die gleiche Frage stellen?

Wehner: Nö, ich geb' da keine Antwort. Ich mach' keine, ich habe zu viel Schlimmes und hab' auch zu viel Enttäuschungen erlebt, wo sie einem was angehängt haben, oder sich nicht gekümmert haben um einen, die haben einen laufenlassen, bis man irgendwo in einen Graben gefallen ist. Das möcht' ich nicht von mir aus anderen sagen. (Pause) – Der Schmidt ist einer, ein sehr intensiver Mann gewesen. Manchmal war er auch äußerst ironisch gegen andere Personen. Verständigungsmöglichkeiten im eigentlichen und auch problematischen Sinne waren so einfach nicht zu betreiben. Ich hatte mit dem Schmidt ein ganz ordentliches Verhältnis, muß ich sagen – trotz seiner Art, sich sehr bedeutend zu halten, sehr wichtig zu halten und auch entsprechend wie ein Offizier, sich so zu verhalten, daß er kommandierte, was ich ihm nicht übelgenommen habe, aber sonst war er – wie gesagt, er spricht ja nicht mit einem, wenn man nicht ihm etwas berichten soll, von dem er hört, gehört hat oder gewußt hat, da müßte man sich kümmern.

Terjung: Hat die Arbeit der SPD in Fraktion, Parteivorstand, Bundesregierung – ich komm' noch mal auf dieses Triumvirat zu sprechen – dadurch aus Ihrer Sicht deutlichen Schaden genommen, daß es zwar eine Kooperation und entsprechendes Vertrauen zwischen dem Bundeskanzler Helmut Schmidt und dem Fraktionsvorsitzenden gegeben hat, aber daß das Verhältnis oft doch recht gestört war zum Parteivorsitzenden?

Wehner: Ja, das war so, sicher. Es war kein Abenteuer,

sondern so war das eben in der Praxis; man mußte sich selber kümmern, um irgendwo etwas durchsetzen zu können, zurechtmachen zu können, Schäden ausbessern zu können. Ich war ein Mensch, der alles mögliche gutmachen mußte. Ich war aber kein Kommandeur. Ich mußte sehen, wie das besser gemacht oder wie der oder wie die wieder richtig in die Arbeit und in die richtige Behandlung kommen konnten. Das alles hab' ich jahrelang zu machen gehabt.

Terjung: Jedenfalls haben sie Ihre eigenen Empfindungen doch wohl so stark zurückgenommen, daß bis zuletzt doch eine relativ sachliche Arbeit auch mit dem Parteivorsitzenden möglich war?

Wehner: Ja, mußte ich ja. Ich war ja nie einer, der da sagte: So, macht ihr euren Dreck alleene, ich werd' mich nicht mehr kümmern. Ich hab' mich so weit um die Sachen gekümmert, wie es erlaubt war und man nicht dafür gerügt wurde. Wir, die wir eine sehr nennenswerte Gruppe im Bundestag waren, wären ja in Schwierigkeiten hineingeraten, wenn wir etwa untereinander Konkurrenz gemacht hätten.

Terjung: Was *Sie* nach wie vor bewegt, ist wohl die Frage, wie die Sozialdemokraten intensiver mit den Gewerkschaften zusammenwirken können. Wie sehen Sie denn die Gewerkschaften in ihrer derzeitigen Verfassung?

Wehner: Sie sind zwar eine zahlenmäßig nennenswerte Gruppierung von Organisationen, aber sie sind noch lange nicht wieder eine Kraft, die Gemeinsamkeiten hervorruft, das muß ja neu geschaffen werden. Das Zusammenwirken und das Zusammensein.

Terjung: Da scheinen mir gerade angesichts der Auseinandersetzung um Arbeitszeitverkürzung und die verschiedenen Wege, die aufgezeigt worden sind, die Gewerkschaften ziemlich uneins zu sein.

Wehner: Ja sicher. Dafür kann ich auch nicht. Die einen haben die, die anderen haben jene Meinung, und so werden sie gezwungen sein, sich allmählich zu verständigen, damit sie nicht gegeneinander operieren. Da sind die einen, die sind für soundsoviel Stunden, die anderen sind für etwas weniger, die anderen sind für etwas mehr. Das ist sehr unterschiedlich und noch lange keine normale Art, miteinander zu wirken. Da bedarf es sehr starker Charaktere, die etwas durchsetzen.

Terjung: Offenbar nimmt bei den Gewerkschaftsmitgliedern bei steigender Arbeitslosigkeit die Solidarität ab, so daß sich die maßgeblichen Köpfe der Gewerkschaften kaum in der Lage sehen, ihrem arbeitnehmenden Teil zu erklären, daß es eben ohne Lohnzuwachs oder mit geringerem Lohnzuwachs gehen muß, um andere wieder in Arbeit zu bringen.

Wehner: Ja, das wäre das eigentliche, normale, moralische Erfordernis, daß man statt Rivalitäten Solidaritäten zustande brächte, um das geht es. Das ist jetzt nicht in Ordnung.

Terjung: Ist es denn nicht auch ein Fehler der Sozialdemokraten, nicht deutlich gemacht zu haben, daß es ohne Einbußen für die Arbeitnehmenden nicht hinzukriegen ist, mehr Solidarität zu praktizieren mit den Arbeitslosen?

Wehner: Ja sicher ist das so.

Terjung: Was müßte Ihrer Ansicht nach die SPD konkret tun, um näher heranzukommen an die Lösung der Fragen der Arbeitslosigkeit?

Wehner: Das ist billig zu sagen, nicht? Millionen Arbeitslose gibt es in Deutschland, in anderen Ländern auch. Entscheidend ist, daß Gewerkschafter und Sozialdemokraten miteinander wirken, größere Annäherungen zustande bringen.

Terjung: Die Sozialdemokraten suchen nach Neuorientierung. Es gibt Kommissionen, die jetzt ein neues Programm erarbeiten wollen. Sie haben immer gesagt, Sie seien »ein altmodischer Mensch« und hielten sich an das alte Godesberger Programm. Braucht die SPD ein neues Programm?

Wehner: Das wird sich zeigen. Das wird Jahre dauern, entschuldigen Sie mal, ich werde Ihnen nicht sagen können, was ein Programm sein soll. Jetzt sehe ich also oder lese oder werde davon berührt, daß diejenigen, die heute die offizielle

SPD sind, Propaganda machen, wie in den nächsten Jahren –
manchmal geben sie dann auch Fristen – das Miteinander
statt das Durcheinander zu regeln sei. Worauf es ankommt,
ist, zusammenzuarbeiten, zusammenzuwirken, damit die
Sozialdemokraten eine breitere Organisation werden und
nicht nur eine, die allmählich immer schwächer wird.

Terjung: Manch einer sieht in Lafontaine oder Eppler die
neuen Leitfiguren, Politiker, denen Sie früher immer besonders kritisch gegenübergestanden haben . . .

Wehner: (laut) Ich? Ja, ich hab' die abgelehnt, und ich würde
auch heute nicht mit ihnen so tun, als seien sie die Persönlichkeiten, die nun Arbeiterbewegung auf eine neue Art und
Weise zustande bringen. Diese Namen, die Sie mir nennen,
sind Leute, die sicher auch eine gewisse Rolle spielen, was
ihr Denken betrifft, aber keine Persönlichkeiten, die stärke-
re Zusammenwirkungen zustande bringen. So ist das.

Terjung: Jedenfalls sagen viele junge Leute, dies seien ihre
»Hoffnungsträger«.

Wehner: Dann sollen sie's versuchen. Ich hab' ja nichts
dagegen. Ich kann nur noch meine Beiträge bezahlen, (wird
sehr laut) ich pfeife darauf, daß man so tut, als ob schon alles
wieder in Gang sei, nichts! Das dauert lange, das wird Jahre
dauern. Ich habe selber mal die SPD aufgebaut, das hat lange
gedauert. Heute sehe ich keine . . .

Terjung: Aber ist es aus Ihren Erfahrungen heraus, Herr
Wehner, ja nicht geradezu zwangsläufig, daß es jetzt irgendeine Art ganz neuer Richtung gibt in der Sozialdemokratie?

Wehner: Die kann ich nur beobachten, kann zu beurteilen
versuchen, ob sie in der Lage sind, breitere Einflüsse, Bewe-
gungen, Organisationen zustande zu bringen, es nicht darauf ankommen zu lassen, daß man sich das selber über-
läßt.

Terjung: Sie plädieren für Bewegung mit den Gewerkschaften . . .

Wehner: Das ist für mich das Wichtigste (wird sehr laut).
Solange die SPD imstande war, in den Gewerkschaften Ein-

flüsse durchzusetzen, ohne ihnen was aufzuzwingen, sondern zu probieren, *wie* denn Gewerkschaften allmählich sich
erweitern und aktivieren können, war das in Ordnung. Das
ist zur Zeit nicht an Ort und Stelle. Es gibt noch alte Bestandteile, die sich im Laufe der Jahre entwickelt haben, nur,
es werden auch allmählich immer weniger statt mehr. Da
wird man also neue Anregungen und neue Kräfte brauchen.

Terjung: Wie beurteilt ein sich selbst so bezeichnender »altmodischer Mensch«, daß die SPD jetzt davon redet, sie sei
auf der Suche nach neuen »Visionen«?

Wehner: . . . nun, das ist deren Sache, das ist nicht meine
Sache. Ich bin jahrzehntelang sozialdemokratischer Organisator gewesen. Jetzt wird man nach fähigen, aktiven Jüngeren suchen müssen, die einander nicht auf den Rücken
legen, sondern miteinander ringen um Neubelebung, politische Bewegung, Arbeiterbewegung, die dann nicht kom-
mandiert wird, sondern sich zueinander wendet. (Laut) Man
muß Kurse machen, man muß sich miteinander verständigen, man muß sagen, das geht so, das geht so, da werden
andere sagen, das geht aber nicht so, sondern so, also muß
man probieren. (Sehr laut) Das werden lange Jahre von
organisatorischer Arbeit sein, lange Jahre, sag' ich Ihnen,
ich erfinde das nicht, ich will auch mich denen nicht aufzwingen, ich will auch nicht den darstellen, der das alles
besser weiß.

Terjung: Auch historische Kurse?

Wehner: Ja sicher. Historische Kurse. Die Leute sollen
wissen, wie das entwickelt war, was davon entwicklungsfä-
hig ist, was davon steif ist, deswegen so nicht mehr weitergehen kann, ersetzt werden muß durch neue Aktivitäten.
Also das alles muß herausgefunden werden, und das finden
sie wohl auch im Laufe der Jahre.

Terjung: Herr Wehner, ist ein Wiedererstarken der SPD
nur möglich von unten her über die Ortsvereine, die Bezir-
ke, die Länder, oder läßt sich das auch von oben machen?

Wehner: Das kommt darauf an, was »oben« genannt wird.

Terjung: »Oben« nenne ich jetzt den Bundestag und die Bundestagswahlen.

Wehner: Ja, gut. Das ist eine eigenartige Form von Wirkung; die Wahlen, die die SPD zuwege gebracht hat, haben ihr bisher nicht zur Mehrheit verholfen, und so wird man nun probieren müssen, experimentieren müssen, wie man und wo man und auch mit welchen Persönlichkeiten das alles wieder in eine Bewegung, die nach vorn geht, vorwärts geht, umwandeln kann. Um das geht es.

Terjung: Dann frage ich Sie noch mal: Welche Persönlichkeiten halten Sie denn für gestanden, um da was in Ihrem Sinne nach vorne zu bewegen?

Wehner: Ich kann Ihnen keine Namen nennen, weil ich das nicht will. Vorhin haben Sie selber ein paar Namen genannt, das ist für mich Quatsch. Diese Leute sind Erfinder, die tun so, als wüßten sie alles, und so werden sie selber erfahren müssen, daß sie damit auseinandergehen, sich auseinanderbröseln. Nur, das Entscheidende ist, wie diejenigen zusammengebracht werden können, die sich wechselseitig erneuern, wechselseitig erstarken, weil sie miteinander reden, aufeinander zugehen, Diskussionen zustande bringen, die nicht einfach nur aus Phrasen bestehen, sondern aus Versuchen, miteinander über die verschiedenen Fragen zu reden, was mehr Mühe kostet, aber bessere Durchsetzungsmöglichkeiten in die Welt bringt. Darum muß der Vorstand sich kümmern. Ich schätze den Vorstand aber nicht so ein, daß er, so wie er jetzt ist, imstande sein kann. Man muß also wohl eine Weile warten, bis er wieder reorganisiert ist.

Terjung: Ist Jochen Vogel ein Mann, der die Fähigkeiten, die Sie eben geschildert haben, in sich vereint?

Wehner: Er *will* das sicher. Das ist alles, was ich weiß.

Terjung: Haben Sie Kontakte zueinander?

Wehner: Nein.

Terjung: Hat Jochen Vogel mal Ihren Rat gesucht?

Wehner: Nein. Ich will auch nicht, wegen mir soll er sein, wie er will.

Terjung: Manch einer hat den Eindruck gewonnen, daß

insbesondere in der Fraktion Schwachstellen sind, was die Wirtschaftspolitik anbetrifft in Einklang mit der Sozialpolitik. Beides ist ja wohl nicht voneinander zu trennen?

Wehner: Nein.

Terjung: Und da wird wahrscheinlich mit Recht auch immer wieder gemahnt, gedrängt, wo bleiben Eure Konzepte?

Wehner: Das kann man nur durch das Probieren, nie man bestimmte Forderungen, bestimmte Vorschläge, bestimmte Kritik wirken lassen kann, bis man herausfindet, auf was es wirklich ankommt. Zur Zeit gibt es, für mich jedenfalls, keine wirkliche organisierende Art, beide Gruppierungen zueinander zu bringen.

Terjung: Entschuldigen Sie, wenn ich insistiere. Sie werden doch auch feststellen, daß Jochen Vogel sein schwieriges Amt in geradezu preußischer Pflichterfüllung versieht?

Wehner: Also das Wort »preußische Pflichterfüllung«, das kann mich nicht reizen. Nein, das ist ein typischer »Nummer eins«, der immer überall . . . ich kann nicht, ich konnte nicht mit ihm ins Gespräch kommen, das war nicht drin.

Terjung: Meinen Sie, daß er mehr delegieren sollte, mehr gemeinschaftlich . . .

Wehner: Ich habe keinen Platz in dieser Partei, um einigen Leuten zu sagen: Kinder, kümmert Euch endlich darum, daß der und der das und das zu machen die Verpflichtung hat, auch es dann tatsächlich entsprechend macht. Da kann ich nur taktvoll sein. Ich will ja keinen ankreiden. Das geht ja auch nicht, das hat keinen Sinn.

Terjung: Meinen Sie, daß ein Mann wie Jochen Vogel zu generalistisch aufträte oder zu . . .

Wehner: (laut) Nein, ich gebe keine Titel aus, nicht? Ich sage nur, daß der mich ganz schlimm behandelt hat, nicht? Und daß er einer war, der nie mir auch nur eine einzige Information gegeben hat – weder vorher, als er noch ein Minister war, noch später. Nein, ich hab' das runterzuschlucken, so ist das. Das hat keinen Zweck, sich vorzustellen, daß ich ungerecht wäre gegen jemand. Es gab keine Gesprächsgrundlage, ich kann das nicht ändern.

Terjung: Es spricht eine tiefe Verbitterung aus Ihren Worten...

Wehner: Eine? Is' auch. Ich mag die Leute nicht, weil die Leute schlimm waren in der Behandlung von mir persönlich, politisch. Und dann hab' ich mit ihnen nachher nichts an Faustkämpfen oder so zu machen. Ich sitze eben und weiß also, ich habe nicht das Verlangen, über die Leute zu reden. (Uhr läutet. Greta: »So, willkommen zum Kakao!«) Pause.

Terjung: Weil Karl Wienand gerade angerufen hat, Herr Wehner, dies war ein langer, treuer Weggefährte von Ihnen?

Wehner: Ja, das war er.

Terjung: Zählen Sie ihn zu Ihren engsten Freunden?

Wehner: Ja. Aber der ist da in diesem Bereich nicht wieder aufgestellt worden. Und da hat er sich konzentriert auf alle möglichen Arbeiten, ohne dabei mit anderen Leuten durcheinander zu kommen.

Terjung: Sie sind mehrmals auf alle möglichen Leute fuchsteufelswild geworden, als Karl Wienand in Schwierigkeiten kam. Warum sind Sie dann so in Harnisch geraten?

Wehner: Weil ich das nicht mag, daß man Leute zum Gegenstand einer Verkleinerung macht und faktisch also für: Mit dem geht es nicht, der taugt nichts. Da hab' ich nie mitgemacht. Da war ich kein Geeigneter. Ich habe ihm die ganze Zeit, als es ihm schlecht gegangen ist, geholfen.

Terjung: Rührt diese ganz enge Beziehung zu Karl Wienand auch daher, daß, wie Sie einmal gesagt haben, Sie und er gemeinsam dafür gesorgt haben, daß Barzels Konstruktives Mißtrauensvotum nicht aufgegangen ist?

Wehner: Ja, das war mal ein Punkt.

Terjung: Später hatte es dann einen Untersuchungsausschuß gegeben, der nie etwas Genaueres zutage gefördert hat, außer der Tatsache, daß Steiner dann hinterher als gebrochener Mann dastand. Es hat auch damals Diskussionen gegeben, inwieweit es unter den damaligen Umständen moralisch vertretbar erschien, auch mit Mitteln, die nicht

der offenen politischen Auseinandersetzung entsprechen, seitens der SPD vorzugehen, um jenes Konstruktive Miß-trauensvotum abzuwehren. Wollen Sie sich dazu äußern?
Wehner: Das kann ich jetzt nicht darstellen.
Terjung: Es ging damals ja auch um den Vorwurf, daß seitens der SPD Geld im Spiel gewesen sei.
Wehner: (murmelt Unverständliches)
Terjung: Herr Wehner, wie verfolgen Sie die deutsche Politik, wenn Sie in Schweden sind oder auch, wenn Sie in Bonn sind? Hören Sie immer noch so viele politische Sendungen im Deutschlandfunk, lesen Sie immer noch so viele Zeitungen?
Wehner: Ja, das tu' ich.
Terjung: Und, Herr Wehner, ist Ihnen nicht schlecht geworden, als Sie die Fülle von Meldungen und Berichten »wg. Flick« zur Kenntnis bekamen?
Wehner: Ja, das ist eine neue Mode, hinter Flick herzulaufen beziehungsweise sich von Flick etwas besolden zu lassen.
Terjung: Ich hab' nicht den Eindruck, daß das eine Mode ist. Es geht doch nun schon auf viele Jahre zurück, was jetzt alles in einigen Monaten offenkundig geworden ist. Und das Mißtrauen, insbesondere von jüngeren Menschen, scheint doch mit Recht zu wachsen, wenn man hört, wieviel Leute dort alle in Sold gestanden haben.
Wehner: Ich hab' nie irgendwo im Sold gestanden. Ich weiß, daß es Leute gibt, die heftig versucht haben, mich in irgend-eine Gruppe hineinzuorganisieren oder zu figurieren. Mir ist es darum gegangen, daß die politische Seite der Arbeiter-bewegung sich nicht fremd machen läßt, sondern soweit wie möglich Proben entwickelt, wie man organisiert, wie man die Kräfte der Arbeiterbewegung wieder frisch macht, fähig macht.
Terjung: Das Grundproblem scheint mir dabei aber zu sein, daß die Zahl der sogenannten »klassischen Arbeiter« rapide gesunken ist, daß es die SPD inzwischen mehr zu tun hat mit Arbeitnehmern, die ihr Haus besitzen, die ihren Wagen

haben, konsumorientiert sind, Solidarität vermissen lassen und womöglich meinen, es sei inzwischen richtiger, sich einer bürgerlichen, konservativen Partei zuzuwenden. Diese Entwicklung stellt doch die SPD vor die Notwendigkeit, eben diese inzwischen besser verdienenden Facharbeiter einzubeziehen. Aber wie kann das gehen?

Wehner: Da kann ich keinen Rat geben. Ich kann denen nur sagen, *organisiert* (wird laut) das Zusammenwirken, das Miteinander-Sprechen, das Einander-reifer-Machen für organisierende Arbeit. Das ist zu probieren, das ist aber kein Beruf, der von außen angesetzt wird. Die Zahl der wirklichen Arbeitnehmer mag so oder so geschätzt werden, aber es sind eine Menge, die arbeiten müssen, wenn sie mit ihrer Familie weiterkommen wollen.

Terjung: Die SPD hat aber auch immer denen, die man Intellektuelle nennt, politische Heimat geboten. Sie haben mal gesagt: »Ich war keiner von denen, aber die waren immer freundlich zu mir.« Wollen Sie das genauer definieren, Ihr Verhältnis zu Intellektuellen, wenn ich jetzt einmal Schriftsteller, Künstler heranziehe?

Wehner: Ich habe nichts gegen Schriftsteller, und ich habe auch nichts gegen Künstler gehabt. Sie existieren. Aber ich war immer dagegen, daß sie sozusagen die Überschicht sein sollten. Wer das machen will, der kann das versuchen. Und dann wird alles auseinandergehen.

Terjung: Das heißt, Sie haben sich immer um breitere Zustimmung bemüht? . . .

Wehner: (sehr laut) Ich hab' mich um Arbeiterbewegung bemüht. Ich war immer für Arbeiterbewegung. Ich habe versucht herauszufinden, wie man die wieder frisch machen kann, wie man die dazu bringen kann – bei allen Unterschieden in den Berufen –, es nicht dazu kommen zu lassen, daß jeder nur dort und da eine Zunft oder einen Verein oder etwas Ähnliches darstellt. Das ist meine Tätigkeit gewesen. War keine bedeutende, aber jedenfalls eine, die die SPD sehr stark gemacht hat, stärker gemacht hat, als sie es zeitweise war.

50

Terjung: Nochmal zurück zu dem Stichwort Flick. Sie haben mal gesagt: »Ich stelle an sozialdemokratische Politiker den einen harten moralischen Anspruch des solidarischen Handelns, des beispielhaften Handelns.« Nun gab's auch sozialdemokratische Politiker, die zwar nichts in die eigene Tasche gesteckt haben, für sich, aber doch seltsame Waschungen von Geld mitgemacht haben . . .

Wehner: . . . Ja, das gab's.

Terjung: Wie denken Sie darüber? Ist Ihnen das plötzlich jetzt bekannt geworden, oder wußten Sie, daß im Zuge von Parteienfinanzierung solche Aktionen liefen?

Wehner: Es hat viele Sachen gegeben. Ich habe nur meine persönliche Erfahrung, und meine persönliche Absicht war nur, nicht selber in solche Geschichten hineinzukommen, um mit anderen zusammenzutun, sondern das, was früher einmal Arbeiterbewegung genannt wurde, immer wieder neu zu entwickeln, herauszufinden, welche die positivst Organisierenden waren und welche jene waren, die den Kurs ganz woanders hinfahren. Ich habe die Kurse nie mitgemacht. Und so bin ich heute auch nicht mehr drin. Ich zahle heute noch meine Beiträge, sind sehr hohe Beiträge, die ich zahle. Aber das hilft nichts.

Terjung: Sie haben auch sonst häufig Geld abgegeben oder auf Geld verzichtet. Welche Beziehung haben Sie zum Geld, Herr Wehner?

Wehner: (sehr laut) Ich bin für Arbeiterbewegung, können Sie das nicht begreifen? Arbeiterbewegung war eine Bewegung, die miteinander rang gegen andere (trommelt auf den Tisch), nicht? Das hab' ich nie versucht zu leugnen oder irgendwo ganz andere zu finden.

Vor 44 Jahren war Wehner hier in Schweden auf Ernst Wiecherts »Das einfache Leben« gestoßen, ein Buch, das den 35jährigen nachhaltig beeindruckte. Aufwendiger, gar pompöser Lebensstil konnte nach seiner Überzeugung keinem Politiker anstehen, der sich verpflichtet sah, für eine Vermenschlichung der Gesellschaft einzutreten. In diesem

Zusammenhang einige Begebenheiten, die Wehner selber nie für erwähnenswert gehalten hat:

Als sozialdemokratischer Fraktionsvorsitzender hat sich Wehner materiell immer schlechter gestellt als seine fünf Stellvertreter und als die parlamentarischen Geschäftsführer. Die erhielten nämlich zusätzlich aus der Fraktionskasse nicht unerhebliche »Aufwandsentschädigungen«, während es »der Onkel« für sich bei den normalen Diäten des MdB Wehner bewenden ließ.

Trat die oben erwähnte Runde als Geschäftsführender Fraktionsvorstand im früheren Fritz-Erler-Büro des Bundeshauses zusammen und ließ sich Tee oder Kaffee servieren, war es immer nur Wehner, der für den Kellner unauffällig ein Fünfmarkstück bereithielt.

Wenn es wieder einmal in allen Fraktionen rumorte, weil sich die Mandatsträger nach jahrelanger Enthaltsamkeit eine kräftige Diätenerhöhung genehmigen wollten und dieser wenig populäre Wunsch dann auch an den SPD-Fraktionsvorsitzenden herangetragen wurde, verstand der keinen »Spaß«, erstickte jedwede sachliche Diskussion darüber im Keim: »Kinders, um Himmels Willen, wenn die anderen, bourgeoisen das machen wollen, dann sollen sie; ich gönne denen das Vergnügen. Nur: Wir sind Sozial-Demokraten! Und uns allein würde das angelastet. Mit mir ist das nicht zu machen!« Da drohte er auch schon mal mit Rücktritt.

Weitere Streiflichter: Wenn Wehner nach einer erschöpfenden Sitzungswoche am Freitagnachmittag aus dem Eingang III des Bundeshauses kam, kaufte er oft von einem dort geparkten Blumenwagen einen dicken Strauß roter Rosen für seine Frau. Vor seinem Haus angekommen, riß er zuweilen das Gebinde auseinander, knallte seinem Fahrer die größere Hälfte auf den Rücksitz und raunzte: »Da, bringen Sie die Ihrer Frau mit, damit die auch was davon hat.«

Als es dem dafür zuständigen parlamentarischen Geschäftsführer an der Zeit erschien, einen neuen Dienstwagen für den »Onkel« anzuschaffen, weil es der alte nicht mehr so tat, klapprig und unwirtschaftlich geworden war, lehnte es der

Fahrer ab, mit dem funkelnagelneuen Fahrzeug morgens vor Wehners Godesberger Reihenhaus vorzufahren. Er wollte nämlich nicht den geballten Zorn seines »altmodischen« Vorgesetzten abkriegen. So mußte an jenem Tag Karl Wienand selber auf den Heiderhof chauffieren: Und es soll angestrengter Überredenskünste bedurft haben, Wehner von seiner Weigerung abzubringen, im Fond Platz zu nehmen.

Von Wehners rigoroser persönlicher Integrität sprechen seine Parteifreunde wie auch seine ärgsten politischen Gegner, so sie ein wenig über ihn wissen, stets mit äußerster Hochachtung; und da schwingt wohl manchmal das eigene schlechte Gewissen mit, kommt gleichsam als Verdrängung der eigenen Schwächen in Anbetracht von Wehners Haltung das Klischee vom »Zuchtmeister« auf.

Terjung: Herr Wehner, welcher Sozialdemokrat – von Ihnen jetzt abgesehen – hat die Bundesrepublik Deutschland aus Ihrer Sicht am stärksten geprägt?
Wehner: Ja, das ist schwer zu sagen. (Lange Pause) Da müßte man durchgehen die verschiedenen Erläuterer dessen, worum es geht. Da gibt es eine Menge von Punkten, die dabei durchgesprochen werden müßten.
Terjung: Meinen Sie nicht, daß Geschichtsschreiber irgendwann einmal, vielleicht in ein paar Jahrzehnten, sagen werden, daß seitens der Sozialdemokraten außer Ihnen Willy Brandt am stärksten die Bundesrepublik geprägt hat?
Wehner: Kann sein. Bewertungen sind nie völlig übereinstimmend von Leuten, denen das oder jenes falsch erscheint oder das oder jenes gefährlich erscheint oder das oder jenes wenig nachhaltend geschildert wird.
Terjung: Wenn ich Sie frage nach dem Christdemokraten, der die Bundesrepublik bisher am stärksten geprägt hat, würden Sie dann zögern, den Namen Adenauer zu nennen?
Wehner: Nein, würde ich nicht. Ich würde nur angesichts der Ergebnisse der politischen Aktivitäten des Herrn Kohl

und seiner Truppe sagen, daß das nicht mehr so gilt, daß es jetzt andere noch dazu gibt.

Terjung: Von Ihnen stammt wohl die Bezeichnung Adenauers als »politisches Urgestein«...

Wehner: Ja.

Terjung: ... die später ohne Quellenangabe des Erfinders von einer ganzen Reihe von Leuten auf Sie übertragen worden ist. Sind Sie zufrieden mit dieser Betitulierung?

Wehner: Ich bin überhaupt nicht zufrieden mit Betitulierungen.

Terjung: Sie hatten eine Reihe von Begegnungen mit Adenauer damals?

Wehner: Ja, ja, die hatte ich. Der hatte auch Gelegenheiten genommen, einige gewisse Gespräche zu holen und holen zu lassen.

Terjung: Um welche Fragen ging es damals?

Wehner: Damals ging es hauptsächlich um die Fragen, wie denn die politischen Notwendigkeiten richtig gelenkt werden müssen, damit sie nicht von anderen in gegenteiliger Form ins Auseinandersetzungsfeld geholt wurden.

Terjung: Haben Sie irgendeine Beziehung zu Strauß entwickelt?

Wehner: Nein, das habe ich abgelehnt. Ich habe den Versuch gemacht, Strauß sachlich zu intervenieren, ihm darzustellen, was wir nicht so, sondern etwas anders oder ganz anders für richtig hielten. Ich kenne von Strauß keine Äußerung und Darstellung, die im wesentlichen positiv behandelt werden muß.

Terjung: Dabei hat er Sie immer sehr positiv bewertet – Sie persönlich...

Wehner: Als Gegner.

Terjung: Als Gegner.

Wehner: Weil er Angst hatte, jetzt sag' ich einmal Angst, das Wort ist vielleicht nicht richtig, jedenfalls er wollte nicht, daß der, von dem Sie jetzt reden, mit dem er manchmal zu tun gehabt hat, daß der das alles, na, wie soll ich das sagen, klar und wahrheitsgemäß erläutert hat.

Terjung: Das heißt, Herrn Strauß wäre an Gemeinsamkeiten und Aufeinanderzugehen nicht gelegen?

Wehner: Nein. Strauß hatte seine persönliche Bewertung so, daß er im Grunde genommen der einzige ist, der Führung in Anspruch nehmen kann.

Terjung: Das gilt offenbar nach wie vor.

Wehner: Das ist auch so, ja.

Terjung: Ist Strauß wirklich immer der Motor, der eigentliche Motor der Union gewesen?

Wehner: Das ist er, ja, das ist er gewesen. Wird aber allmählich schließlich stumpf werden.

Terjung: Welche Beziehung haben Sie zu Barzel gehabt? War das ein faires Miteinander-Umgehen?

Wehner: Ja, das war es, gerade auch bei sachlichen Unterschieden zu politischen Entwicklungen und politischen Notwendigkeiten.

Terjung: Mit Barzel haben Sie ja insbesondere gerungen um die Ost-Verträge.

Wehner: Ja sicher.

Terjung: Entspricht es eigentlich den Tatsachen, Herr Wehner, daß der damalige CDU/CSU-Fraktionsvorsitzende, Rainer Barzel, bei Ihnen als SPD-Fraktionsvorsitzendem gewesen ist, als er merkte, daß er sich nicht mehr halten konnte, daß er Sie davon als ersten informiert hat?

Wehner: Ja, das hat es gegeben. Das waren keine Geheimnisse, aber er hat mir gegenüber damals dargestellt, worum in der Union gerungen worden ist.

Terjung: Das hat er Ihnen jedenfalls offen anvertraut?

Wehner: Nicht alles. Manches davon. Ein paar Eigenartigkeiten waren dabei.

Terjung: Geschätzt aus den Reihen der Union haben Sie besonders den Deutschlandpolitiker Johann Baptist Gradl?

Wehner: Ja, sehr, heute noch. Obwohl ich ganz anderer Meinung bin als er. Aber als Charakter und als ein Konkurrent ist er mir der anständigste, den ich überhaupt kennengelernt habe in diesen ganzen Jahren.

Terjung: Hat es Sie überzeugt, daß es ihm gleichermaßen

darum ging, den Menschen im geteilten Deutschland zu helfen?

Wehner: Er hatte diese Grundauffassung, die ich nicht in jedem Fall genauso übernehmen konnte, aber die deutlich machte, ihm ging es darum, wie man sich miteinander gegen das Unglück versammeln konnte und zusammenhalten konnte.

Der Postbote hat den Weg durch den Schnee geschafft. Er bringt Tag für Tag einen ganzen Stapel von Umschlägen aus Deutschland, immer die »Süddeutsche«, die Wehner für die beste bei uns erscheinende Zeitung hält, die »Frankfurter Rundschau«, die »Bonner Rundschau«. Jetzt, so kurz nach Neujahr kommt ein Schwung von guten Wünschen für den Ruheständler und dessen Frau. Es ist Gretas Sache, die Briefe zu öffnen – die Briefmarken für einen guten Zweck auszuschneiden –, die Schreiben laut vorzulesen – nach Dringlichkeit zu sortieren –, zu beantworten. »Der Onkel« schreibt in den meisten Fällen dann selber nur noch »und Herbert Wehner« darunter. In seinem Küchenschaukelstuhl zurückgelehnt, verfolgt er die Lesungen sehr interessiert, aber fast ohne Reaktion – zumindest in meiner Gegenwart.

Da schreibt ein den Wehners unbekannter Bürger kurz und bündig an den verehrten »Dr.« Wehner und dankt ihm »für das, was Sie für Deutschland getan haben«. Ein Autogrammsammler schickt im Umschlag ein Karte, auf die links ein Zeitungsfoto von Wehner geklebt ist, in die Mitte die Flagge der Bundesrepublik; rechts daneben wird der Namenszug des SPD-Politikers erwünscht. »Das muß man machen«, sagt Wehner entschieden, und Greta legt das Schreiben zu den dringlichen. Die Ehefrau des langjährigen Weggefährten Erich Ollenhauer schreibt mit der Hand Persönliches.

Hans-Jochen Vogel, der Nachfolger im Amt, schickt eine Skizze des Malers Gerresheim, die recht realistisch den älteren Wehner darstellt, mit sanften Zügen, etwas rundlicher im Gesicht, ohne die Kanten und Kerben, die Ernst Günter Hansing vor zehn Jahren zum Ausdruck brachte. Die Gerresheim-Skizze soll als Vorlage für eine Wehner-büste dienen, die die Fraktion zum Gedenken erwerben will. Der Begleitbrief Vogels ist maschinengeschrieben – links oben der Bundesadler gedruckt, darunter die Amtsbezeichnung: »Vorsitzender der sozialdemokratischen Bundestagsfraktion«. Vogel übermittelt gute Wünsche und sein Empfinden von »Ermutigung« für die Art, in der Wehner seine Arbeit begleite. Hans Koschnick schickt einige Flaschen Wein aus dem Bremer Ratskeller. Und dann gibt es eine Menge Danksagungen für die Weihnachtspäckchen, die Greta liebevoll gestaltet und mit selbstgemachten Strohsternen versehen hatte.

Ich frage Wehner, ob er den Sozialdemokraten in der Opposition nicht auch Ermutigendes zu sagen habe, und er sagt ganz leise: »Das geht ja nur zu gewissem Grade.« Da springt Greta bei, sagt: »Weitermachen, immer weitermachen, nicht die Hoffnung verlieren.« Sie holt ein Jugendbuch heran, »Die roten Matrosen« von Klaus Kordon, das beschreibt, wie einfache Menschen im Winter 1918/19 in Berlin die Revolution erleben. Sie liest daraus einen Dialog vor: »Wir müssen uns abgewöhnen, von heute auf morgen zu denken. Unsere Welt besteht schon lange, und immer ging's nur langsam voran. Wieso sollte es gerade jetzt schneller gehen?

– Du setzt also auf die Zukunft?

– Ja, und wenn sie noch so fern ist! Ich weiß, was ich für gut halte, weiß, was ein menschenwürdiges Leben ist – dafür will ich kämpfen. Wozu sollte ich sonst auf der Welt sein?«

Ich weiß wirklich nicht mehr, wie wir von diesem Buch aufs Rasieren gekommen sind. Jedenfalls erzählt mir Wehner, daß er nur einen einzigen Gegenstand aus seiner Jugendzeit gerettet hat, einen Klingenrasierer, den ihm seine Mutter schenkte, als er siebzehn wurde und der erste Flaum zu sprießen begann. Auf die Frage, wie lange er sich in seinem

Leben damit rasiert habe: »Für was halten Sie mich denn?
Tag für Tag habe ich den benutzt und werde ihn auch weiter
benutzen.« Dann bemüht er sich plötzlich die Treppe hinauf
in sein Bad, kommt mit einem winzigen, grau schimmern-
den Blechdöschen, das von einem roten Gummiband sorgsam zusammengehalten wird, wieder herunter. Wehner
öffnet mit äußerster Behutsamkeit das Döschen, schraubt
den aus mehreren Teilen bestehenden goldfarbenen Rasie-
rer zusammen und erklärt: »Den hat man mir sogar im
Zuchthaus gelassen.« Und Greta fügt hinzu, während Wehner das Kleinod wieder nach oben in Sicherheit bringt,
»einmal in England hat er ihn vergessen. Da meinte er, die
Welt ginge unter.«

Terjung: Herr Wehner, als wir eben in der Küche zusammengesessen haben, haben Sie eine Fülle von Briefen ge-
sichtet mit Ihrer Frau Greta zusammen. Erhalten Sie häufig
solche Briefe?
Wehner: Ja.
Terjung: Tut das gut, wenn Sie vor allen Dingen Briefe
bekommen von vielen Menschen, denen Sie irgendwann
einmal geholfen haben und die sich Ihnen über Jahre verbunden fühlen?
Wehner: Wir haben viel getan, damit Menschen aus der
Haft entlassen...
(Das Telefon klingelt. Wehner sagt Greta Bescheid. Der
Anruf kommt von Karl Wienand. Er läßt herzlich grüßen.)
Wehner: ... das haben wir sehr konkret gemacht, ohne daß
wir irgendwo darüber geschwätzt haben. Ich weiß nicht,
wieviel tausend Fälle Gegenstand unserer Bemühungen geworden sind.
Terjung: Und darum hat sich Ihre Frau Greta insbesondere
gekümmert und...
Wehner: (laut) Sie hat sich immer gekümmert, damit nicht
ein anderer, vor allen Dingen nicht ein Apparatschik oder
irgendeine Flasche das verkorksten. Wir wollten ja Leuten
aus Haft helfen. Das war sehr schwer. Jetzt kommen Briefe

von Leuten, die noch danken, die das nicht vergessen haben.

Terjung: Und zwar über viele Jahre hinweg?

Wehner: Über viele Jahre hinweg, ja.

Terjung: War das am wichtigsten für Sie, aus der Kraft Ihres Amtes heraus, unmittelbar einzelnen Menschen zu helfen, wichtiger noch als die, etwas flapsig gesagt, generelle Politik?

Wehner: Mir war es wesentlich *immer* (laut), nicht? Nehmen Sie das ganz brutal von mir (klopft auf den Tisch), Leuten aus ihren Schwierigkeiten zu helfen. Das habe ich viele Jahre gemacht, seitdem ich im Bundestag war. Und ich habe dann immer mich gekümmert, ohne daraus ein Geschwätz oder Phrasen zu machen, wie kann man an Leute herankommen, denen man helfen muß, weil keiner ihnen wirklich hilft.

Terjung: Und viel an Zusammenwirken mit der DDR-Seite ist ermöglicht worden über den Ostberliner Rechtsanwalt Wolfgang Vogel.

Wehner: Ja. Für mich ist das jedenfalls ein Mann, den ich nicht wieder vergessen muß.

Terjung: Der Ihnen gegenüber wohl auch immer zuverlässig gewesen ist?

Wehner: Das war er. Der auch nie verhehlt hat, wenn er wußte, es dauert noch eine Weile, bis der Soundso oder die Soundso überhaupt dort drüben entlassen werden kann. Es war ja nie so leicht. Ist ja heute auch noch so.

Terjung: Ist dieser Rechtsanwalt Vogel weniger ein von den dortigen Machthabern einfach Eingesetzter, als ein Mann, der aus eigenem Drängen heraus gewirkt hat, natürlich in Rückkopplung mit den dortigen Politikern?

Wehner: Ja. Das haben wir jahrelang mit dem, viele Jahre lang mit dem gemacht.

Terjung: Hatten Sie eigentlich den Eindruck gewonnen, daß Rechtsanwalt Vogels eigene Möglichkeiten zu entscheiden sehr weit gingen?

Wehner: Das kann ich nicht, das würd' ich nie sagen. Ich bin ja kein »Westdeutscher«, der so tut, als ob alles... Der Mann hatte und hat, wenn ihm entsprechendes mitgeteilt worden ist, auf eine sorgfältige Art und Weise gearbeitet. Da haben wir gelegentlich, nicht zu oft, aber auch nicht zu gering, Gespräche miteinander geführt. Der kam nach Bonn oder ich, wenn ich eine Gelegenheit hatte, nach Berlin, um etwas zu machen, ohne daß es Aufsehen erregen konnte dort, so daß der... Er war mal hier zu Besuch auf Öland. Ja, er hat mir jetzt noch geschrieben zum Jahreswechsel, ein paar nette Grüße. – Das hab' ich alles gemacht. Was jetzt damit geschieht, weiß ich nicht...

Terjung: Die Deutschlandpolitik, wie Sie sie jetzt aus den Medien verfolgen, wie sie von der derzeitigen Bundesregierung betrieben wird, unterscheidet die sich eigentlich so sehr von früher praktizierter Politik gegenüber der DDR, sind Sie diesbezüglich nicht positiv überrascht worden?

Wehner: Ich bin gar nicht positiv überrascht. Das jetzige System in diesem einen Teil Deutschlands wird wahrscheinlich lange Zeit Regierungspraxis machen. Und das heißt (wird laut), die Sozialdemokraten werden dabei immer weiter runtergedrückt. So ist das. Da ist zur Zeit keine Stärke zu erkennen, die...

Terjung: Das begreife ich nicht, was Sie damit sagen wollen, die Sozialdemokraten würden in diesem Bereich heruntergedrückt.

Wehner: Ja, werden sie auch. Da sind die ja selber mitschuldig.

Terjung: Meinen Sie, daß diese Regierung zumindest in äußerlichen Konturen eine ähnliche Politik gegenüber der DDR betreibt und von daher die wirklichen Unterschiede zur SPD-Politik nicht mehr so erkennbar sind, ist das so zu verstehen?

Wehner: Die DDR ist ein Bestandteil der sowjetischen Mächte, obwohl sie selber als solche gar keine sowjetische Macht sind, sondern Politisierende sind, Systematisierende. Eine Überwindung der Trennung des kaputtgemachten

Deutschlands ist lange nicht erkennbar, wird auch nicht so leicht aus der Tatsache herauskommen, daß man sich gegenseitig mißtrauisch und ablehnend gegenübersteht.

Terjung: Aber gibt es da nicht doch Ansätze bei dieser Regierung, die Sie früher nicht zu erhoffen wagten?

Wehner: Von welcher Regierung?

Terjung: Von der jetzigen CDU/CSU/FDP-Regierung, in Kontakt mit der DDR zu bleiben, miteinander zu sprechen. Und einiges geschieht ja da auch heute, was eine gewisse Anerkennung verdient, oder?

Wehner: Das ist sehr schwer zu bejahen oder zu verneinen. Die Trennung Deutschlands ist eine Folge des Krieges und der Art und Weise, weiter die Ost- und umgekehrt weiter die Westseite zu stärken. Insofern wird es sehr lange dauern, ehe man sich miteinander verständigen kann.

Terjung: Immerhin durften im letzten Jahr aus der DDR einige tausend Menschen in die Bundesrepublik übersiedeln.

Wehner: Ja, ja.

Terjung: Offenbar doch auch ein Zeichen der Bereitschaft, miteinander im Dialog zu bleiben?

Wehner: Irgendwelche abzuschieben, entschuldigen Sie mal. Das ist doch noch lange nicht ein Dialog. Es ist etwas milder geworden in bezug auf das gegenseitige sich jeweils Stoßen oder deren Geltungsfähigkeit verringern. Das ist aber alles noch nicht neu.

Terjung: Jedenfalls gibt es ja auch weiterhin intensive Kontakte zu dem Ostberliner Anwalt Vogel, die von dem jetzigen Bundeskanzleramt betrieben werden, um das mühsam Aufgebaute fortzusetzen. Und ich hab' immer den Eindruck gehabt, als wolle man diese aufgebaute Arbeit nicht verschütt gehen lassen. Teilen Sie diesen Eindruck nicht?

Wehner: Ich hoffe das. Ob ich ihn teile, weiß ich nicht. (Laut) Ich hoffe das! Ich habe noch nie erlebt, von all diesen Leuten, nicht, die zu der politischen Quasi-Bürokratie gehören, daß es da zu einer systematischen Behandlung der Fälle gekommen ist. Ist ja auch viele Jahre gegangen. Es war mein

Glück, daß ich einmal, ich glaube drei Jahre lang, Minister war für die Fragen, in denen man sich auch noch kümmern durfte und mußte.

Terjung: Herbert Wehner hatte damals ein Staatsamt. Ist das belastend für Sie gewesen oder auch Anlaß – na, verzeihen Sie mir das Wort – zu einem gewissen Stolz?

Wehner: Ich war nie stolz (laut). Ich hab' nur gedacht, wie helfe ich, da ich selber in Gefängnissen gesessen habe, drei Jahre allein hat es mich gekostet, Zuchthaus und solche Sachen in Dresden, Bauzen usw., das alles hab' ich doch erlebt. Und da habe ich getan, was man tun konnte, um Leuten und ihren Familien herauszuhelfen. Sind unheimlich viele Familienfälle. Und ich habe nie davon Gebrauch gemacht öffentlich oder Reklame oder Reden, nicht? Die Greta hat geholfen, ohne daß wir je Gebrauch gemacht haben, um uns wichtig zu tun.

Terjung: Es ging darum, unendlich viele Briefe zu schreiben und Gespräche zu führen. Also alle verschiedenen Ebenen haben Sie ausgelotet.

Wehner: Alles ausgelotet, sicher.

Terjung: Herr Wehner, sind Sie bereit, heute über Ihre Haftzeit zu sprechen?

Wehner: Nee. Das hat keinen Sinn.

Terjung: Versuchen Sie irgendwie, verzeihen Sie mir als Jüngerem, wenn ich das unbedarft sage, diese Zeit zu vergessen oder . . .

Wehner: Ich vergesse die Zeit nicht. Ich will nur nicht, daß darüber geschwätzt wird. Jedenfalls schwätze ich nicht dazu. Ich habe gesagt, wieviel Jahre ich allein gesessen und ziemlich schwer zu büßen gehabt habe unter diesen Behörden.

Insbesondere über die Haftzeit Herbert Wehners hier in Schweden und deren Hintergründe ist wenig bekannt. Tage Erlander, der frühere schwedische Regierungschef, der an anderer Stelle erwähnt hatte, daß man bei Wehners auf Öland mit gehißter schwedischer Flagge begrüßt werde, schreibt darüber:

»Herbert Wehners erste Begegnung mit Schweden konnte nicht sehr viel schlechter ausfallen, als sie tatsächlich ablief. Anfang 1941 illegal von Moskau eingereist, um von Schweden aus zu versuchen, den kommunistischen Parteiapparat in Berlin wiederaufzubauen, geriet Wehner in die Hände der schwedischen Polizei. Er wurde in Stockholm am 18. Februar 1942 aufgegriffen, am 29. April desselben Jahres zu einjähriger Freiheitsstrafe verurteilt. In einem Berufungsverfahren wurde die Strafe am 12. November 1942 zu einem Jahr Zuchthaus verschärft. Auf die Freilassung folgte Internierung in Smedsbo, Dalarna; erst im Sommer 1944 war er wieder ein freier Mann. Bis 1946 blieb Wehner in Schweden als Archivarbeiter in Uppsala und als Textilarbeiter in Borás«, so Tage Erlander, und weiter: »Ungeachtet der Demütigungen in seinen ersten Schwedenjahren, ist Herbert Wehner unserem Land offenbar zugetan. Warum kann ich mir nur schwer erklären. Ich habe gehört, wie er sagte, bei uns gebe es keine Heuchelei, und das ist vielleicht richtig. Er hegt Bewunderung für unseren Bürgersinn, den wir selbst normal und oft unzureichend finden.«

Wehner selber hat einmal die Behauptungen eines westdeutschen Journalisten über seine schwedische Zeit zurückgewiesen und geschrieben:

»Die ganze Lesart, ich sei 1941 nach Schweden geschickt worden, ›um andere Kommunisten zu kontrollieren und – wenn nötig – zu maßregeln‹ usw. ist eine bewußt in die Welt gesetzte und hartnäckig ›aufrecht‹-gehaltene Erfindung. Ich durfte nach 1937 endlich im Januar 1941 aus der UdSSR ausreisen, um den Versuch zu unternehmen, in Deutschland eine unterirdische Organisation der verbotenen und verfolgten Kommunistischen Partei Deutschlands aufzubauen, die nichts mit den von der Gestapo durchsetzten Restorganisationen zu tun haben sollte. Soweit das zu gewährleisten war, sollte und mußte ich mich vergewissern, wer von den mit der in Schweden noch bestehenden Verbindungsstelle verbundenen Funktionären nicht Gestapo-infiziert oder -beschattet war. In der Haft habe ich mich von vornherein von jeder Verbindung mit den in Schweden existierenden und tätigen KPD-Organisationsstellen losgesagt. «

So Wehner selber über diese Zeit.

Terjung: Sie haben einmal gesagt, zwei große Fehler hätten Sie in Ihrem Leben begangen, der eine, Kommunist geworden zu sein, und der andere, anzunehmen, daß Demokraten, andere Demokraten, bereit seien, dies zu verzeihen.

Wehner: Ja, sicher. Das ist meine Meinung gewesen und ist sie noch.

Terjung: Hat es Sie sehr verletzt, oder haben Sie das einfach an sich abprallen lassen können, wenn irgendwelche jüngeren damaligen Oppositionspolitiker im Bundestag Ihre Reden dadurch gestört haben, daß sie Ihnen »Kommunist« zuriefen?

Wehner: Das kann jeder machen (wird sehr laut). Das ist deutsch, die deutsche Sache, nicht, wo ich sonst eigentlich ihm mit dem Fuß in den Arsch treten würde! Das hat keinen Sinn, da das niemandem hilft. Ich habe unheimlich Schweres ertragen müssen und habe davon nie Gebrauch gemacht, weder öffentlich noch sonst. Ich war genötigt, Leuten zu helfen, die Unterstützung gebraucht haben, und wo ich denen, sei es in der Bundesrepublik, sei es in Berlin, Rat zu geben hatte, wenn man wissen wollte, wie können wir an den oder wie können wir an die so herankommen, daß ihm geholfen werden kann. Das hab' ich viele Jahre machen können und machen müssen. Nur ich habe nie dafür auch nur einen Dank von dieser SPD bekommen und von ihren ersten Leuten. Ich habe kürzlich einen, hier ist das Ding, einen Orden bekommen von Polen, aber noch nie etwas Entsprechendes von den Deutschen, nein, (Pause) alles kam darauf an, Leuten zu helfen in langer Zeit, in der es sehr viel schwerer war herauszufinden, wer wem wo überall Härten gegeben oder Schwierigkeiten oder Nachteile hervorgerufen hatte. Um diese Sachen hab' ich mich kümmern müssen.

Terjung: Aber Sie haben doch das Bundesverdienstkreuz bekommen, und Sie haben's auch bei entsprechenden Anlässen getragen, das heißt, das Abzeichen dafür getragen.

Wehner: Ja.

Terjung: Ist daraus etwas zu schlußfolgern für Ihre Beziehung zum Staat?

Wehner: Ich habe dem Staat zu helfen versucht, fertig zu werden mit solchen Dingen, die sich aus der Aufspaltung Deutschlands und den Härten für viele Familien ergeben haben. Deshalb war mein Verhältnis wichtig zum Beispiel zu diesem Vogel – den die da drüben haben.

Terjung: Engagiert haben Sie sich in besonderem Maße immer für Polen und für Israel. Warum?

Wehner: Was soll ich sagen? Ich war immer dafür zu tun, was man kann und wozu man fähig ist, Israel zu verteidigen.

Terjung: Doch sicherlich auch eingedenk dessen, was die Nazis...

Wehner: Ja sicher. (Sehr laut) Ich habe doch in Zuchthäusern gesessen. Halten Sie mich doch nicht für eine Flasche, nicht? Ich habe in Zuchthäusern gesessen. Und ich möchte gern, daß das mit Israel und mit Polen gut gemacht wird. Das können sie alle nicht, und das machen sie auch alle nicht. Dieser Kohl oder – wenn man jetzt ansieht, diese Leute, die alle zusammen, wie heißt diese jetzige neue, zeitweilige Partei, die eine Weile...

Greta Wehner: »Grüne«.

Wehner: »Grüne«. Das sind ja so Typen, die das da so...

Terjung: Die haben sich seltsam aufgeführt bei ihrem Besuch in Israel. Ich weiß nicht, ob Sie das hier so verfolgt haben. Die sind dahingekommen, um den Israelis Vorschriften machen zu wollen und deren Politik zu kritisieren. Und soweit ich weiß, haben die kein Wort zur Geschichte gesagt, nichts...

Greta Wehner: Die machen das ja da wahrscheinlich ähnlich wie Kohl: Das waren wir nicht, das war eine ganz andere Generation; da haben wir nichts mit zu tun.

Wehner: Ja, sicher. Die haben ja wohl genug gelitten.

Terjung: Aber am häufigsten waren Sie doch in Polen?

Wehner: Ich war jedenfalls, ich glaube siebenmal in Polen, hab' ich kürzlich gelesen; das stimmte wohl auch ungefähr. Dabei ging es mir darum, das Verhältnis zwischen unserem Teil Deutschlands und diesem polnischen Staat, der ja Bestandteil Osteuropas ist, zu verbessern und miteinander um Lösungen schwieriger Fragen zu ringen und herauszufinden, in welchen Fragen Zusammenarbeit möglich sein könnte.

Terjung: Und diese Lösungen waren politisch natürlich nur zustande zu bringen durch Gespräche mit den dort für die Regierung oder für die Partei Verantwortlichen.

Wehner: Ja, sicher.

Terjung: Der Organisation Solidarnosc gegenüber haben Sie sich immer sehr zurückgehalten. Warum eigentlich?

Wehner: Weil: Ich bin nicht Solidarnosc! Ich bin Sozialdemokrat gewesen! Die haben eine völlig andere Art der Organisation in ihrem Land. Und so ging es mir darum: Wie können wir erreichen, das Verhältnis zwischen uns und Polen nicht völlig verkommen zu lassen, sondern – soweit es geht – eine gewisse Handlungsfähigkeit zwischen den beiden unterschiedlichen Staaten zuwege zu bringen. Da muß man das alles studieren: Wozu können wir dort Vertrauen haben? Wozu können *die* Vertrauen haben? Das hab' ich auch gemacht. Nur, ich bin ja dann auch noch abgewirtschaftet worden.

Terjung: Zum Thema Abrüstung und Entspannung – gibt es so etwas wie eine konservative Welle auch in verschiedenen anderen Ländern?

Wehner: Für eine lange Zeit, ja.

Terjung: Haben Sie Hoffnung, daß jetzt nach der Wiederwahl Reagans von amerikanischer Seite neue, wirklich positive Anstöße kommen?

Wehner: Nein. Ich bin da sehr mißtrauisch gegenüber der Bedeutung eines solchen Mannes wie des soeben genannten. Das ist Bourgeoisie. Und so wird sie weiter sein.

66

Terjung: Sie sind auch bezüglich neuer Verhandlungen in Genf nicht optimistisch, daß da wirklich was vorankommt?

Wehner: Nein, gar nicht.

Terjung: Wie bewerten Sie dann die andere Seite, die sowjetische Seite? Besteht von dort in der derzeitigen Konstellation mehr Bereitschaft, aufeinander zuzugehen?

Wehner: Das wird keine Brüderlichkeit sein. Es wird aber eine Anzahl von Bemühungen geben, wie man erreichen kann, daß man sich nicht gegenseitig in den nächsten großen Krieg hineinmanövriert, sondern wie man erreicht, daß die Kräfte untereinander über gewisse Notwendigkeiten und über gewisse Möglichkeiten reden. Es geht doch um die Annahme, daß es einige miteinander in Übereinstimmung zu bringende Interessen gibt, während man in anderen Fragen gegeneinander steht. Das muß man versuchen, auf das Wichtigste und Dringendste zu entwickeln, statt sich gegenseitig feindlich gegenüberzustehen. Ich bin für die Versuche, so viel wie möglich Verständigung herauszuholen. – Aber das ist so einfach nicht. Was die Deutschen anbetrifft, so ist zunächst einmal alles kaputt, weil es in dem nächsten Jahrzehnt ein Zusammenwirken der Deutschen nicht geben wird. Ich kann nur den Rat geben: Passen Sie auf – Sie leben länger als ich – ...

Terjung: Das weiß ich nicht ...

Wehner: – ... passen Sie auf, wie das weitergeht! Es wird zunächst einmal nur Aufrüstung bei den einen und Aufrüstung bei den anderen geben. Und Gleichgewicht? Das wäre noch nett, wenn man sagen könnte, die machen Gleichgewicht, nicht Übergewicht, die einen gegen die anderen, auf daß die einen die anderen sozusagen wegfegen können. Ich hoffe, daß das nicht der Fall wird.

Terjung: Wie weit haben Sie Verständnis, haben Sie Sinn für das, was sich in Deutschland die Friedensbewegung nennt?

Wehner: Das kann man ja nur herausfinden, wie sie ihre eigene Stärke halten und nicht provozieren, daß man gegeneinander Streit anfängt. Um das geht es.

67

Terjung: Wenn Sie sich vorstellen können, Sie wären noch mal zwanzig. Wären Sie dann bei der Friedensbewegung?

Wehner: Ich war seinerzeit bei der Bewegung, die den Versuch gemacht hat, das Inland so zu organisieren, daß es nicht von anderen eingenommen, weggefegt werden kann.

Terjung: Was sagen Sie denn beispielsweise zu dem Satz des Schauspielers Karlheinz Böhm: angesichts des Hungers in der Welt sei jede weitere Waffe eine Sünde gegen die Menschheit?

Wehner: Na und? Das heißt, weitere Sünden, weitere Waffen. Die Waffen werden gemacht von denen, die die Macht haben.

Terjung: Was kann man heute insbesondere einem jungen Menschen raten, der sich dagegen auflehnen will?

Wehner: Da muß man, falls es jemand ist, mit dem man in ein wirkliches Gespräch kommen kann, den Versuch machen, deutlich zu erläutern, warum so, was daran falsch ist oder was aus welchen Gründen von manch einem dazwischengeredet wird. Das muß man Fall für Fall diskutieren, Äußerung für Äußerung und der jeweiligen Situation, aus der sich etwas erkennen läßt.

Terjung: Sehen Sie einen Sinn darin, für den Frieden zu demonstrieren, dafür auf die Straße zu gehen?

Wehner: Ja, sicher. Dann müssen aber diejenigen, die das wirklich wollen, es auch so deutlich machen, daß das nicht einfach eine Angelegenheit ist, von der man sagt, das machten nur Minderheiten.

Terjung: Aber da gab es doch beispielsweise eine gewaltige Friedensdemonstration in Bonn, an der eine halbe Million Menschen teilgenommen haben...

Wehner: ... aus der dann später nichts Konkretes geworden ist. Es gab nur diese von sehr vielen Teilnehmenden zum Ausdruck gebrachte Protest- und Forderungsdarstellung.

Terjung: Da wird manchmal plädiert für den Versuch einseitiger Abrüstung. Und dann werden Forderungen laut wie »Raus aus der NATO«. Wie denken Sie darüber, was würden Sie da jungen Menschen für Antworten geben?

Wehner: Ich würde versuchen, sie davon wegzubringen, denn das kann ja jeder Scheißkopf, zu fordern, jetzt das, aber nicht das. Das hat keinen Sinn.

Terjung: Von dem Versuch, einseitig abzurüsten, um irgendwo einen Anfang zu machen, halten Sie nichts?

Wehner: Nee. Es gibt zwar Leute, die daraus beinahe eine Art Weltanschauung machen, aber das Entscheidende ist doch, daß man sich hineindenkt in die verschiedenen Positionen und auch in die Auseinandersetzungen. Die muß man ja durchsprechen und durchrechnen.

Terjung: Jedenfalls verstehe ich eine gewisse Resignation, nachdem zwei Drittel der gesamten Bevölkerung gegen die Stationierung von Mittelstreckenraketen auf deutschem Gebiet waren und dann trotzdem die CDU/CSU und die FDP eine Mehrheit bekamen und stationiert wird. Verstehen Sie denn nicht, daß einige Leute einfach nicht mehr wissen, was sie tun sollen, daß daher die Friedensbewegung möglicherweise erlahmt?

Wehner: Dann muß man den jungen Menschen klarmachen, (laut, hämmert auf den Tisch) daß es keinen Sinn hätte, alles durch diejenigen machen zu lassen, die jetzt die Macht haben. Also, Diskussion ist doch nicht wegzupusten.

Terjung: Nur, sind nicht Zweifel angebracht, daß es der SPD gelingt, dieses deutlich zu machen, weil sich ja immer mehr gerade junge Menschen nicht zur SPD hinwenden, sondern eher noch von ihr abwenden und zu den sogenannten Grünen gehen, weil die radikaler, rigoroser sind . . .

Wehner: In zwei Jahren, wenn ich vielleicht gar nicht mehr lebe, ist das längst auch schon ausgestanden durch irgendwas anderes. Das sind ja ganz seltsame Arten von Anschauungsbetonungen, die, mit denen es dann die Öffentlichkeit zu tun hat. Ich halte es für entscheidend, und so habe ich mich auch in diesen *Jahrzehnten* gehalten, deutlich zu machen, was in dem Fall, in dem Fall, in dem Fall notwendig und was nicht interessant wäre, sondern schädlich wäre.

Terjung: Entsprechend deutlich haben Sie sich auch immer

in der Öffentlichkeit geäußert, in unzähligen Interviews. Dabei waren Sie dafür bekannt, manchen Journalisten harsch abzubürsten. Andere – insbesondere Fernsehjournalisten – haben es darauf angelegt, Sie besonders zu reizen, auf die Palme zu bringen . . .

Wehner: Was tun die denn sonst, die Fernsehjournalisten? Da habe ich mich nicht einfach drauf hingelegt. Das war nicht meine Art. Ich hab' versucht, klare Antworten zu geben. Ob ich immer richtig gesagt habe, was andere auch gesagt hätten, das ist 'ne andere Frage.

Terjung: Nur, durch Ihren Tonfall mag einem Publikum, das Sie nicht genauer kannte, dem Sie nur serviert wurden über das Medium Fernsehen, ein falsches Bild entstanden sein von der eigentlichen Sache, um die es Ihnen ging. Reflektieren Sie das selber?

Wehner: Das weiß ich nicht, was das heißt, das zu »reflektieren«. Ich bin seit 1949 in diesem Bundestag gewesen. Das war eine lange Zeit. Da wird nicht immer alles . . . kenn' ich nichts, von dem ich sagen würde . . .

Terjung: Ich meine ja Ihren Tonfall, wenn Sie Journalisten wiederholt angebrüllt haben . . .

Wehner: (brüllt) Sagen Sie mir jetzt, wann habe ich je einen Journalisten angebrüllt? Können Sie mir einen Fall oder zwei Fälle nennen?

Terjung: Ja, beispielsweise gab's da einen Kollegen vom ZDF, der hat Sie mal nach einer Fraktionssitzung befragt, der hat nach meiner Erinnerung sachliche Fragen gestellt, aber Sie waren damals offenbar sehr gereizt . . .

Wehner: (brüllt) Entschuldigen Sie bitte, das kann sich doch daraus ergeben, daß man vorher, sei es in der Versammlung der Fraktion oder in einer anderen Sitzung, daß man das und das gesagt oder beantwortet hat, während dann draußen dieser oder diese, die sich da herumscharen, einen noch einmal hineinlegt in Fragen und in: Welche Antworten gibt der? – Das hat ja seine schwachen Seiten, finde ich, da müßte man Beispiele nennen, und ich hätte mich dann zu verantworten, ob das dann genauso war, was mein Grund war.

Wenn Sie zum Beispiel mich jetzt fragen würden, damals haben Sie das und das gesagt, warum haben Sie das und das gesagt, hatte das einen Grund, lag das bei der Person, mit der Sie Debatten hatten, oder lag das bei Ihrer eigenen Einschätzung gegenüber Leuten, die Sie nicht leiden mochten oder mit denen Sie sich in Differenzen befunden haben. Das wäre ja dann eine gewisse Form der Darstellung von Auseinandersetzungen, Meinungsdarlegungen.

Terjung: Sie haben den Herrn Lueg, mit dem Sie lange Zeit wohl relativ offen geredet haben und viele Interviews gemacht haben, mal Herrn »Lüg« genannt. War das ein Versprecher, oder war das Absicht? Ich weiß auch nicht, wie's zu werten ist, daß, irgendwann in einer Wahlnacht war es wohl, der Herr Lueg Sie daraufhin Herr »Wöhner« genannt hat.

Wehner: Das war dann sehr billig, der Mann konnte dann sagen, gut, jetzt will ich dem Wehner was anhängen. Wenn ich vorher was gesagt hätte, was ihm mißfallen hat im Ausdruck, dann wäre ich bereit gewesen oder wäre ich bereit zu erläutern, ob ich damit etwas gesagt habe, hinter dem etwas steckt, womit ich den Mann sozusagen angreife oder diskreditiere. Aber das alles kann doch nicht verallgemeinert werden, sonst nimmt man noch an, daß ich die Leute durch die Scheiße gezogen hätte.

Terjung: Wie kommt es denn eigentlich, daß Sie eine ganze Reihe von langen, sehr wichtigen, sehr nachlesbaren »Spiegel«-Gesprächen und »Spiegel«-Interviews gemacht haben, dann aber plötzlich überhaupt nichts mehr mit dem »Spiegel«?

Wehner: Ja, weil sie keinen Wert darauf gelegt haben. Man kann sich doch nicht aufdrängen und sagen: Jetzt müßt ihr mal endlich was machen und bringen, was ich euch sagen will.

Terjung: Lag's nicht daran, daß Ihnen persönlich Herr Augstein wohl mal sehr empfindlich mitgespielt hat?

Wehner: Das ist möglich, ja.

Terjung: Ich meine, mich an Ihre Erzählung zu erinnern,

daß er bei Ihnen und Ihrer verstorbenen Frau mal zu Gast gewesen ist und kurze Zeit hinterher Ihnen Blumen geschickt hat und darauf dann einen Brief verfaßt hat, im »Spiegel« abgedruckt, der da hieß »Brief an einen Freund«, in dem er meinte, darauf drängen zu sollen, daß Sie Ihre Arbeit beendeten.

Wehner: Na und? Ich habe eine gewisse Erinnerung an dieses wenig schöne Ereignis, aber soll das der Gegenstand für ein Gespräch sein?

Terjung: Herr Wehner, Sie haben selber lange Zeit journalistisch gearbeitet. Wohl zunächst für die »Revolutionäre Tat«. Das war eine Zeitschrift für junge Sozialisten, für die Arbeiterjugend?

Wehner: Es hat da drei Nummern oder so gegeben. Das war also wohl kein Problem, das in der Vergangenheit eine wesentliche Rolle gespielt hat.

Terjung: Aber eine wesentliche Station war wohl Ihre Zeit als außenpolitischer Redakteur des »Hamburger Echo«.

Wehner: Ja sicher. War ich ja. Ist lange her.

Terjung: Wozu haben Sie sich als Journalist damals verpflichtet gefühlt, der Sie später auch sehr viel negative Urteile über Journalisten getroffen haben?

Wehner: Welche hab' ich denn getroffen, können Sie mir das sagen?

Terjung: Na ja, Sie haben schon mal Journalisten als »Lumpen, Strolche und Wegelagerer« angesehen gehabt und haben oft beklagt, daß Journalisten sich nicht genug Mühe gegeben hätten, die Dinge im wirklichen Gesamtzusammenhang und gründlich darzustellen.

Wehner: Das war doch keine Allgemeinbewertung, sondern das war also eine Äußerung zu etwas, von dem ich nichts anderes als das zu sagen imstande war, das mir also aus dem Mund entfahren ist, oder wo ich etwas hingelegt habe, dem andere widersprochen haben.

Terjung: Haben Sie Interviews eigentlich oft dazu benutzt, um über den Umweg der Öffentlichkeit an bestimmte Politiker-Adressaten irgend etwas zu vermitteln?

Wehner: Das nehm' ich an, aber ich war ja nie dumm oder frivol, nur, ich könnte jetzt nicht aus dem Handgelenk schütteln, was immer auf dem Spiele gestanden hätte, warum nicht so, sondern so. Ich habe eine Menge aktive Erklärungen, Erläuterungen und Ausführungen gemacht, die sicher, wenn man sie heute noch mal liest, manches in Erinnerung bringen, mit dem man zu tun hatte, was man zum Gegenstand ernsthafter Diskussion machen wollte, oder was sonst noch dabei sein könnte.

Terjung: Herr Wehner, haben Sie sich eigentlich vor Interviews zurechtgelegt, was Sie unbedingt loswerden wollten?

Wehner: Das hat es in einzelnen Fällen auch gegeben . . .

Terjung: Und wenn Sie mal was gesagt hatten in einem Interview, das Ihnen dann später noch einmal vorgelegt wurde, haben Sie's selten wieder zurückgezogen.

Wehner: Zurückgezogen hab' ich kaum was . . .

Terjung: . . . auch kaum redigiert, allenfalls erinnere ich mich an zarte Interpunktionskorrekturen, die Sie angebracht haben. Waren Sie denn, nachdem Sie beispielsweise irgendwelche »Spiegel«-Interviews gegeben hatten, die Ihnen dann später noch einmal vorgelegt wurden, vor Drucklegung, immer einverstanden oder haben Sie manchmal auch gezuckt, ob Sie dies oder jenes stehenlassen sollten?

Wehner: Nee, hab' ich nie. Wenn ich so was gedacht hätte, dann hätt' ich es gestrichen. Aber das ist selten vorgekommen.

Terjung: Heißt das, daß Sie während der Interviews immer so konzentriert gewesen sind, daß Sie genau wußten . . .

Wehner: Ich bin doch kein Schwätzer. Ich war im Unterschied zu manchen, die sich von sogenannten Mitarbeitern die Antworten auf denkbare aktuelle Fragen, von denen man annahm, die werden gestellt, machen lassen, nein, da war ich sehr entschieden.

Terjung: Manchmal sind dann aber Ihre Aussagen gegen Sie verwendet worden.

Wehner: (laut) Glauben Sie denn, daß ich alles, was irgend-

welche Journalisten, das sind ja die bedeutendsten Menschen, die eigentlichen Menschen, der politische Mann ist
ja, was ist er denn? ... Ich glaube nicht, daß man mir
nachsagen kann, in meinen Interviews wäre sehr viel Stuß
dringewesen.

Teil 2

Spektrum

Günter Gaus: Herr Wehner, wenn Sie rückblickend Ihr Leben anschauen, können Sie es sich ohne Politik vorstellen? Hätten Sie von der Politik lassen können, irgendwann einmal?

Wehner: In den 40 Jahren, in denen ich von der Politik gepackt war und hin und her geschüttelt worden bin, habe ich mir das zwar manchmal erträumt. Und zwar in besonders schwierigen Situationen, ich gebe das offen zu, in Situationen, in denen die Politik so schrecklich war, daß ich gedacht habe, man sollte außerhalb von ihr leben können. Ich habe mir allerdings nie dabei gedacht, daß ich, auch wenn ich außerhalb stünde, an ihr uninteressiert sein könnte.

Gaus: Diese Ausschließlichkeit, mit der Sie sich der Politik hingegeben haben, scheint mir in Ihrem Leben sehr früh begonnen zu haben. Führen Sie das auf Einflüsse und Eindrücke aus Ihrem Elternhaus zurück? Sie sind 1906 in Dresden geboren. Ihr Vater war ein Schuhmacher. War er zum Beispiel ein eingeschriebenes Parteimitglied der Sozialdemokratischen Partei und ein eingeschriebener Gewerkschaftler?

Wehner: Er war beides, aber ich würde mich heute noch an meinen Jungenstolz erinnern, daß ich nicht etwa deswegen selbst Mitglied der Sozialistischen Arbeiterjugend geworden bin. Soviel weiß ich noch aus meiner eigenen Jugend: man wollte aus eigenem Entschluß geworden sein, was man glaubte zu sein.

Gaus: Sie meinen, es war also kein Einfluß, der – vielleicht sogar nur unbewußt – in Ihrem Elternhaus auf Sie ausgeübt wurde?

Wehner: O ja, natürlich war es das: Aber ich wollte gleichzeitig sagen, daß es da auch diese natürliche Spannung gibt zwischen dem, was man mitkriegt und dem, was man selbst gern will.

Gaus: Könnten Sie versuchen zu erzählen, wie vielleicht das politische Weltbild Ihres Vaters ausgesehen hat?

Wehner: Das wäre sehr vermessen, obwohl ich meinem Vater gerne ein Denkmal setzen möchte. Er ist gestorben, als ich nicht dort sein konnte, wo er starb, und unter Bedingungen, die ich erst acht Jahre später erfahren habe. Mein Vater war ein Arbeitsmann, der stolz war auf sein Können, und ich kenne ihn als einen Künstler in seinem Beruf. Und mein Vater war ein lustiger Mann und hat uns Kinder auch dazu gebracht, daß wir Lust am Leben hatten, mit ihm zusammen und mit der Mutter zusammen. Meine Mutter hat mich zum erstenmal zu einer Demonstration am 1. Mai mitgenommen, zu einer Zeit, als es noch keine regulierten Demonstrationen waren.

Gaus: Also vor 1918?

Wehner: O ja, und meine Mutter hat mir im Kriege, im ersten Kriege – ich kann das Bild noch vor meinen Augen sehen –, gesagt: Jetzt ist der Krieg bald aus. Das war, als im Februar/März 1917 in Rußland das dortige Regime zusammenbrach. Ja, es gibt da Einflüsse, Sie haben recht. Aber ich habe auch recht; ich wollte damit sagen, meine Eltern haben mich zu einem Jungen erzogen, der selbst im Leben stehen sollte.

Gaus: Herr Wehner, Sie haben nach der Volksschule die Realschule besucht und dann ein Stipendium für eine dreijährige Ausbildung zum öffentlichen Verwaltungsdienst erhalten und bevor Sie sich ganz der Politik verschrieben, einige Jahre als kaufmännischer Angestellter in Dresden, Ihrer Geburtsstadt, gearbeitet. Haben Sie damals manchmal das Gefühl gehabt, daß Ihre Startchance für das Leben zu klein war, daß Sie zu kurz gekommen waren, Sie und Ihresgleichen?

Wehner: Ja, sicher hatte ich das Gefühl. Aber ich hatte es nicht in dem Sinne, daß ich etwas dazu haben wollte, daß ich auf eine andere Stufe gehoben werden wollte, sondern ich zog daraus die Konsequenz, daß man sich kümmern müsse, damit jedem seine Chance gegeben werden würde. Damit fing ich eben an, politisch zu denken und politisch zu handeln, auch während meiner beruflichen Tätigkeit, schon während meiner Schulzeit. Ich bin in die Schule, von der Sie eben gesprochen haben, als Betroffener eines Experiments gekommen. In meinem Heimatland wurde damals der Versuch gemacht, Kinder, die die Volksschule mit guten Ergebnissen absolviert hatten, auf sogenannte Höhere Schulen zu bringen.

Gaus: Das war 1921?

Wehner: Es waren sechs, und ich war einer von diesen. Dazu kamen dann weitere sechs aus der Realschule, in der diese Experimentier- und Musterklasse – nicht Musterknabenklasse! – eingerichtet wurde. Das war mein Glück, denn das war natürlich eine intensive Lernmöglichkeit, weil wir eine kleine Zahl waren und die qualifiziertesten Lehrkräfte hatten.

Gaus: Sie haben sich Ihr Leben lang nebenher mit betriebs- und volkswirtschaftlichen und soziologischen Studien beschäftigt. Wollen wir uns mal vorstellen: Wenn alles ganz anders gelaufen wäre, als es schließlich gelaufen ist, welchen Berufswunsch hätten Sie?

Wehner: Sie werden lachen, denn das ist die platte Antwort, die Sie von manchen Leuten meinesgleichen bekommen würden: Ich wollte liebendgern Lehrer werden, und zwar Lehrer in dem großen Sinne. Das war's. Das ging nicht. Ich habe auch angefangen. Meine erste Schule war eine tolle Schule im Erzgebirge. Ich konnte sie leider nur ein knappes Jahr besuchen, denn dann mußten wir wegen der Kriegsereignisse in eine andere Stadt ziehen. Es war eine Seminarvorschule.

Gaus: Warum haben Sie das nicht zu Ende gemacht?

Wehner: Mein Vater war im Krieg. Ich mußte mitverdienen und mein Bruder auch. Das fing sehr früh an.

Gaus: Sie hatten einen Bruder?

Wehner: Ja, den ich leider nun nicht mehr habe.

Gaus: Sie haben als Kind Geld für den Unterhalt der Familie mitverdienen müssen?

Wehner: Ja, meine Mutter bekam eine ganz geringe Unterstützung. Das lag daran, daß die Ortsklasse des Ortes, in dem wir wohnten, als mein Vater ins Feld kam, eine von denen war, in denen man wenig bekam. Wir mußten dann in eine größere Stadt, weil meine Mutter schwer krank wurde, und dann mußten wir – und das war damals eine Ehrensache für uns beiden Jungs – arbeiten. Wir fingen damit an, die Kartoffeln für den Winter beim Bauern zu verdienen, beim Tischler zu arbeiten usw. Ich habe viele solche Sachen gemacht. Heute wäre es verboten, Kinderarbeit zu machen. Ich war damals froh, daß man das durfte. Wir haben es nie bedauert.

Gaus: Herr Wehner, als 17jähriger, 1923, sind Sie aus der Sozialistischen Arbeiterjugend, die der SPD nahestand, ausgeschieden und einer radikaleren Gruppe beigetreten. Warum?

Wehner: Warum? Ich möchte sagen: wodurch? In meinem Heimatland geschah damals etwas, das uns sehr erschüttert hat in der politischen Auffassung, der idealen Vorstellung, die man als ein so junger Mann haben kann. Die Reichswehr marschierte ein.

Gaus: In Sachsen?

Wehner: Ja. Ich kann ja nicht leugnen, daß ich von da bin. Ich tue es auch gar nicht. In einer unserer Nachbarstädte gab es dabei eine ganze Anzahl Todesopfer. Damals spalteten wir uns. Die Organisation der Jungen hat sich dort gespalten. Ich gehörte zu der Minderheit, die dann vier Jahre lang als eine selbständige, eine freie sozialistische Jugendgruppe existiert hat mit zeitweiliger starker Anlehnung an syndikalistische Jugendgruppen, die aus alter Tradition herkamen, die es damals noch gab oder wieder gab.

Gaus: Im Jahre 1927 sind Sie dann Mitglied der Kommunistischen Partei geworden. Ich würde gerne wissen, ob dieser

Schritt das Ergebnis von theoretischem Schriftstudium war, ob Sie sozusagen ein belesener Marxist waren, als Sie in die KPD eintraten, oder ob es andere Gründe gegeben hat?

Wehner: Ein Marxist – das ist eine ganz schwierige Gewissensfrage. Sie wissen ja, wie Marx diese Frage selber beantwortet haben soll: Er sei keiner. Aber ich will mich damit nicht um die Frage herumdrücken. Meine sozialistischen Impulse waren ganz andere. Ich habe zunächst einmal die Gemeinschaft der Jugendgruppe erlebt. Ich habe die Gemeinschaft vieler Jugendgruppen zueinander erlebt. So fing es an, das gestehe ich ehrlich. Und Schriften? Die Schriften, die meine Freunde und ich wirklich verschlungen, studiert, diskutiert und beraten haben, das waren Schriften von Gustav Landauer, dem in der Münchener Räte-Zeit Erschossenen, der uns wiederum Martin Buber erschloß. Das waren Schriften von Proudhon, dem Franzosen. Das waren Schriften von Kropotkin, »Die Ethik« zum Beispiel. Ich könnte sie heute noch alle aufzählen. Ich habe leider nichts mehr; denn in der Zeit der zwölf Jahre ist das alles vernichtet worden. Wir sind dann erst allmählich durch einen sehr belesenen Facharbeiter in unserem Kreis, der einige Jahre älter war als wir, der aber auch nicht orthodox war und uns helfen wollte, auf Marx gekommen. Unser Streben war, eine Ordnung zustande bringen zu helfen, in der die Freiheit der Person, des Menschen, der Persönlichkeit das Entscheidende war. Damit fingen wir an. Und das zweite war das Recht frei miteinander lebender Persönlichkeiten. Das dritte war dann: Man muß gewisse ökonomische Schritte möglich machen. Da greife ich weit vor auf ein Wort, das ich viel später entdeckt habe, auf die Definition, die Kurt Schumacher dem Begriff Sozialismus gegeben hat und die ich für mich selbst so akzeptiere, daß der Sozialismus die ökonomische Befreiung der moralischen und politischen Persönlichkeit ist.

Gaus: Das bedeutet, daß für Sie die soziale Komponente nur die dritte war, nicht die wichtigste.

Wehner: Nein, nein: aber zu den beiden anderen gehörte, doch das fing mit den beiden anderen an.

Gaus: Sie haben in der Kommunistischen Partei einen schnellen Aufstieg genommen. Sie sind schon 1930 sächsischer Landtagsabgeordneter gewesen, und Anfang der dreißiger Jahre kamen Sie nach Berlin, wo Sie in der Nähe Ernst Thälmanns gearbeitet haben. Was ist die Begründung für diese schnelle Karriere gewesen? Galten Sie als eine Art Wunderknabe, als das Nachwuchstalent der KPD in Deutschland in dieser Zeit?

Wehner: Oh, sicher nicht. Das ist ein Irrtum. Ich bin ja in die Kommunistische Partei nach diesen vier Jahren selbständigen Denkens gekommen. Jener Partei schloß ich mich damals 1927 an, aus der Überzeugung heraus, daß man dort etwas in der Richtung tun könnte, in die wir wollten, wenn auch mit gewissen kritischen Vorbehalten, die aber – das habe ich dann gelernt – sehr bald überspielt wurden durch den Mechanismus, in den man sich selbst begeben hatte. Ich war aber doch eine ganze Zeit tätig für eine Organisation, die damals eine gewisse Bedeutung hatte. Sie nannte sich »Rote Hilfe« und befaßte sich mit der Hilfe für politische Gefangene, für Amnestierte, die wieder ins Leben kommen mußten, für politische Flüchtlinge aus faschistischen Ländern, die es damals schon gab. Da habe ich sehr aktiv gewirkt. Nachdem ich in meinem Beruf als kaufmännischer Angestellter 1927 zum wiederholten Male gemaßregelt war – ich war damals bei einer großen Firma in der Fotooptik beschäftigt –, habe ich in dieser Organisation eine Zeitlang hauptamtlich gearbeitet. Betreuung von Gefangenen: Ich bin in die Gefängnisse gegangen, habe die Gefangenen besucht, habe ihre Frauen, ihre Familien unterstützt. Ich war natürlich für alles das ein viel zu junger Mensch.

Gaus: Sie waren noch keine dreißig.

Wehner: Lange nicht, entschuldigen Sie, natürlich nicht.

Gaus: Ich würde gern das Urteil hören, das sie seinerzeit über die Sozialdemokraten gehabt haben, als Sie Kommunist waren. Haben Sie damals das Gefühl gehabt, die Sozialdemokraten sind eine Gruppe, die sich aus kleinbürgerlichen Vorurteilen abhalten läßt von dem einen entscheidenden

Schritt weiter in Richtung auf eine revolutionäre Arbeiterpartei? War das Ihr Urteil?

Wehner: Ich würde mich selbst irren, wenn ich heute versuchte, für diese ganze Zeit eine Antwort auf diese Frage in
einem Urteil zu finden. Das hat es nicht gegeben, das hat
sich immer wieder geändert. Ich bin dabei in die größten
Konflikte gekommen.

Sie haben ja gesagt, ich sei 1930/31 dann schon in Berlin
gewesen. Als ich 1931 nach Berlin kam, kam ich als ein
gemaßregelter kommunistischer Funktionär nach Berlin;
denn ich mußte mein Landtagsmandat schon nach weniger
als einem Jahr auf Beschluß der Partei niederlegen. Ich paßte
da nicht ganz hinein.

Gaus: Aus welchen Gründen?

Wehner: Ich paßte nicht ganz hinein, weil ich auch damals
schon sicher zu selbständig war. Ich hätte nicht nach Berlin
gehen sollen. Ich habe mich lange gewehrt dagegen. Als ich
nach Berlin kam, war ich nicht mehr ein gewählter Mann. In
meinem Heimatland wurde ich immer gewählt, auch in den
Parteifunktionen. Die Leute haben mir ihre Stimme gegeben oder eben nicht gegeben. Ich war das, wozu ich gewählt
wurde. Aber dort war ich dann ein Angestellter und habe
den Weg gehen müssen bis zum bitteren Ende, den man nur
verstehen kann, wenn man daran denkt, daß schon im Jahre
1932 jene grausige neue Wirklichkeit über uns hing, die
1933 Gestalt annahm. Es mag seltsam klingen in einer
Erklärung: Ich wollte doch nicht feige sein! Wieso konnte
ich bei allen meinen Skrupeln, was die Lehre der Partei
betraf, weggehen, wenn es um Tod und Leben ging?

Gaus: Aus der Partei heraus?

Wehner: Ja, oder weniger aktiv werden oder nicht ihre
Beschlüsse durchführen. Da hast du zu stehen, so sagte ich
mir, und zwar nicht wegen eines Beschlusses, sondern weil
ich nicht feige sein wollte, und weil ich nicht braun sein
wollte. Ich habe mich später auch davon frei gemacht, rot zu
sein, aber nicht, um braun zu werden. Das hat mich auch
lange im Kriege daran gehindert, den Schritt zu tun. Ich

wollte nie etwas tun, das von denen nicht verstanden wurde, die meine Freunde waren – und ich habe da ja Hunderte gehabt. Als ich zum erstenmal aus einem Gefängnis heraus durch verschiedene Länder transportiert worden bin, über verschiedene Grenzen und kurze Zeit in Moskau war – 1935 –, da habe ich als erstes, weil ich nicht wußte, wie lange ich da sein würde und könnte, aus dem Gedächtnis, denn ich hatte ja kein Blatt Papier mitnehmen können, die Namen von 500 Menschen aufgeschrieben, die in ganz Deutschland in den verschiedenen Städten – Hauptstädten, Regional-hauptstädten – tätig gewesen waren und deren Schicksal – Tod oder lebenslängliche Gefangenschaft – ich einfach ak-tenkundig machen wollte. Ich war mit diesen Menschen durch das Leben in der Verfolgung verbunden.

Gaus: Sie hätten es für einen Verrat angesehen, in diesem Augenblick die Front zu wechseln?

Wehner: Ja, das war für mich unmöglich. Die Front wech-seln schon gar nicht! Ich hätte nur aus einer herausgehen können, aber in die andere konnte ich nicht hineingehen. Ich hätte also tot sein müssen, politisch und menschlich, sitt-lich! Das war es. Das erschwerte im Handeln das, was im Denken vor sich ging.

Gaus: Sie hatten in den ersten Jahren, nachdem Hitler die Macht in Deutschland an sich gerissen hatte, zeitweilig im Untergrund gearbeitet und sind dann in den europäischen Nachbarländern Deutschlands umhergereist und, wie Sie schon erwähnt haben, 1935 von Prag nach Moskau abge-schoben worden. In Moskau sind Sie zur Zeit der großen Säuberung auch einer Untersuchung unterworfen worden, die freilich ohne Verurteilung endete. Wenn Sie diese per-sönliche Erfahrung mit dem Stalinismus nicht gehabt hät-ten, wäre es dann auch zu Ihrer Abkehr vom Kommunismus gekommen?

Wehner: Ja! Ich betrachte den Stalinismus nicht als etwas Besonderes. Ich weiß, daß ich damit im Vergleich mit allen heutigen Kreml-Astrologen und sehr erfahrenen Leuten völlig unmodern bin. Aber für mich geht es um Kommunismus schlechthin. Den habe ich erlebt und durchdacht, und damit mußte ich Schluß machen und nicht etwa nur mit einer Spielart.

Gaus: Ich verstehe. Wie haben Sie sich seinerzeit die Machtübernahme Hitlers erklärt?

Wehner: Ich darf Ihnen da eine kleine Geschichte erzählen, falls uns die Zeit dazu bleibt. Ich saß zusammen mit einem polnischen Kommunisten im Grunewald. Er war uns geschickt worden, weil er Erfahrung in unterirdischer Arbeit hatte und sollte uns helfen.

Gaus: Das war nach 1933?

Wehner: Ja sicher. Ich habe doch einige Jahre die gesamte illegale Arbeit in ganz Deutschland als der Techniker in meinen Händen gehabt. Der Mann war zehn oder fünfzehn Jahre älter als ich. Da haben wir uns auf den Waldboden gesetzt und uns zunächst einmal gegenseitig angeguckt und gefragt, ob wir offen miteinander reden können. Offen heißt: auch anders als man redet, wenn man als kommunistischer Funktionär redet. Die Frage, die der Probefall sein sollte, stellte er. Sie lautete: Wie lange ich glaubte, daß das dauern würde. Darauf habe ich ihm gesagt, mindestens zehn Jahre. Da sagte er: Wir können wirklich offen miteinander reden. Da haben wir begonnen, über das ganze Schauderhafte, das über unser Volk gekommen war und über andere Völker kommen würde, und wie es enden könnte, offen zu reden. Ich habe in dieser deutschen Wirklichkeit etwa 49 Prozent des Totalitarismus kennengelernt, und die 51 Prozent habe ich in der kommunistischen Wirklichkeit kennengelernt, in der sowjetischen, einschließlich der kommunistischen Wirklichkeit im Untergrund.

Gaus: Ich würde Sie noch einmal bitten wollen, mir Ihre Erklärung für die großen Wahlerfolge der NSDAP und für Hitlers Erfolg auf die deutsche Bevölkerung zu geben. Woran lag es?

Wehner: Ich wäre der Meinung, daß es daran lag: Die Republik konnte sich nicht verteidigen, weil die Arbeiterschaft dem demokratischen Staat gegenüber eine gespaltene

Haltung einnahm. Sie werden sich jetzt wundern, daß ich das an den Anfang stelle. Dadurch aber jedenfalls wurde das, was die restaurativen Kräfte taten, die von ganz rechts kamen und immer schlimmer wurden, sozusagen auch noch bei einem Teil der Bevölkerung gerechtfertigt. Das war das Furchtbare. Das habe ich früh so gesehen. An dieser inneren Gespaltenheit der Arbeiterschaft, die 1918 unvorbereitet einer militärischen Niederlage und dem Zusammenbruch eines feudalen Regimes, eines sehr herrschaftlich aufgetretenen Regimes, gegenüberstand und die doch selbst gespalten war in ihrer Stellung zum Staat, weil die deutschen Führer der Kommunisten leider daran festgehalten haben, daß der Staat auch als demokratischer Staat für die Arbeiter nicht akzeptabel sei, sondern erst dann, wenn er unter der Führung der kommunistisch geführten Arbeiterklasse umgestürzt sei, daran lag es. Diese Theorie war das Unglück.

Gaus: Diese Meinung hatten natürlich auch einige sozialdemokratischen Führer aus der damaligen Zeit.

Wehner: Sicher, das hing ja nicht an Parteien. Das war etwas, was in dieser deutschen Arbeiterbewegung noch drin war und das sie überwunden hat. Ich habe es doch bei mir selber auch erlebt, ich will das ganz offen sagen. Dazu gehörten diese schrecklichen Erfahrungen mit der totalitären braunen Diktatur und mit der totalitären roten Diktatur. Dazu gehörte, sich wieder frei zu machen und hin zu kommen zu dem Ausgangspunkt, von dem aus einmal Lassalle versucht hatte, die Arbeiter im Staat zu versöhnen und nicht außerhalb und nicht gegen den Staat.

Gaus: Sie haben diese bitteren Erfahrungen bis zu einem sehr brutalen Ende machen müssen. Sie sind 1941 von Moskau nach Schweden geschickt worden, um kommunistische Untergrundarbeit zu organisieren, sind dann jedoch verhaftet und zu einem Jahr Zuchthaus verurteilt worden. Das hat nach dem Kriege 1957 in der Bundesrepublik zu heftigen Auseinandersetzungen über Ihre Person mit der CDU geführt. Berichten Sie mir bitte von dieser schwedischen Zeit.

Wehner: Ich bin doch nicht zu kommunistischer Untergrundarbeit nach Schweden geschickt worden, sondern mir wurde endlich erlaubt, aus Rußland wegzugehen, nachdem ich viereinhalb Jahre nicht weg konnte und weg durfte. Aber es wurde mir erlaubt, wie man es eben einem Mitglied dieser kommunistischen Partei, das illegal ist und keinen Paß hat, erlaubte: mit einem Auftrag. Der Auftrag war – und ich hatte ihn so auch selbst übernommen und akzeptiert –, nach Deutschland zur Widerstandsarbeit gegen Hitler zu gehen, neu anzufangen, neu aufzubauen. Und ich bin bei der Vorbereitung dieser Schritte, die sehr schwierig waren, wo ich vieles einzuleiten hatte, in Schweden selbst verhaftet und wegen Verstoßes gegen die dortigen Gesetze verurteilt worden, nach Paragraphen, wie sie dort im Kriege Geltung hatten, wie sie dann nach dem Kriege geändert worden sind. Ich war ja dort ohne Anmeldung, ich war dort mit einem anderen Paß als es ein echter Paß wäre, und ich habe nie geleugnet, daß ich da wäre, um illegal nach Deutschland zu kommen und um da wieder gegen die Diktatur zu kämpfen, wobei ich wußte, wie das gehen würde. Aber das wollte ich.

Gaus: Sie haben sich nicht nach dem Kriege um eine Revision dieses Urteils bemüht?

Wehner: Ich bin wie jeder, der in dieser Art bestraft wurde, aus Schweden für Lebenszeit ausgewiesen worden. Im Jahre 1953 hat mir der schwedische Gesandte in Bonn zu meiner Überraschung – und ich muß sagen: zu meiner freudigen Überraschung – gesagt, dieser Beschluß sei aufgehoben worden, und er beglückwünschte mich dazu. Ich liebe dieses Land Schweden wie meine Heimat.

Gaus: Sie haben jetzt ein Ferienhaus dort.

Wehner: Ja, das betrachte ich als meine geistige Heimat. Dort habe ich gelernt, was Demokratie sein kann, auch wenn ich die Hälfte der Zeit im Gefängnis gesessen habe. – Sie fragten, ob ich mich bemüht hätte. Ich habe mich bemüht. Es gab eine königliche Kommission, an die man sich wenden konnte. Ich habe mich an sie gewendet. Sie war in meinem

Fall nicht imstande, etwas zu tun, wie sie auch für andere gerichtliche Fälle nicht imstande war, etwas zu tun. Aber ich habe dann diese andere, wenn ich so sagen darf, Genugtuung bekommen, und ich bin seither sehr oft dort.

Gaus: Sie haben in Schweden auch geheiratet, eine deutsche Emigrantin?

Wehner: Ja, und ich habe auch gute Freunde dort, den Chef der Regierung und die Minister. Wir sind gute Freunde.

Gaus: Herr Wehner, Sie haben gelegentlich sehr bitter gesagt, Sie hätten zwei Kardinalfehler gemacht: erstens, daß Sie als junger Mensch Kommunist geworden seien und zweitens, daß Sie dann später glaubten, dieser Irrtum würde in einer Demokratie nachgesehen, wenn man ihm wirklich abgeschworen habe. Das sei eben ihr zweiter Kardinalfehler gewesen, dies zu hoffen. Ich habe dazu zwei Fragen: Erstens, glauben Sie immer noch, daß Sie nach wie vor, wie 1957, als heftig um Ihre Person gestritten wurde, von den wichtigen bürgerlichen Politikern in der Bundesrepublik nicht voll als ein wahrhaft geläuterter Mann akzeptiert werden?

Wehner: Das ist eine ganz schwer zu beantwortende Frage für mich. Ich glaube, daß das Schlimmste auf diesem Wege vorbei ist. Das ist auch eine Zeitfrage, denn das Leben läuft so langsam und allmählich ab. Das ist also wohl vorbei. Es wird allerdings wohl nie ganz aufhören, weil es ja Leute jucken muß, einen Mann wie mich der Partei anzuhängen, für die ich arbeite und der ich helfen will, damit sie eine große, eine wirklich vom Volk akzeptierte Partei wird, und als eine der großen, tragenden, gestaltenden, reformierenden Kräfte anerkannt werden kann.

Gaus: Ich habe eine zweite Frage dazu, wie angekündigt: Glauben Sie, daß Sie manchmal aus verständlichen Gründen in diesem Zusammenhang zu einer Empfindlichkeit neigen, die Sie dann zu bitterem Kurzschlußdenken und Kurzschlußhandeln verleiten?

Wehner: Zu einer Empfindlichkeit neige ich von Haus aus. Das ist natürlich ganz schlecht für das, was man einen

Politiker nennt, werden Sie sagen. Ich selbst nenne mich keinen Politiker, ich nenne mich einen politischen Praktiker und parlamentarischen Praktiker. Ich bin übrigens mit Leib und Seele Parlamentarier und möchte es gerne viel mehr sein, als ich es heute bei meiner Stellung sein darf. Aber Empfindlichkeit und Kurzschlußhandlungen? Ich gestehe Ihnen offen, ich wollte nicht in den Bundestag...

Gaus: Kurt Schumacher hat Sie geholt?

Wehner: »Geholt« ist gut! Er hat mich sozusagen mit der Faust dazu genötigt, daß ich kandidierte. Ich wollte arbeiten, und ich arbeitete ja für die Sozialdemokratische Partei. In den Bundestag wollte ich nicht. Ich dachte, das braucht Zeit – und warum soll ich? Ich habe Kurt Schumacher gesagt: Sie werden mir doch dort von allen Seiten, manchmal täglich, bei lebendigem Leibe die Haut vom Leibe reißen. Ja, sagte er, das werden sie, aber das wirst du auch aushalten. So ging das. Und das habe ich manchmal so gefühlt, als wenn mir die Haut vom Leibe gezogen würde.

Gaus: Ich habe ein Zitat von Ihnen gefunden, Herr Wehner. Danach haben Sie im Jahre 1941 in Schweden Ernst Wiecherts Buch vom »einfachen Leben« gelesen und sind von dieser Lektüre sehr tief berührt worden. Sagen Sie mir, was bedeutete dieses Buch eines Mannes aus einem ganz anderen Lager für Sie?

Wehner: Erstens, weil es ein Buch war, geschrieben in diesem Deutschland, mit dem ich so verbunden war und aus dem ich ausgebürgert war, von dem ich steckbrieflich verfolgt war und, wenn sie mich gehabt hätten, nicht mehr leben würde. Deutschland ist mein Vaterland gewesen in jeder Phase. Und da konnte in dieser Zeit ein solches Buch geschrieben werden! Es war für mich ein Glücksfall, in Stockholm dieses Buch zu finden. Ich ging immer wieder in die Buchhandlung, obwohl es für mich unklug war, mich dort als ein nicht legaler Mann sehr viel zu bewegen, und habe nach Ähnlichem gesucht und das eine oder andere Ähnliche gefunden. Und dann: der Begriff »Einfaches Leben«. Ich habe ihn so für mich gedeutet: so leben, wie du es wirklich, ohne Umschweife, mit deinem Gewissen vereinbaren kannst. Und nicht so viele Dinge machen müssen, die immer erst besonders erklärt werden müssen. Etwas versimpelt, werden Sie mir vorwerfen, aber so habe ich es gedacht.

Das war übrigens auch einer der Gründe, warum ich nicht wieder in eine solche hauptamtliche Parteiarbeit, welche es auch immer sei, gehen wollte.

Gaus: Sie hatten Angst, es würde Sie vom »einfachen Leben«, wie Sie es . . .

Wehner: Ja, ja, von dieser Theorie. Ich habe ja jetzt eine Bauerntheorie daraus gemacht.

Gaus: Was war denn nun der letzte, entscheidende Anstoß zu Ihrer Trennung vom Kommunismus? Was war der letzte Punkt? Kann man das fixieren?

Wehner: Da muß ich den vorletzten nennen. Der vorletzte war, daß ich mich befassen sollte mit einer Interpretation der kommunistischen Auffassung von der Lehre vom Staat. Als ich versucht habe, das zu Papier zu bringen, da habe ich bei der Hälfte Schluß gemacht und gewußt: Das kannst du nicht mehr begründen und verantworten. Das war im Jahre 1939, mitten in den schrecklichen Jahren des deutsch-sowjetischen Paktes und in Moskau ohne Freunde. Der eine, den ich hatte, war gerade gestorben. Er war 15 Jahre älter als ich. Er war ein persönlicher Freund von Rosa Luxemburg gewesen. Das war der vorletzte Punkt. Der letzte Punkt war meine Erinnerung an das, was ich an Leiden miterlebt und mitgesehen und mitzutragen gehabt habe in den Jahren des Terrors in der Sowjetunion. Ich habe darüber kein Buch geschrieben; ich kann es nicht. Ich habe es einfach mitgelitten und selbst erlebt. So gab es also dann die Frage für mich: Du bist jetzt endlich raus, du kannst jetzt, wenn es dir gelingt, wieder nach Deutschland zu kommen, dich dort auf eine ehrliche Weise ganz ehrlich machen und kannst – und das war natürlich eine halsbrecherische Idee –, wenn du nicht sehr schnell gefaßt wirst, etwas tun, damit, wenn der Krieg sich dem Ende nähern wird, nicht nur Leute da sind, die sagen können, sie hätten für Moskau oder sie hätten für andere dort gearbeitet. Ich war damals noch in der Vorstellung, man könnte das als ein mit dem offiziellen Kommunismus innerlich fertig gewordener, aber doch noch daran hängender Partisan sozusagen – nicht Partisan im Sinne von Heckenkrieger – machen. Darüber bin ich gestolpert. Ich kam nicht mehr ganz dazu.

Gaus: Sie haben Ihre Trennung vom Kommunismus oft genug sehr deutlich gemacht, haben aber gelegentlich gleichzeitig gesagt, daß Sie an den Werten, an den Grundsätzen einer sozialistischen Arbeiterbewegung festhalten wollten. Was sind für Sie die Grundsätze einer sozialistischen Arbeiterbewegung heute, und welchen Wert machen sie für Sie aus?

Wehner: Ich möchte erstens sagen, daß ich das nie gemeint habe als etwas anderes, als etwas abseitig von der Sozialdemokratie. Die Sozialdemokratie selber betrachte ich nicht als den Ausdruck der sozialen Arbeiterbewegung, von der Sie eben sprachen.

Ich will, daß die Sozialdemokratie das sein kann, was wir versucht haben, ihr mit dem Grundsatzprogramm von Bad Godesberg als Selbstverständnis und Darstellung zu geben: eine Partei des Volkes, mit einer Staatsauffassung der sozialen Demokratie. Und Arbeiterbewegung? Ich habe mich bekannt und bekenne mich heute noch dazu und bin stolz darauf, daß das einmal so war und daß es so angefangen hat. In der Inauguraladresse der Internationalen Arbeiter-Assoziation steht am Schluß als Forderung und als etwas, das die Arbeiter lernen sollen durchzusetzen: daß die gleichen einfachen Gesetze der Moral und des Rechts, die für den Verkehr zwischen Privatpersonen gelten sollten, auch für den Verkehr zwischen den Nationen zur Geltung gebracht werden müssen. Ich habe das immer für eine tolle Sache gehalten, daß eine solche Bewegung, die doch aus Protest gegen Klassenunterschiede, gegen Ungerechtigkeiten, gegen Nichtgleichberechtigung entstanden war, mit so klaren Worten sogar so heikle Dinge, wie es die außenpolitischen

Beziehungen sind, ethisch begründet hat. Das hat mich immer innerlich wieder aufgerichtet. Und das ist etwas, von dem ich nicht möchte, daß man es lassen sollte.

Gaus: Glauben Sie, daß die Zeit des Klassenkampfes in der Bundesrepublik vorüber ist?

Wehner: Die Zeit des Klassenkampfes – eine Doktorfrage war es, ist es auch heute, und es ist heute eine neue Frage für solche, die nach neuen Doktordissertationsthemen suchen. Es ist eine Definitionsfrage, was vom politischen Kampf, wenn man eine Arbeitshypothese haben will, als Klassenauswirkung bezeichnet werden kann. Ich halte das ganze Schema vom Klassenkampf für ein Prokrustesbett, bei dem man dann das, was nicht hineinpaßt, weil es zu lang ist, dadurch passend macht, daß man es abhackt oder, wenn es zu kurz ist, länger zieht. Diese ganze Theorie ist Vergangenheit. Es geht um die Menschen, wie sie wirklich sind; es geht um das Volk, wie es wirklich ist; es geht um die Nation, als die es sich verstehen soll, und es geht um die Werte, die verschieden begründet und auch verschieden schwergewichtig vertreten, aber doch in vielen Punkten gemeinsame sind.

Gaus: Sie haben von den Werten gesprochen. Sie sind verschiedentlich in den Verdacht geraten, in der Bundesrepublik, eine Art Titoist oder nach wie vor dogmatischer Marxist zu sein, obwohl Sie vorhin ja gesagt haben, daß Sie dieses ganz und gar nicht waren. Und zwar sind Sie in diesen Verdacht geraten, weil Sie von den sozialen Errungenschaften gesprochen haben, die im Falle einer Wiedervereinigung Deutschlands bewahrt werden müßten. Was verstehen Sie unter sozialen Errungenschaften, die Sie nicht aufgeben möchten?

Wehner: Lassen Sie mich erst noch mal auf diesen »Marxist« zurückkommen. Das blöde Gerede in Deutschland über Marxismus, das einem, der ein paar Jahrzehnte miterlebt hat, zum Hals heraushängt, hat doch sogar einen Mann wie Schumacher, der einen ganz anders denkfähigen Kopf als ich hatte, dazu gebracht, in dem letzten Stück Papier, das er geschrieben hat, bevor er die Augen schloß, mit Bitterkeit zu sagen, das Schlimmste, was diesem deutschen Volk in der Spaltung geschehen sei, hätten ihm nicht die Alliierten angetan, sondern hätte es sich selbst angetan, indem es unterscheidet zwischen Marxisten und Christen und was Marxismus sei usw. Das hat diesen Mann fürchterlich gepeinigt und hat ihn dazu gebracht, daß er sagte: »Ich bin ein Marxist. « Er wollte damit sagen, das ist doch in Wirklichkeit in dem deutschen Bereich nichts anderes gewesen und kann nichts anderes sein als Methode der soziologischen, der sozialen Untersuchung und Prüfung. Als solche hat sie ihre Bedeutung, auch wenn das »ismus« wegfällt.

Und von den Errungenschaften? Sehen Sie, ich bin kürzlich wieder dafür angepufft worden. Was ich denn damit meinte, was ich aus dem, was man auf der anderen Seite im sowjetisch kontrollierten Teil als soziale Errungenschaften oder sozialistische Errungenschaften bezeichnet, in die Bundesrepublik übernehmen wolle. Gar nichts will ich übernehmen in die Bundesrepublik. Aber ich habe mich gefreut, daß es Leute gibt von ganz anderer Herkunft und ganz anderer Denkweise, die in dieser Beziehung ganz ähnlich denken und vorschlagen. Ich denke an Nell-Breuning. Ich denke an Arnold Brecht, den früheren preußischen Staatssekretär, der mir jetzt wieder einen rührenden Brief geschrieben hat. Heute ist er Universitätslehrer in Amerika. Ich kenne ihn persönlich sonst gar nicht, ich habe einfach nur seine Bücher gern gehabt. Beide sind wieder ganz anders, jeder für sich und voneinander und mir gegenüber. Die sagen doch alle: Wenn es zur Wiedervereinigung kommt, das heißt, wenn die politischen Voraussetzungen, wie internationaler Ausgleich usw., dafür geschaffen sein werden, an denen man arbeiten muß, dann muß es möglich sein, daß man nicht einfach sagt, von diesem Tage an wird es dort so und da so. Da hat Nell-Breuning zum Beispiel in bezug auf sozialpolitische Dinge gesagt: Alles das, was die Menschen in der Zone selbst nicht ablehnen, das muß man ihnen lassen. Ich finde, das ist ein guter Standpunkt, auch ein guter Standpunkt gegenüber denen, die die Mauer gebaut haben. Ein guter Standpunkt gegenüber denen, die behaupten, die Wiedervereinigung sei für uns im freien Teil Deutschlands nichts anderes als der Versuch, wie es Herr Ulbricht gesagt hat, die »Gewalt der imperialistischen Monopole« auch auf seine DDR zu erstrecken. Das zieht dem doch den Boden weg! Lassen Sie doch das Volk selber entscheiden! Wir brauchen doch da gar keine Angst zu haben. Über alles kann man reden, wenn die Freiheit der Person und die Gleichheit in der Freiheit der Person und das Recht, diese Freiheit zu gewährleisten und zu bewahren, wenn dies in beiden Teilen Deutschlands erst einmal durchgesetzt wird. Dann kann alles andere sukzessive und wie es sich ergeben wird weitergehen. Da gibt es ja auch gewisse natürliche Entwicklungsgesetze.

Gaus: Herr Wehner, noch einmal zurück auf Ihre SPD-Karriere. Sie sind 1946 in die Sozialdemokratische Partei eingetreten, und Kurt Schumacher ist es gewesen, der Sie in den engeren Führungskreis geholt hat. Woher kannten Sie Schumacher?

Wehner: Schumacher hat mich geholt, als er gehört hat, daß ich mich in Hamburg geregt habe.

Gaus: Hatten Sie ihn vorher jemals getroffen?

Wehner: Nein. Ich hatte ihn nie getroffen. Ich durfte ja aus Schweden nicht sofort hier einreisen. Ich konnte nicht nach der sowjetisch besetzten Zone, und in den anderen Zonen wollten sie mich nicht. Das war mein Dilemma. Dadurch, daß meine Frau ein gewisses Anrecht geltend machen konnte, in Hamburg zu sein, wo sie früher gelebt hatte, konnten wir sagen, wir möchten dorthin. Und da sind wir auch hingekommen. Dort habe ich zunächst mal in kleinen Kreisen, in Kursen, Wochenendkursen, wie es damals in diesen Hungerjahren, Kältejahren, Ohne-Licht-Jahren war – ich selber hatte viele Monate hindurch keine Wohnung und mußte mit meiner Frau bald da und bald dort wohnen –, da habe ich aus meinen Erfahrungen erzählt und habe Kurse gemacht, wie man Diskussionsreden vorbereitet und wie man aus einem großen Vortrag, den man sich angehört hat, die Punkte herausfindet, auf die es nützlich und gut ist einzugehen, wenn man diskutieren darf. So fing es an. Dann habe ich auch an einer Zeitung in Hamburg gearbeitet, die von der Sozialdemokratischen Partei unterstützt wurde – mit einer gewissen Beklemmung, aber ich habe gedacht, man müsse helfen. Ich wollte nicht, daß diese Wahnidee, man könnte und sollte eigentlich auch im Westen Deutschlands eine sogenannte Einheitspartei, wenn auch auf freiwilliger Basis aufziehen, um sich griff. Ich hielt es für meine Aufgabe zu zeigen, daß es darauf ankommt, eine Sozialdemokratische Partei zu haben. So kam ich in die absurde Situation, anderen beibringen zu müssen, daß man keine Einheitspartei haben sollte, weil das so enden würde, wie ich es ihnen sagen konnte. Im Jahr nach dem Krieg, als ich noch in Schweden sein mußte, habe ich auch mit alten Kommunisten briefliche Diskussionen gehabt und ihnen geschrieben, daß das SED-Experiment viel schrecklicher enden würde als ein früheres Experiment der deutschen Kommunisten mit der sogenannten revolutionären Gewerkschaftsopposition. Es wird fürchterlich enden, das sage ich heute noch. Es wird fürchterlich enden, mit einem moralischen Katzenjammer und einer sittlichen Vernichtung derer, die einmal aus ehrlichen Absichten kommunistische oder sozialistische Vorstellungen solcher Art zu realisieren versucht haben.

Gaus: Sie sind 1958 auf dem Parteitag in Stuttgart zum stellvertretenden Parteivorsitzenden gewählt worden und haben jahrelang nach dem Tode Schumachers als der entscheidende Kopf einer ganz bestimmten Opposition in der Bundesrepublik gegolten. Diesen Ruf haben Sie vor allem unter den Intellektuellen in Deutschland gehabt. Inzwischen gelten Sie gerade bei diesen Leuten als der Sozialdemokrat, der sich am meisten angepaßt hat und eigentlich gar keine Opposition mehr betreibt. Was halten Sie von dieser Meinung?

Wehner: Ich würde, wenn ich da nicht Gefahr liefe, sämtliche Fenster einzuwerfen...

Gaus: Schlagen Sie mal.

Wehner: . . . sagen, das ist ein Urteil, das mich an »Welt-
bühne« und ähnliches erinnert. Selbstüberschätzung.

Gaus: Das Urteil dieser Intellektuellen?

Wehner: Ich spreche nicht generalisierend über Intellektuelle. Das möchte ich nicht. Ich halte das für schrecklich.
Intellektuelle für sich selber mögen von sich reden, wie sie
wollen, das ist ihr gutes Recht. Aber ich halte es nicht für
gut, über Intellektuelle als ein Kollektiv etwas zu sagen und
Werturteile abzugeben. Aber ich rede jetzt von denen, die
Sie meinen können, und die mich so sehen, wie ich ja auch
lesen kann, wie sie mich sehen. Ich kann ja einigermaßen
lesen. Worauf es ankam ist: Das Ringen im demokratischen
Staat, in dem Teil Deutschlands, in dem man überhaupt
noch ringen kann und in dem das Ringen eine Voraussetzung dafür ist, daß auch der andere Teil Deutschlands wieder demokratisch werden wird – und er wird es! –, dieses
Ringen muß ein Ringen unter gleichberechtigten innenpolitischen Gegnern sein, die in einer Beziehung aber Partner
sind, nämlich in ihrem Verhältnis zum demokratischen
Staat. Entsprechend müssen sie sich auch zueinander verhalten. Das war mein Versuch, und ich muß sagen, wenn
nicht unvorhergesehen völlige Veränderungen der Groß-
wetterlage kommen, habe ich, bei allem, was ich sonst nicht
kann, daran wohl einen guten Teil Verdienst, daß wir in
diese Sphäre als Sozialdemokratische Partei gekommen
sind. Nicht ich war es allein. Ich habe 1958 diese Wahl
angenommen und damals gesagt, was ich kann, das werde
ich tun, und dieses Tun wird sich immer darauf konzentrie-
ren, dieser Partei – ich bin deren illegitimes Kind – eine
führungsfähige, zusammenarbeitsfähige Mannschaft zu geben und zu erhalten. Das ist mein Job, wenn Sie es so
wollen. Darum kümmere ich mich, das ist eine schöne Arbeit, aber auch – um Himmels Willen – eine nicht ganz
einfache Arbeit.

Gaus: Als Stichtag für diese Schwenkung – wenn man sie
eine Schwenkung nennen will – der im Godesberger Pro-

gramm neu ausgerichteten Sozialdemokratischen Partei erscheint vielen Leuten Ihre Bundestagsrede, Herr Wehner, vom 30. Juni 1960, in der Sie ein Bekenntnis zur NATO abgelegt haben und eine gemeinsame Außenpolitik der großen deutschen Parteien gefordert haben. Nicht viel mehr als ein Jahr vorher haben Sie noch einen »Deutschlandplan der SPD« vorgelegt, dessen Wiedervereinigungsvorschläge diametral den Vorstellungen der CDU entgegengesetzt waren. Könnten Sie mir erklären, warum es so bald, nach nicht mehr als einem Jahr, zu dieser Schwenkung, zu diesem Stichtag vom 30. Juni 1960 gekommen ist?

Wehner: Dieser Plan mußte zu den Akten gelegt werden, mit gutem Recht und so undramatisch wie möglich. Der Plan war ein beinahe verzweifelter Versuch – das gestehe ich offen – angesichts einer bevorstehenden Viermächtekonferenz, von der wir, meine Freunde und ich, befürchteten, sie würde sich festfahren auf dem Punkt: Verhandlungen nur über West-Berlin. Das wollten wir versuchen zu verhindern. Deswegen das, was man etwas ambitiös – hier habe ich auch einen Fehler mit zugelassen – »Deutschlandplan« genannt hat. Es war noch viel mehr, was wir da in der Schublade hatten. Vorschläge über die deutsche Frage, über die Wiedervereinigung, über die Herstellung von Rechten für die Menschen auf der anderen Seite. Dazwischen lag die nicht zustandegekommene Gipfelkonferenz, die Chruschtschow, ehe sie zusammentrat, am Tage des Zusammentritts einfach platzen ließ. Das haben Sie nicht gesagt in Ihrer Frage, aber ich darf daran erinnern. Zu dieser Konferenz, die einen Abschnitt markiert hat, gerade weil sie nicht zustande gebracht werden konnte, mußte man reden. Über die Einschätzung, über das, was nun vor uns steht. Und wenn ich jetzt meine Rede, was ich nicht kann, in kürzesten Zügen wiedergeben könnte: Es ging eben darum, sich und anderen klarzumachen, daß wir es nicht einfach mit einer automatisch sich fortsetzenden Serie von Vierer-Konferenzen und von Verpflichtungen, die die Vier Mächte Deutschland gegenüber einhalten werden, zu tun haben. Wir werden eine ganze Zeitlang kämpfen müssen, damit wir den Kopf über Wasser behalten und damit die Vier Mächte sich überhaupt mit der deutschen Frage befassen, so daß sie allmählich wieder in ein Verhandlungsfahrwasser kommt. Ich habe da recht konkrete Vorschläge gemacht. Sie haben das jetzt so feierlich in Ihre Frage nach dem NATO-Bekenntnis gekleidet. Wissen Sie, ich bekenne mich zu manchem. Aber hier habe ich ganz nüchtern gesagt, erstens haben wir nie gesagt, wir seien gegen die NATO, ich persönlich auch nie, noch bevor ich im Bundestag war, denn die NATO wurde ja gegründet, ehe es eine Bundesrepublik formell gab. Wir haben auch nie gesagt, die Deutschen müßten raus. Nicht das war es. Wir haben gesagt: Wenn eine Situation gekommen und herbeigeführt sein würde, die die Wiedervereinigung Deutschlands ermöglicht, dann muß auch eine Sicherheitsabrede zwischen den großen Kontrahenten getroffen werden. Darum ging es. Das ist inzwischen Gemeingut auch anderer geworden.

Gaus: Herr Wehner, war es schwerer, diese neue Linie der SPD gegenüber den anderen Parteien sichtbar zu machen, oder war es schwerer, sie in der eigenen Partei durchzusetzen?

Wehner: Es war beides nicht einfach, um es kurz zu sagen.

Gaus: Woran lag es denn, daß es in Ihrer eigenen Partei so schwer war? Versuchen Sie mir doch einmal den Unterschied zwischen der SPD und anderen Parteien, sofern es da noch einen grundsätzlichen Unterschied einfach in der Struktur und in der Mentalität der Parteimitglieder gibt, zu erklären.

Wehner: Sie sagen »noch«. Das Wort »noch« kann ich in diesem Zusammenhang gar nicht leiden. Wir sind eine große Mitgliederpartei, eine demokratisch gewachsene Partei mit allen Vorteilen und Nachteilen einer solchen großen politischen Gemeinschaft. Dort wird eben diskutiert, dort wird beraten, dort wird beschlossen. Dort wird delegiert. Und dort muß man sich zur Rechenschaft stellen und auch über sich abstimmen lassen. Dort wird nicht kooptiert.

Gaus: Das sagen natürlich die anderen Parteien von sich auch.

Wehner: Aber ich bitte Sie um Entschuldigung, da brauchen Sie nur einmal miteinander zu vergleichen, wie dort Körperschaften zustande kommen und wie sie bei uns zustande kommen. Das ist völlig anders, aber ich weiß, daß es nutzlos ist, hier zu versuchen, an die Tatsachen zu appellieren. Das können Sie sich aus dem Nebeneinanderlegen der Statuten und dem Zustandekommen von Parteitagen und Parteivorständen und Parteiausschüssen sehr einfach erklären. Ich will da den anderen gar nicht zu nahe treten. Bei uns ist es eben so, in 100 Jahren so geworden.

Gaus: Ist das nicht manchmal für jemanden, der so unbeirrt offensichtlich das eine große Ziel verfolgt, an den Staat und in den Staat hineinzuführen und das auch durch eine Regierungsverantwortung der Sozialdemokratischen Partei sichtbar zu machen, ist es nicht für einen Mann wie Sie, der dieses Ziel so unbeirrbar verfolgt, sehr lästig, mit dieser in hundert Jahren gewachsenen Mentalität der SPD leben zu müssen?

Wehner: Da muß ich ein Wort anwenden, das ich einmal von einem anderen in einer anderen Sprache gehört habe, und das mir seither nicht mehr aus dem Kopf gegangen ist: Mit Bescheidenheit und einer gewissen Demut hat derjenige, der an eine solche Stelle gewählt worden ist, sich den Aufgaben zu unterziehen, die zum Teil physisch, seelisch und auch geistig allerlei Qualen mit sich bringen.

Gaus: Auch einmal eine Vergewaltigung sein können?

Wehner: Hier geht es nur darum, daß er ehrlich ist und ehrlich bleibt. Und da haben Sie wieder etwas von dieser meiner These mit dem einfachen Leben, die Sie selber entdeckt haben, auch wenn sie jetzt hier übertragen klingen mag.

Gaus: Sie haben in der Bonner Regierungskrise im Herbst 1962 mit den Abgeordneten Guttenberg und Lücke und schließlich auch mit Adenauer über eine Regierungsbeteiligung der SPD verhandelt. Es hat seinerzeit Stimmen in Ihrer Partei gegeben, die gemeint haben, die Regierung solle die Suppe, die sie sich eingebrockt hat, ruhig allein auslöffeln, während Sie doch das schon erwähnte Ziel, die SPD mit an die Regierung heranzubringen, offensichtlich auch ungeachtet aller sachlichen und ideologischen Anpassungsopfer, auf jeden Fall durchhalten wollten.

Wehner: Wenn ich Ihnen da schon bei der Frage eine Korrektur anbringen darf, dann die: Die Gespräche, die damals durch den Minister Lücke eingeleitet wurden, begannen mit Feststellungen über das Verhältnis Lückes zu dem damaligen Ministerkollegen Lückes, nämlich zu Herrn Strauß, mit Feststellungen darüber, daß er sich entschlossen habe, keiner Regierung mehr anzugehören, gleichgültig unter welchen Umständen sie sonst zustande kommen würde, der auch Strauß angehören könnte. Es seien weitere vier Mitglieder seiner eigenen Partei, der CDU, die dem Kabinett angehören, die derselben Auffassung seien wie er. Das war für mich damals das politisch Entscheidende, diese Gespräche über den Versuch eines zeitweiligen Miteinanderregierens von CDU und SPD auch unter der vorübergehenden Kanzlerschaft Adenauers, die ich nicht zeitlich begrenzt hätte, sondern es wäre ein Abwicklungskabinett gewesen, aufzunehmen. Ich habe damals in der gemeinsamen Sitzung der Vorstände der Partei und der Bundestagsfraktion für diesen Vorschlag nach langer und ganztägiger, harter und schonungsloser Diskussion, wie sie bei uns üblich ist, mit 23:13 obsiegt. Nicht ich persönlich, andere haben diesen Vorschlag ja auch unterstützt. Das war die Situation. Ich habe die Frage etwas korrigieren wollen, weil ich nicht möchte, daß das Ganze bloß als ein Ausfluß von ganz subtilen taktischen Überlegungen war. Hier ging es darum, daß sich mir eine bis zu dem Tage nicht gesehene Möglichkeit zu bieten schien, dem damaligen Verteidigungsminister, dem Landesgruppenleiter der CSU in Bayern, der die Okkupation der Staatsmacht auf Dauer mit Mitteln »etwas außerhalb der Legalität« zu betreiben versuchte, wie einer seiner

Ministerkollegen gesagt hatte, eine parlamentarische Bedenk- und Bewährungsfrist zu schaffen, in der er nicht exekutieren konnte. Das hielt ich für »eine Messe wert«, um es einmal so zu sagen.

Gaus: Sie sprachen von einer Bewährungsprobe.

Wehner: Zeit! Nicht Probe.

Gaus: Von einer Bewährungszeit. Jemandem eine Bewährungszeit einzuräumen heißt doch, daß man auch den Glauben an eine Bewährung hat, die Sie für nötig halten.

Wehner: Der Meinung bin ich, auch wenn ich wirklich ein scharfer Gegner des Herrn Strauß bin. Das mögen Sie deuten wie Sie wollen: Ich halte es für ein Lebensgesetz in der Demokratie, den Gegner nicht vernichten, nicht eliminieren, nicht – wie dieses schreckliche Wort, das ich nicht in den Mund nehme, lautet – ausmerzen zu wollen. Ich halte dafür, ihn zu überwinden, ich halte dafür, ihn politisch zu schlagen, ihn geistig zu widerlegen, und ich halte dafür, ihm die Chance zu geben, sich zu ändern.

Im Falle Strauß könnte ein Wiederkommen nach meiner Meinung und der Meinung meiner Partei nur nach einer Änderung in seinem Verhältnis zu den demokratischen Grundregeln möglich sein. So wollte ich Ihnen erklärt haben, weshalb ich damals in diese, von manchen als halsbrecherisch angesehenen Verhandlungen hineingegangen bin.

Gaus: Herr Wehner, Willy Brandt hätte schwerlich gegen Ihren Widerstand der Kanzlerkandidat der SPD werden können. Ich würde gerne von Ihnen wissen, seit wann Sie Brandt als Kanzlerkandidaten im Auge gehabt haben.

Wehner: Nachdem die Bundestagswahl von 1957 zu einer tiefgehenden Selbstprüfung in der sozialdemokratischen Parteimitgliedschaft geführt hatte, habe ich versucht, mit Freunden wie Ollenhauer und Mellies diese Diskussion nicht zu einer uferlosen, sondern zu einer die Partei läuternden, ihr helfenden und sie effektiver machenden Diskussion werden zu lassen. Damals habe ich mit solchen Vorschlägen angefangen wie denen, daß wir personalisieren sollen, auch bei Wahlen.

Gaus: Dies war eine Anpassung an die Wünsche der west-deutschen Bevölkerung, die eine personalisierte Wahl be-vorzugte?

Wehner: Was heißt Anpassung? Das war so, das hat sich so entwickelt. Warum sollen wir anonym sein, wenn andere Namen nennen? Wir haben doch viele gute Namen und einige, die gut zur »Nummer eins« passen. Brandt war und ist für mich der Mann, der an der schwierigsten Stelle, an der in Deutschland Politik gemacht werden muß und kann, nämlich im geteilten Berlin, Politik macht. Das ist eine große Sache. Ohne jeden anderen Oberbürgermeister oder Landesregierungschef abwerten zu wollen. Das ist ja nicht einfach eine Routinearbeit, das ist doch eine Arbeit, die dem Menschen täglich ans Herz greift mit allem, was er dort vor Augen hat, womit er sich zu befassen und worüber er zu entscheiden hat. Wenn er gut genug ist, an dieser Stelle deutsche Politik zu machen, wie früher Reuter und Louise Schroeder und andere gut genug dafür waren, dann muß ich sagen: Das ist eine interessante Entwicklung in der Sozial-demokratischen Partei, daß der Mann zum politisch führen-den Mann, dem Vorsitzenden, gemacht wird. Das Wort ist ja bei uns so schrecklich, das skandinavische gefällt mir viel besser. Dort nennen sie ihn den »Wortführer«. Aber so ist die deutsche Sprache. Darüber will ich nicht meckern. So gesehen habe ich nie gemeint, gegen Brandt, weil Sie gesagt haben, ohne oder gegen mich hätte er es nicht werden können. Ich war immer einer von denen, die den Mann mit Interesse in seinem politischen Werdegang begleitet haben, solange ich ihn kenne.

Gaus: Erlauben Sie mir eine letzte Frage, Herr Wehner. Worin sehen Sie ihre besondere Bedeutung in der Sozialde-mokratischen Partei, was ist Ihr stärkstes Talent, das Sie in den Dienst dieser Partei stellen können?

Wehner: Helfen. Und arbeiten und nicht verzweifeln. Und auch die skeptischen Leute die Erfahrung erleben lassen, daß es mit Ehrlichkeit geht. Mit Ehrlichkeit: Ich meine das Wort jetzt im ganz großen Sinne. Ich habe vorhin in Erinnerung gebracht: Als ich 1958 zum stellvertretenden Vorsitzenden gewählt wurde, habe ich gesagt: Ich kann Euch nur eins wirklich versprechen, und das werde ich machen, solange ich arbeiten kann und solange Ihr mich dahin wählt: Ich werde eine solche Mannschaft, eine arbeitsfähige, zusammenarbeitsfähige Mannschaft bilden und erhalten helfen. Das ist mein Wert, wenn das ein Wert ist.

»Zur Person«, Zweites Deutsches Fernsehen, 8. 1. 1964

*

Reinhard Appel: Herr Wehner, Sie haben einmal zwei Fehler oder Grundirrtümer Ihres Lebens öffentlich eingestanden, nämlich erstens, daß Sie Kommunist waren und zweitens, daß Sie geglaubt hätten, dieser Irrtum werde in der Demokratie vergeben. Zunächst: Warum war es ein Irrtum, Kommunist gewesen zu sein?

Wehner: Nicht gewesen, sondern geworden zu sein. Was mich antrieb, war Protest gegen die Lauheit oder, wie es mir damals schien, auch sogar Heuchelei gegenüber jenen, die zwar bei entsprechenden Gegebenheiten die Bergpredigt feierten, sich aber nicht entsprechend verhielten. Kommunist zu werden, um im Sinne der Bergpredigt die gesellschaftlichen Verhältnisse des menschlichen Zusammenlebens ändern zu helfen, war deshalb ein Irrtum, weil man bei genauem Nachdenken hätte begreifen müssen, daß die menschlichen und politischen Mittel, die der Kommunismus vorsieht und derer er sich bedient, die erstrebten Ziele unerreichbar macht. Das ist, simpel gesagt, die Begründung, weshalb ich es als Irrtum bezeichne, man könne als Kommunist das menschliche Zusammenleben grundlegend bessern helfen.

Appel: Manche Eltern, Herr Wehner, können heute für ihre revolutionären Söhne kein Verständnis aufbringen. Wie war das bei Ihnen. Wie war Ihr Verhältnis zu Ihren Eltern?

Wehner: Im Jahre 1923 gab es bei mir einen Bruch. Das war das Jahr, in dem in meiner Heimat einige Erschütterungen vor sich gingen. Im Herbst des Jahres 1923 marschierte damals die Reichswehr in Sachsen ein. In einer unserer Nachbarstädte, in Freiberg, sind damals 42 oder 43 Arbeiter auf dem Pflaster geblieben. Das hat für die Gruppe der sozialistischen Arbeiterjugend, der ich seit dem Januar des Jahres 1923 angehörte, bedeutet, daß wir nicht mehr verstehen konnten, wie wir die Dinge zueinander zu ordnen hatten, und damals spaltete sich unsere sozialistische Arbeiterjugend. Es war im selben Jahr, in dem ich zum ersten Mal in Nürnberg, wohin ich im Frühling von Dresden zu Fuß gewandert war, an dem Arbeiterjugendtag hatte teilnehmen können. Im Herbst spaltete sich unsere Gruppe. Wir waren damals nicht haßerfüllt. Aber wir waren aus dem Gleis geworfen.

Mein Vater war ein Sozialdemokrat. Ein qualifizierter Arbeiter, der 1923 in Dresden zu den proletarischen Hundertschaften gehörte; das waren Arbeiter und Angestellte, die sich nach Feierabend zum Schutz der Republik und zur Abwehr der Reaktion sammelten. Es waren in der Regel ehemalige Frontsoldaten des Ersten Weltkrieges, die ihre Übungen machten. Durch den Einmarsch der Reichswehr wurde damals alles ge- und zerstört. Im Frühjahr 1924 lernten wir dann zum ersten Mal Faschismus kennen. Aus Anlaß des Geburtstags von Bismarck marschierten die »vaterländischen Verbände« auf, die alles andere als vaterländisch waren, zum Beispiel die Brigade Ehrhardt, die SA, NSDAP, der Stahlhelm und viele andere. Damals haben wir als Jugendgruppe gegen die Kolonnen demonstriert und protestiert. Wir wurden zusammengeschlagen, haben uns wieder aufgerafft und wurden wieder zusammengeschlagen und haben uns wieder aufgerafft.

Ich kenne also Jugendprotest und Jugendopposition aus eigener Erfahrung. Nur, damals gab es weder Fernsehen noch Rundfunkreportagen, und in den Zeitungen standen am nächsten Tag vielleicht drei bis fünf Zeilen davon, daß sich Gruppen der Jugend gegen die bewaffneten Verbände – sie waren ja bewaffnet – gestellt haben und von ihnen geschlagen wurden. Wir haben unaufhörlich Widerstand zu leisten versucht. Das war unsere Art, engagiert zu sein. Insofern verstehe ich auch manches von dem, was die heutige Jugend an Aktivitäten entfaltet, wenn ich auch nicht mit den ideologisierenden Theorien einig gehe.

Später habe ich begriffen, daß in jenen frühen zwanziger Jahren die menschlichen und politischen Grundlagen der demokratischen Arbeiterbewegung so angeknackt wurden, daß zehn Jahre später – nur durch ein Wunder hätte es noch geändert werden können –, zu Beginn der dreißiger Jahre, die schreckliche Entwicklung zum braunen Faschismus eintreten konnte. Dabei empfinde ich keine persönlichen Haßgefühle gegen Leute, die damals in dem, was sie Nationalsozialismus nannten oder was als solcher bezeichnet wurde, etwas Neues, Richtiges aufdämmern sahen. Immerhin war zu Beginn der dreißiger Jahre die Massenarbeitslosigkeit tatsächlich eine schreckliche Erscheinung.

In meiner eigenen Familie waren der Vater, der ein großer Künstler seines Berufs war, und auch der Bruder, der ebenso begabt war wie er, zur Arbeitslosigkeit verurteilt. Mein Vater hat in seinem Beruf niemals wieder Arbeit bekommen und mein Bruder auch nicht. Das war damals so. Ich kann mich also in die Empfindungen und Reaktionen anderer hineinversetzen. Freilich war das damals alles sehr viel erdnäher und unmittelbarer.

Appel: Einen Bruch zwischen Ihren damaligen jugendlichen Vorstellungen und denen Ihrer Eltern gab es nicht?

Wehner: 1923 ist der erwachsene Betreuer unserer Arbeiterjugendgruppe zu meiner Mutter gekommen und hat ihr gesagt, ihr Sohn wird »am Galgen« enden, denn er wird, wenn es so weitergeht, ein Anarchist. Er ist ein Idealist, aber dies ist gefährlich. Meine Mutter, eine Frau, die ich immer sehr, sehr geschätzt habe, weil ich mit ihr offen sprechen konnte, hat mich damals gefragt, was denn eigentlich die Ursache dieser dringenden Warnung gewesen sei, und sie hat mich gewarnt und gebeten, nicht auf politische Abwege zu geraten. Zu einem Bruch kam es nicht, ich habe meine

Eltern immer verehrt, und sie wußten es bis, ja, bis uns die Verhältnisse, nämlich die Hitlerdiktatur, der Zwang und der Tod geschieden haben.

Appel: Herr Wehner, empfinden Sie gegenüber der SPD, die Sie 1946 in Hamburg aufgenommen hat und der Sie jetzt 22 Jahre mit wachsender Verantwortung dienen, ein Stück Dankbarkeit?

Wehner: Ja, das empfinde ich, weil mir diese Partei bei aller menschlichen Unzulänglichkeit, die jeder Partei anhaftet, eine Chance dafür eingeräumt hat und immer wieder gibt, für das zu kämpfen, was im Zusammenleben der Menschen wertvoll ist.

Appel: Sie sind in Ihrem Leben viel im Ausland gewesen. Können Sie mir sagen, wieviel Sprachen Sie sprechen?

Wehner: Ich habe in der Schule Französisch gelernt und es gut gesprochen, ich habe im Gefängnis Englisch gelernt und es behalten. In der Praxis habe ich Russisch lernen können und noch nicht alles verdrängt. Holländisch habe ich sprechen und lesen gelernt und kann es heute noch einigermaßen. Behelfsweise habe ich mich durch einige der romanischen Sprachen gelotst, weil ich einmal, als ich noch die Chance zu haben glaubte, ein Lehrerseminar besuchen zu können, einige Jahre privat Latein lernte. Schließlich habe ich, und das hat inzwischen die meisten der anderen Sprachen verdrängt und die Grenzen meiner sprachlichen Fähigkeiten gezeigt, das Schwedische und die dem Schwedischen verwandten skandinavischen Sprachen versucht.

In den skandinavischen Sprachen, das passiert mir tatsächlich, denke ich zeitweilig. Ich beneide Leute, die rasch von der einen Sprache auf die andere umschalten können. Ich kann das leider nur ganz beschränkt. Meine Liebe gilt der deutschen Sprache. Ihr bin ich in der Schule und auch später, ohne engstirnig erscheinen zu wollen, ergeben geblieben.

Appel: In Schweden, Herr Wehner, dessen Gerichte Sie einst verurteilten, deren führende Staatsmänner Sie aber heute zu Ihren Freunden zählen, verbringen Sie oft Ihre freie Zeit. Verbirgt sich dahinter auch ein Stück Flucht aus dem Land, das so lange ein Kesseltreiben gegen Sie zuließ?

Wehner: Nein, nein, das nicht. Es ist Dank für ein Land, in dem ich, obwohl ich dort einige Jahre im Gefängnis habe zubringen müssen, gelernt habe, was demokratische Lebensweise wirklich bedeuten kann. Das ist das Wichtigste. Auch sonst liebe ich das Land wegen der Eigenart der Menschen und der Landschaft. Flucht von Deutschland ist es nicht, gar nicht.

Appel: Herr Wehner, Sie nennen sich selbst einen politischen und parlamentarischen Praktiker. Mißtrauen Sie jeglicher Ideologie?

Wehner: Ich wehre mich gegen Ideologien, ohne daß ich den Menschen, die ihnen anheimfallen, unterstellen will, daß sie damit Böses wollen. Aber ich habe aus eigenen Erfahrungen gelernt, wie hemmend Ideologien für das menschliche Zusammenleben sein können. Das heißt aber nicht, und dagegen muß ich mich immer wieder wehren, daß ich für Programmlosigkeit eintrete. Das wäre nämlich das, was eine etwas über die Dinge hinwegwischende Sprache bloßen Pragmatismus nennt. Ich bin im Zusammenleben der Menschen für präzise, nachrechenbare und auch diskutable und damit also bestreitbare Programme, politische, praktische Programme.

Ideologien sind entsetzlich perfekt. Aus diesem Grunde habe ich auch aus voller Überzeugung, zusammen mit einigen anderen, unter denen ich besonders Adolf Arndt nicht vergessen möchte, an der schwierigen Ausarbeitung des Godesberger Programms der SPD mitgewirkt. Es ist das erste Programm der Sozialdemokraten in ihrer langen Geschichte, das die Sozialdemokratie nicht als einen Vollstrecker geschichtlicher und ökonomischer Zwangsläufigkeiten und Gesetzmäßigkeiten sieht, sondern als eine politische Willensgemeinschaft, die auf Werten aufbaut und sich zu bestimmten politischen Zielen zusammengeschlossen hat. Diese Ziele, bei Anerkennung der unterschiedlichen Motive derer, die sich zur Sozialdemokratie bekennen, zu verfolgen, sind der Auftrag der SPD.

Appel: In welcher Rolle haben Sie von Ihren politischen Vorstellungen mehr durchsetzen können, in der Funktion als Parteipolitiker, als Parlamentarier der Opposition oder als Minister?

Wehner: Wohl in der Paarung von Vertrauensmann der Partei und Parlamentarier. Ohne diese Verbindung wäre ja auch die Rolle, die ich als Mitglied der Regierung habe übernehmen können und müssen, nicht denkbar geworden.

Appel: Herr Wehner, Menschen, die Sie nicht näher kennen, Ihnen mißtrauen, oder Sie nicht mögen, nennen Sie mimosenhaft, grimmig, gelegentlich unbeherrscht, halten Sie für einen stalinistisch geschulten Apparatschik, für einen Taktiker und für humorlos. Empfinden Sie Haß bei derartigen Vorwürfen?

Wehner: Nein. Sehen Sie, zu dem, was ich in meiner Begriffswelt und auch in meiner Gefühlswelt energisch auszuräumen versuche, gehört der Begriff »Haß«. Haß ist für mich das Schrecklichste. Ich versuche, das Wort überhaupt zu vermeiden. Ich habe keinen Haß, und wenn ich mich dabei ertappen würde, auch nur Anflüge davon zu spüren, so würde ich in mich gehen. Aber was Sie da aufzählen, gehört zu den Etikettierungen, denen jemand ausgesetzt ist, der einen nicht ganz gewöhnlichen Lebensweg und der auch nicht genügend Zeit gehabt hat, um alles in aller Breite jedem zu erklären. Ich habe gesagt »Zeit«. Manches von dem, was ich erlebt habe, verträgt auch nicht – lange Zeit war es wenigstens so –, eingehender darüber zu reden. »Stalinist«, sehen Sie, ich bin ein Mensch gewesen, der in der »Hochzeit« der stalinistischen Herrschaft in der Sowjetunion gelebt und alle ihre Seiten kennengelernt hat, worüber sicher noch manches zu sagen und zu schreiben wäre.

Die Frage, ob ich humorlos bin, muß ich denjenigen überlassen, die es für die Mühe Wert halten, sich eingehender mit mir zu befassen. Ich habe von meinem Vater und von meiner Mutter Lust und Spaß am Leben mitbekommen und die Lebensfreude auch in den scheußlichsten Zeiten nicht verloren oder vergraben. So wird es wohl auch bleiben. »Grimmig«, nun, ob es ein Vorwurf ist, das ist eine andere Frage. Grimmigkeit ist sicherlich eine Ausdrucksform, die dem einen gefällt, während sie den anderen stört.

Meine Grundauffassung ist die, andere Menschen, so wie sie sind, nicht nur zu nehmen, denn das wäre wenig, sondern zu respektieren und zu versuchen, mir klar zu werden, warum ist der eine so, und warum ist der andere anders, und warum ich bin, wie ich bin. Ich frage nach den Motiven. Da bin ich vielleicht empfindsamer, als es in das alltägliche Leben paßt. »Mißtrauen«, da ist es jedem überlassen, Urteile zu fällen.

Appel: Herr Wehner, werden bei Ihnen nur düstere, beschwerende Erinnerungen wach, wenn Sie an Ihre Zeit in Moskau denken?

Wehner: Oh, nein, ich bitte Sie. Da habe ich erstens manchen auf den Arm genommen und bin manchmal selbst auf den Arm genommen worden in dieser Zeit und zweitens, selbst von den Jahren, in denen ich einem besonderen Verfahren unterworfen wurde, über zweieinhalb Jahre lang, die mich auch in die Ljublanka geführt haben – »geführt« ist ein seltsames Wort –, habe ich interessante Erinnerungen, die heute vielleicht verklärt dadurch sind, daß ich sie überstanden habe. Aber von diesen Erlebnissen, die diesen Erinnerungen zugrunde liegen, ist keine Bitterkeit zurückgeblieben.

Appel: Können Sie mir Freunde oder Gegner nennen, deren Persönlichkeit Ihnen als besonders beispielhaft in Erinnerung ist?

Wehner: Es gibt viele, manche von denen kann ich gar nicht mehr nennen, weil sie sonst in ein falsches Licht kämen. Aber sehen Sie, um die Sprünge zu zeigen, in denen sich so ein Leben vollzieht: Im Jahr 1967 schrieb mir ein Mann einen Brief, in dem er mir mitteilte, er wünschte ein Ge-

spräch mit mir, und zwar in Erinnerung an Unterhaltungen, die ich mit ihm zu Beginn der dreißiger Jahre gehabt hätte. Er wollte von mir Rat haben für seine literarische Arbeit, weil ich ihm damals auch schon einmal Rat gegeben hätte für seine literarische Arbeit. Ich habe den Mann gebeten zu kommen, er solle mein Gast sein, und dann ist er gekommen und ist auch wiedergekommen, zusammen mit seiner Frau. Er war ein Dramatiker von hohen Graden, den ich zu Beginn der dreißiger Jahre als damals Staatenlosen, wie der technische Ausdruck heißt, also als politischen Flüchtling, in Berlin kennengelernt hatte. Er war damals ein junger Ungar, der nach dem Zusammenbruch der Räterepublik und während des Horthy-Terrors aus Ungarn nach Deutschland geflohen war und den ich dann in Berlin, als er schon als ein vielversprechender Dramatiker galt, kennenlernen durfte, zusammen mit jungen Deutschen, denen er vieles gab.
Ich habe ihn später in Moskau wiedergetroffen. Er war oft mein Gast in dem winzigen Zimmer, das ich hatte, häufig zusammen mit Georg Lukács, dem inzwischen berühmt gewordenen ungarischen Literaturkritiker und Historiker, mit dem ich viele Gespräche geführt habe. Als ich meinen eigenen Bruch vollzogen hatte, habe ich selbstverständlich ihn, wie auch andere Menschen, nur aus der Entfernung soweit man hören und lesen konnte, betrachtet, aber auch zur Kenntnis genommen, daß er 1956 bei dem ungarischen Erdbeben unter die geraten war, die verurteilt wurden. 1967 schrieb er mir, und dann haben wir wieder den Ring geschlossen, Gedanken ausgetauscht und geprüft, was der eine auf seinem Weg, der andere auf seinem Weg erfahren, gelernt und erlebt hat. Das waren immerhin 35 Jahre, seitdem wir uns zum ersten Mal gesehen und mit Unterbrechungen voneinander Notiz genommen haben. Es gibt heute noch manche solcher Personen, die meine Erinnerung wecken.
Appel: Welche Bewertung fällt Ihnen ein, wenn Sie mit den Namen Ulbricht und Adenauer, denen Sie ja lange Zeit persönlich begegnet sind, konfrontiert werden?

Wehner: Bewertung ist ein forderndes Wort. Mit Ulbricht war ich in derselben Partei, allerdings in einer Zeit, in der die KPD noch keine Macht ausübte, sondern in Opposition stand und schließlich sogar unterdrückt war. Ich habe auch zeitweilig stellenweise mit ihm übereinstimmende Meinungen gehabt, habe aber dennoch gleichzeitig gespürt und begriffen, was an diesem Mann erschreckend oder auch abstoßend ist.

Ich verstehe ihn als einen besonders ernstzunehmenden politischen Gegner, der von vielen unterschätzt wird. Zu seiner Charakterisierung gehört, daß er ein menschenverachtender und auf eine erschreckende Weise arbeitsbesoffener Mensch ist.

Adenauer habe ich persönlich erst nach dem Krieg kennengelernt. Ich habe ihn als einen besonders potenten politischen Gegner von Format verstanden, und ich habe mich gewundert, daß mein verehrter Lehrer und Freund Kurt Schumacher Wert darauf legte, die intellektuellen Kapazitäten seines Kontrahenten gering zu schätzen oder jedenfalls so zu sprechen, als schätze er sie gering ein. Für mich war klar, das ist ein Mann, der eine bedeutende Leistung vollbracht hat und für eine geraume Zeit die politischen Kräfte, die nicht von der Sozialdemokratie erreichbar und organisierbar waren, zusammenbrachte und unter den für ihn günstigen Vorzeichen der Okkupationszeit nutzbar gemacht hat. Jene Kräfte, die mehr Restauration als neu beginnen wollten oder konnten. Ich habe mit Adenauer unmittelbare Konflikte gehabt. Er war der Mann, der über die Dienste verfügte, die man in einem Staat haben kann, um einem innenpolitischen Gegner das Leben schwer zu machen. Er war auch der Mann, der den Eindruck erwecken konnte und es auch getan hat, daß man nur zu wollen brauche, und dann werde man es leichter haben. Ich habe ihn ernstgenommen.

Das sind zwei ganz unterschiedliche Kategorien, sofern man von Kategorien sprechen kann, wenn es sich um Individualitäten handelt, nach denen Sie mich fragen; aber das ist jedenfalls das, was ich bei erster Überlegung dazu zu sagen habe.

Appel: Es fiel das Stichwort »Intellektuelle«. Viele Politiker haben ein gespanntes Verhältnis zu den Intellektuellen. Wie ist das bei Ihnen?

Wehner: Ich habe kein gespanntes Verhältnis zu ihnen. Als junger Mann habe ich viel gelesen und viel gelernt und bin auch in sehr jungen Jahren mit Personen, auf die der Begriff Intellektuelle zutrifft, in sehr nahe Berührung gekommen, obwohl ich selber ein Angestellter und ein Arbeiter war. Für mich sind Personen wie Piscator oder Heinrich George oder Alexander Granach in beglückender Weise persönliche Gesprächs- und Erlebnispartner gewesen.

Als junger Dachs kannte ich schon berühmte, gefeierte Künstler, Maler wie Dix, Griebel und andere aus der Dresdner Schule, die ich nicht nur persönlich kennengelernt habe, als einer, der ihnen nachlief, sondern wir diskutierten miteinander, wir erlebten verschiedenes miteinander, tranken auch ab und zu miteinander, obwohl der Altersunterschied groß war. Auch John Heartfield und andere fallen mir ein. Zu Bertolt Brecht fand ich kein Verhältnis. Mir hat seine doktrinäre Art nie behagt, aber das ist ein laienhafter Ausdruck für die Beurteilung seiner Kunst. Das Wort »behagt« verurteilt mich und nicht Brecht.

Aber wenn Sie weitergehen, in jungen Jahren war ich einige Zeit zu Hause bei Erich Mühsam, den ich verehrt habe. Für mich waren Menschen, die damals allerdings schon tot waren, wie Gustav Landauer, Vorbilder, und ich habe in meinen späteren Jahren mit Persönlichkeiten wie, nun nenne ich wieder ganz andere, Egon Erwin Kisch, herzliche Freundschaften gehabt und manches Abenteuer erlebt. Ich habe also mein Verhältnis zu Intellektuellen, wie ich es aus Ihrer Frage heraushöre, nicht als sozusagen bevormundendes oder belehrendes oder eine Art höheres empfunden, sondern ich habe sie immer gemocht; nur ich selber war keiner, das kann ich nicht leugnen, aber sie waren zu mir freundlich.

Wenn ich Ihnen vorher von einem Ungarn erzählt habe, wenn ich von Lukács erzählt habe, könnte ich viele weitere, ich könnte Johannes R. Becher nennen, mit dem ich manche Jahre schwere und auch heitere Stunden verlebt habe, auch mit Theodor Plievier. Ich könnte Ihnen manche nette oder auch noch nicht gedruckte Geschichte erzählen.

Theodor Plievier, der mich als junger Mensch beeindruckte, gab 1923/24, als er ein Einzelgänger war, sporadisch ein Blatt heraus, das ich nicht nur las, sondern auch mit vertreiben half. Später haben wir uns wiedergetroffen, da war er ein gefeierter Schriftsteller und war zugleich ein Mensch, der von mir Rat haben wollte. 1939 hatte er ein Buch fertigge-schrieben unter dem Titel »Hitlers Soldat«, zu dem er sich von Ulbricht hatte überreden lassen und das dann nicht erscheinen durfte, weil inzwischen der deutsch-sowjetische Pakt abgeschlossen war. Plievier hat mir und einigen Freun-den, darunter war einer der engsten persönlichen Mitarbeiter von Rosa Luxemburg, der einer meiner besten Freunde war, die entscheidenden Kapitel seines Romans, der nie gedruckt werden würde, vorgelesen. Von Leuten wie er und wie ich und noch zwei anderen, die alle inzwischen verschollen sind und die nicht zu den Intellektuellen gehörten, wollte er hören, wie sie über seine Arbeit dachten.

Das ist mein Verhältnis zu den Intellektuellen. Es ist ein interessiertes und ein lernendes aber auch ein wenig bedrük-kendes Verhältnis. Ich respektiere den Unterschied. Aber da ich ein Mensch der Bücher bin und wann ich kann und wo ich kann, meistens nachts, lese, können Sie sich vorstellen, daß ich weder ein negatives noch ein kaltes Verhältnis zu den Menschen habe, die sich Intellektuelle nennen.

Appel: Ein Name reizt mich nachzustoßen: Rosa Luxem-burg!

Wehner: Was wollen Sie da stoßen? Ich bin Jahrgang 1906, und wenn ich zynisch sein wollte, könnte ich sagen, wir kamen immer einige Jahre zu spät. Wir gehörten zu den Nachvollziehenden. Ich bin im Januar des Jahres 1923 der Arbeiterjugend beigetreten. Da war Rosa Luxemburg gera-de vier Jahre tot. Im Laufe der zwanziger Jahre und dann intensiver im Laufe der dreißiger Jahre, habe ich einen Mann kennengelernt, der Rosa Luxemburg nahegestanden hat. Er war damals, Ende des Krieges, ein junger Soldat und selber so etwas wie ein Aristokrat der alten Arbeiterbewegung. Sein Großvater war ein Mann, bei dem Karl Marx, wenn er in die Gegend kam, zu Gast war.

Mit meinem Freund, dem engen Mitarbeiter von Rosa Luxemburg, habe ich die schwere Zeit der Illegalität durchgemacht und ihn auch später wieder in Moskau getroffen. Er starb, als die Russen und die Deutschen in Polen einmarschiert waren. Von ihm weiß ich viel über Rosa Luxemburg. Zu meiner Jugendgruppe, einer unabhängigen, freien Jugendgruppe in Dresden, gehörte ein Mann, der viel Luxemburg las und sie auch schon gekannt hatte und sie uns zu erklären versuchte. Dieser Mann hatte übrigens auch, um eine heute wieder aktuell gewordene Figur in Erinnerung zu bringen, die Hefte des »Ziegelbrenner« bei sich, des »Ziegelbrenners« von Ret Marut, der kürzlich unter neuer Aufplusterung des Geheimnisses seines Namens als B. Traven gestorben ist. Ich habe also einige der Leute aus der Zeit von 1918/19 mittelbar durch manche ihrer unmittelbaren Gefährten oder Zeitgenossen kennengelernt, als ein etwas später in die politische Landstraße einbiegender Mitwanderer.

Appel: Sind Sie in Ihrer Berliner Zeit auch einmal Tucholsky begegnet?

Wehner: Bei Erich Mühsam in Berlin habe ich Tucholsky und andere wie Ossietzky, Silvio Gesell und eine ganz andere Person, nämlich den legitimen Ehemann von Rosa Luxemburg, kennengelernt, der sie geheiratet hatte, damit sie deutsche Staatsangehörige wurde.

Appel: Welche Bedeutung hat Thälmann in Ihren Augen?

Wehner: Thälmann war ein Mann, der aus den Gruppen- und Fraktionskämpfen der kommunistischen Partei schließlich als die Persönlichkeit hervorging, die als Arbeiterführer gekennzeichnet wurde. Er war ein Mann, mit dem ich während einer relativ kurzen, aber sehr eindrucksvollen Zeit, mehrere Arbeitsbegegnungen hatte, die ich nicht vergesse.

Er war ein aus den Streitigkeiten der kommunistischen Internationale sowie der Entwicklung in der kommunistischen Partei hervorgehobener Mann, der in der nationalsozialistischen Haft sehr schwere Erlebnisse gehabt hat. Das betrifft auch seine eigene Partei und die Zuverlässigkeit nicht weniger Personen aus seiner nächsten Umgebung. Da wird wohl nie erschöpfend Auskunft gegeben werden können oder zu erhalten sein.

Ich habe seine Kassiber aus der Haft gelesen. Sie sind eine Zeitlang durch meine Hände gegangen. Ich habe Anlaß gehabt, mich auf ihn zu berufen, als ich selbst in Moskau Gegenstand einer Untersuchungskommission war. Ich habe gesehen, was er an Enttäuschungen erlebt und wie er sich auf seine Art widersetzt hat.

Thälmann ist ein überzeugter Parteikommunist gewesen, nicht ohne einige menschliche, bemerkenswerte Charaktereigenschaften. Er hat es zum Beispiel ohne Konzessionen abgelehnt, seine Unterschrift unter ein Papier zu setzen, die für ihn die Entlassung aus der Haft hätte bewirken können. Aber er wollte nicht denen, die er haßte, den braunen Diktatoren, eine Unterschrift und ein Versprechen geben. Das war immerhin, bei allem Abstand zu seiner Denkweise, eine Haltung, die Achtung verdient. Aber er war ein politisch kurzsichtiger Mann. Deshalb ist er auch ein Opfer der Treibereien geworden, welche die damaligen Moskauer Politiker zu jenen unseligen Verirrungen befähigt hat, Hitler als ein Durchgangsstadium zur kommunistischen Machtergreifung anzusehen und zu behandeln.

Appel: Beim Stichwort Kommunistische Internationale fällt mir der Name Dimitroff ein, mit dem Sie ja eine Zeitlang zusammengearbeitet haben. Was war das für ein Mann?

Wehner: »Zusammengearbeitet« wäre zu anmaßend gesagt. Dimitroff kannte ich flüchtig aus der Zeit, in der er in Berlin war, also 1932/33. Ich habe als ein Mann der damaligen Widerstandsarbeit die Verbindungen bis in den Prozeßsaal hinein vor dem Reichsgericht organisiert. Ich kannte auch seine beiden Mitangeklagten, die bulgarischen Freunde oder Mitarbeiter Popoff und Tanew. Ich habe ihn dann erlebt, als er auf dem siebenten Weltkongreß der kommunistischen Internationale die Mittelpunktsfigur war und seine Politik darlegte, nämlich wie man zu einer möglichst einheitlichen Front kommen konnte, die das weitere Überwuchern des Nazismus, Faschismus und ihre Folgen, wie die Kriegsgefahr, bannen sollte.

Ich gehe sicher nicht zu weit, wenn ich mit Bescheidenheit anmerke, daß ich ihm, ohne zu wissen warum, wohl auch mein Leben verdanke, ihm und einem damals sehr bedeutenden deutschen Kommunisten, nämlich Wilhelm Pieck. Als ich nämlich Gegenstand einer Untersuchungskommission in Moskau wurde, hatten beide darauf bestanden, Mitglieder dieser Kommission zu sein, um bei dem Endurteil mitzusprechen. Nach Abschluß der Untersuchung habe ich auch von ihm eine persönliche Meinung gesagt bekommen.

Dimitroff war sicher ein besonders lebensstrotzender und auch nicht in die allgemeine kommunistische Schablone passender Mann, der übrigens einige Vorstellungen hatte, die zeitweilig sogar Ansätze für eine sozusagen humanere Politik der Kommunisten enthielten. Aber wenn ich mich nicht sehr täusche, ist er nach dem Krieg auch daran gescheitert, daß er eine auf den ursprünglichen Marx zurückgreifende Konzeption einer Balkanföderation zu verwirklichen versucht hat, die aber höheren Orts in Moskau scharf mißbilligt und abgelehnt wurde. Er ist nicht den Weg gegangen, den Tito gegangen ist. Es wird für einen Außenstehenden nie auszumachen sein, wie weit seine Visionen und die Titos doch zueinander gepaßt hätten.

Ich kenne auch Tito aus den Jahren der direkten Auseinandersetzungen mit dem Nazismus und Faschismus, als er, wie man sagte, illegaler Parteiarbeiter war. Man macht sich so seine eigenen Gedanken über die möglich gewesenen und die eingetretenen Entwicklungen. Aber vielleicht ist es abwegig, da allzuviel hineinzulegen.

Appel: Ich überlege, Herr Wehner, ob man in der Reihe der

Personen, denen Sie begegnet sind, auch noch Stalin aufrufen sollte.

Wehner: Wohl nicht, weil ich Stalin nur gesehen, aber nie zu denen gehört habe, die von ihm gesehen worden sind.

Appel: Herr Wehner, Sie haben den Weg der SPD zum Godesberger Programm und damit zur Volkspartei wesentlich mitbeeinflußt. Haben Sie dieses Ziel angestrebt, weil die SPD zur Durchsetzung ihrer Politik der gegebenen Struktur der Bevölkerung der Bundesrepublik – im Unterschied etwa zur gesamtdeutschen Bevölkerungsstruktur – Rechnung tragen mußte, oder war für die SPD der Weg zu Godesberg und weiter unabhängig davon notwendig, um sich den gesellschaftspolitischen und industriellen Verhältnissen der heutigen Zeit anzupassen?

Wehner: Ich suche meine Antwort eher in der Nähe Ihrer zweiten Annahme. Ich sehe den Weg zum Godesberger Programm, so wie ich es erlebt habe, in der Notwendigkeit, aus den Erfahrungen zweier Weltkriege und mit zwei Diktaturen für die sozialdemokratische Politik Konsequenzen zu ziehen. Also nicht in irgendeiner Anpassung, sondern wenn Sie so wollen, im Nachvollzug von Notwendigkeiten, damit diese Partei Volkspartei und für ihr Wirken auch unbefangen sein konnte. Volkspartei verstehe ich als einen Unterschied zur Ideologiepartei, also nicht eifernd für eine Ideologie, sondern im Volk wurzelnd und sich ganz darauf konzentrierend, um den politischen Wettbewerb in der Arena der demokratischen Möglichkeiten für politische Vorstellungen und Programme führen zu können, durch die man das Gemeinwesen, das Ganze also, in das richtige Verhältnis zwischen politisch-demokratischer Ordnung und einer zu demokratisierenden Gesellschaftsordnung bringt. Das war es, worauf es für mich und für eine ganze Anzahl der mir Nahestehenden beim Godesberger Programm der SPD ankam.

Appel: Ist das Konzept der Einheit der Arbeiterklasse überholt oder nur diskreditiert?

Wehner: Das Konzept der Einheit der Arbeiterklasse ist eine

Arbeitshypothese gewesen und wird auch ab und zu wieder als solche einzuführen versucht. Für die soziale Selbstbehauptung mit dem Mittel des gewerkschaftlichen Kampfes ist die größtmögliche Einheit der Arbeiter und der Angestellten, oder wie man heute sagt, der Arbeitnehmer, in den jeweiligen Bereichen zweifellos das nach wie vor gegebene Konzept. Für den politischen Kampf handelt es sich darum, die Gleichberechtigung der im Arbeiter- oder Angestelltenverhältnis stehenden Mitbürger als Staatsbürger nicht nur in der Wahrnehmung des Wahlrechts, sondern auch dadurch zu erzielen, daß man sie instand setzt, befähigt und ermuntert, das Gewicht ihrer Zahl in die Waagschale zu werfen, um über das, was mit den gewerkschaftlichen Mitteln sie über die soziale Selbstbehauptung hinaus zu tun imstande sind, wenn sie wollen, die staatliche Ordnung politisch durchzureformieren und auszufüllen, so daß die gesellschaftliche Wirklichkeit demokratisiert wird. Das ist es. Die Parole der Einheit der Arbeiter ist dabei, wie gesagt, eine Hypothese, mit der man nichts in Bewegung bringen oder halten kann.

Appel: Hat der Kommunismus oder Sozialismus als gesellschaftliches System, unabhängig von seinen gegenwärtigen machtpolitischen Gruppierungen, in der vor uns liegenden mutmaßlichen weltpolitischen Entwicklung bei uns oder anderswo eine weitere Durchsetzungschance, oder wird sich Ihrer Ansicht nach der Kapitalismus in seinen verschiedensten Variationen, Abwandlungen und sozialen Anpassungen als stärker erweisen?

Wehner: Beide werden, um Ihren Begriff anzuwenden, sich durch Abwandlungen sozusagen aufeinander zu bewegen, und zwar im Guten wie im Bösen. Im Guten meine ich, indem im kommunistischen oder sozialistischen Bereich der Pluralismus, wie es ein heutiges Wort ausdrücken soll, Gestalt und auch Form gewinnt, und im nichtkommunistischen, nichtsozialistischen, oder wie Sie sagen, kapitalistischen Bereich, indem die soziale Komponente bis hinein in den Wirtschaftsprozeß und seine Auswirkungen eine zunehmende Rolle spielt. Es wird auf die politischen Gewichte ankommen, welche die an dieser sozialen Komponente Interessierten durchzusetzen imstande sind, etwa wie in Ländern von der Art Schwedens, um nur eines zu nennen. In Deutschland haben wir auch manche solcher Ansätze. Ich denke also an ein Aufeinanderzubewegen und an ein Abgehen von ideologischen oder dogmatisch absoluten Begriffen der einen wie der anderen Seite.

Appel: Glauben Sie also an den »dritten Weg« oder, wie man heute sagt, an die Konvergenztheorie?

Wehner: Der Begriff »dritter Weg« ist durch die Polemik nicht zuletzt Ulbrichts und seiner besonders doktrinären kommunistischen Parteiführung, der SED, ziemlich abgegriffen. Ich möchte auch nicht selber, wenn ich einmal davon absehe, dem Eindruck Raum geben, als ob man etwas völlig Neues entwickeln könnte. Dort, wo man, um in Ihren Begriffen zu bleiben, aus der sich entwickelnden und ursprünglich ganz kapitalistischen wirtschaftlichen Ordnung durch zunehmende demokratische Möglichkeiten zu einer immer stärker werdenden sozialen Demokratie, einer sozial fundierten Demokratie kommt, und dort, wo man andererseits von einem doktrinären Kommunismus oder Sozialismus zu mehr und mehr pluralistischen, wenn auch wahrscheinlich sehr qualvoll zu verwirklichenden Formen kommt, wird man sich allmählich aufeinander zu bewegen. Wir werden es nicht mehr erleben, daß das Freude machen wird, das wird vermutlich durch schreckliche Konvulsionen erschwert werden.

Appel: Die Gesellschaft bei uns, so stellten Sie einmal fest, ist durchsetzt von Privilegierten und Privilegien. Würde eine allein von der SPD geführte Regierung diesen Zustand konsequent zu ändern versuchen?

Wehner: Ja, das gehört zu ihren unveräußerlichen Aufgaben. Wobei sie es sehr schwer haben wird, denn sie müßte dabei immer am Rande eines Abgrunds von Mißdeutung und Mißtrauen operieren. Aber die Möglichkeit, Reformen zu einer breite Volksschichten interessierenden Angelegenheit zu machen, ist durchaus gegeben. Das ist auch die Richtung, in die wir unser Programm für eine sozialdemokratische Regierungspraxis der Jahre 1969 bis 1973 entwickeln. In diese Richtung gehen wir.

Appel: Herr Wehner, was fehlt der SPD, um in der Bundesrepublik die Mehrheit zu erringen? Die Ausstrahlung auf die Frauen, die immer noch die Mehrheit der Wähler stellen, oder fehlt der Kopf?

Wehner: Vordergründig geht es freilich um die Fähigkeit, einer eindrucksvoll größeren Zahl weiblicher Wahlberechtigter deutlich zu machen, wie sich sozialdemokratische Politik für ihre Interessen auswirkt, in der Familienpolitik, der Sozial-, Gesellschafts- und auch der Vermögenspolitik. Das sind Gebiete, auf denen wir noch kräftig bessere Ansätze zu entwickeln haben, um uns verständlich zu machen. Aber das ist es nicht allein.

Vielmehr ist es auch eine Frage des sich selbst Verstehens. Die Sozialdemokraten haben in Deutschland zwischen 1930 und 1966 weder einer Reichs- noch Bundesregierung angehören können. In zwölf von diesen 36 Jahren, ich will sagen, den blutigen Jahren zwischen 1933 und 1945, waren sie mit Gewalt von jeder Mitwirkung am öffentlichen Leben ausgesperrt.

Die Sozialdemokraten waren – wie es einer ihrer klügsten Analytiker und Mitgestalter, nämlich Stampfer, 1936 in seinem damals in der Tschechoslowakei, in Karlsbad, erschienenen Buch »Die vierzehn Jahre« beschrieben hat – vor dem Ersten Weltkrieg die Partei, die Stimmen sammelte und Stimmen bekam durch jene Kräfte und Gruppen, die mit dem unzufrieden waren, was bestand. Hierin steckte also Negation. Die Sozialdemokraten sind in der Zeit nach dem zweiten Krieg zu der Partei geworden, die um sich zu sammeln versucht, was konstruktiv die demokratische Ordnung aus einer bloßen Staatsordnung zu einer Staats- und Lebensordnung gestalten will. Das ist eine andere Grundeinstellung, denn es macht einen Unterschied, ob man gegen oder für etwas eintritt. Es ist eine große Entwicklung in diesen Jahren notwendig gewesen und, wenn auch bisher nur unvollkommen, vollzogen worden.

Die Sozialdemokraten in Deutschland leiden aber auch darunter – das sage ich nicht, um es milder beurteilen zu lassen –, daß unter Mißbrauch der Begriffe Sozialismus und Demokratie in dem nach dem Krieg unter sowjetische Besetzung geratenen Teil Deutschlands Dinge gemacht worden sind und gemacht werden, die viele Leute schrecken, beziehungsweise abstoßen. Das führt dann verschiedentlich noch zu dem Urteil, na ja, die Sozialdemokraten sind zwar wahrscheinlich nicht so gewalttätig wie jene, die im anderen Teil Deutschlands praktizieren, was man als sozialistisch bezeichnet, aber sie sind eine vielleicht nur etwas mildere oder weniger schneidige Form. Das, ich bitte es nicht zu unterschätzen, belastet die Sozialdemokratie. Das ist eine ungerechtfertigte Belastung, aber eine durchaus wirksame Belastung.

Die Abwehr gegen die kommunistische Praxis im anderen Teil Deutschlands, die Abneigung, ja, bei vielen auch Abscheu und bei manchen eine bis ins Furchterregende entwickelte Verzerrung und Verallgemeinerung jener Ereignisse dort, belastet in den Augen vieler und im Denken nicht weniger die Sozialdemokratie, wenn auch ganz zu Unrecht. Die Sozialdemokratie ist selbst ein Opfer jener Entwicklung im anderen Teil Deutschlands.

Appel: In der Bundesrepublik, so haben Sie es einmal formuliert, würde jede Partei links von der SPD die Rolle eines freiwilligen oder unfreiwilligen Moskauer Werkzeugs gegen die SPD spielen. Gilt das auch heute noch, angesichts mannigfacher, divergierender Entwicklungen in den kommunistischen Parteien?

Wehner: Ja, das gilt deshalb, weil eine Partei, die ihren Standort links von der SPD zu bestimmen versucht, um links zu sein, in vielen und darunter wesentlichen Fragen mit der SED in Berührung oder gar in Beziehung kommt oder von ihr mißbraucht wird. Außerdem ist jede Partei links von der SPD eine auf die SPD sich konzentrierende

121

Partei, die, um zu gewinnen, die SPD schwächen muß. Damit ist sie, wenn sie auch noch so unterschiedliche Prinzipien zu halten und zu verkünden versucht gegenüber der SED im anderen Teil Deutschlands, unvermeidlicherweise ein Wurm im Gebälk der SPD und damit der Demokratie, denn die SPD allein ist zwar nicht die Demokratie in Deutschland, aber die Demokratie und ihre Entwicklung in Deutschland steht und fällt mit der Lebensfähigkeit und Handlungsfähigkeit der SPD, wenn auch nicht nur ihr allein. Das ist gar keine Unterstellung subjektiver Ansichten und Absichten, sondern das ergibt sich aus der objektiven Lage.

Appel: Herr Wehner, halten Sie die parlamentarische Demokratie in der heute praktizierten Form für bestandsfähig, wenn man an die rasante technische Entwicklung mit ihren Manipulationszwängen denkt, und halten Sie unser System auch für wetterfest, wenn man an langanhaltende wirtschaftliche Krisen denkt?

Wehner: Sicherlich ist unsere parlamentarische Demokratie technisch unvollkommen und unbeholfen und mitunter sogar völlig unzureichend, aber sie ist nicht durch etwas Besseres ersetzbar. Sie ist, meine ich allerdings, zu vervollkommnen. Alle anderen Versuche, die ja immer mit dem Anspruch gemacht worden sind und wieder gemacht und in die Welt gesetzt werden, die Demokratie direkter, also unmittelbarer wirksam zu machen, führen dazu, wieder einen Kulminationspunkt zum wirklich vom ganzen Volk gewählten und ihm gegenüber verantwortlichen Parlament zu finden. Das sehen Sie auch in ausgesprochen kommunistischen Diktaturen, die allmählich nach neueren Formen suchen als der Rätedemokratie, nämlich einer breiten Streuung von Verantwortungs- und Mitwirkungsmöglichkeiten. Im Grunde suchen sie nach Surrogaten für das Parlament. Wir müssen uns nur davor hüten, daß dieses Parlament aus Selbstgefälligkeit seine eigentliche Aufgabe verpaßt.

Die Ansätze, die jetzt zur Parlamentsreform gemacht werden, dürfen nicht nur technisch gesehen werden. Sie müssen geprüft, entwickelt und durch Erfahrungen bereichert werden, damit das Parlament wirklich wieder zum Austragungsplatz der Meinungen über das Wesentliche wird, über das, was alle angeht. Das ist es. Daß man jetzt nach Parlamentsreformen zu rufen begonnen hat, daß man sie versucht ins Werk zu setzen, finde ich hoch an der Zeit, wenn ich auch meine Skepsis dagegen nicht verhehle, daß man einige, die besonders intensive parlamentarische Erfahrungen und, so möchte ich betonen, in den zwanzig Jahren des deutschen Bundestages auch Eignungen an den Tag gelegt haben, dabei kaum achtet. Es glauben nun wieder einige Parlamentstechniker alles ganz perfekt für sich wie im Laboratorium machen zu können. Das ist dann das Gegenteil eines Parlaments, wie vieles von dem, was wir heute als Parlament bezeichnen, im Grunde genommen das Gegenteil des Parlaments ist. Es ist eine Art Ausschußwettbewerb mit der Beamtenhierarchie und ihrem Aufgabengebiet. Aber die parlamentarische Demokratie hat den großen Vorzug vor allen anderen Systemen, daß man über das, was man meint, denkt, will, fordert und vorschlägt, offen reden kann. Ich nehme an, daß man in den nächsten Jahren die Reformen mit Nachdruck wird vorantreiben müssen.

Appel: Inwieweit haben Sie Verständnis für das Verlangen radikaler Studenten nach einer direkteren Demokratie, also etwa durch ein System von Räten?

Wehner: Ich habe viel Verständnis für junge Leute, die es drängt, unmittelbar einzugreifen und mitzureden. Aber ich habe auch genügend eigene Erfahrungen, wenn auch nicht immer mit nachrechenbaren Ergebnissen, die ich ihnen entgegenhalten kann. Man darf nicht die Grundlagen zertreten oder zertreten lassen, die man braucht, um besser bauen zu können. Räte sind heutzutage eine Verlegenheitslösung. Wir haben ja eine ganze Menge Beiräte, so daß man fast von einer Beiräterepublik sprechen kann. Dennoch lohnt es nicht, sich nur darüber den Kopf zu zerbrechen. Hier bin ich fürs Experimentieren. Es muß ja nicht immer gleich für alles und total gelten.

Ich würde es für einen großen Fortschritt halten, auch für unsere geistige Reife, wenn wir – das wäre ein Vorzug, den wir in der föderalen Ordnung anderen gegenüber nutzbar machen könnten – hier und da und vielleicht für eine bestimmte Zeit kontinuierlich versuchten, ob es so oder anders besser geht. Man könnte gewissermaßen die verschiedenen Möglichkeiten konkurrieren lassen, um dann Lehren und Schlußfolgerungen daraus zu ziehen.

Was ich für schrecklich halte und was zu Unzulänglichkeiten führt, das sind die Absolutheitsansprüche: es gehe *nur* so oder *nur* so. Da ist ein wunder Punkt. Dazu neigen wir doch wohl als Deutsche ziemlich stark, wenn ich auch nicht in den Chor derer einstimmen möchte, welche die Neigung zum Extremen als eine ausschließlich deutsche Angelegenheit ansehen. Aber hier wäre eine Möglichkeit des Experimentierens im guten Sinne, um einmal herauszufinden, vielleicht über einige Jahre hinweg, wie es am besten geht. Das wäre von Nutzen. Darin würde ich die Kunst einer überlegenen Staatsführung mit all den Rücksichten auf gesellschaftliche Eigenentwicklung sehen, auf die man in der Demokratie nicht verzichten kann.

Appel: Herr Wehner, sind nach Ihrer Auffassung Liberale und Konservative in ihren parteipolitischen Gruppierungen für den Bestand des parlamentarisch-demokratischen Staates unerläßlich?

Wehner: Ja. Sie sind ja sowieso unvermeidlich, und sie sind auch unerläßlich. Ich werde auch nicht vergessen, daß ein Mann wie Kurt Schumacher, der für mich unmittelbar nach dem Krieg – noch ehe ich ihn selbst gesehen habe, als ich nur aus dem Rundfunk von ihm habe hören können – viel bedeutet hat, immer, auch bei all seinen Neigungen Recht zu haben, und sogar allein Recht zu haben, in seinen Vorstellungen von der parlamentarischen Demokratie und von der Gesellschaft die Konservativen ganz bewußt mit eingeordnet hat. Das gilt auch für die Liberalen. Aber die Begriffe selbst drücken ja nicht mehr genügend aus, was für Parteigruppierungen und programmatische Richtungen ausreicht. Es gibt mehr oder weniger Konservative und mehr oder weniger Liberale in den verschiedenen Parteigrundrichtungen.

Appel: Herr Wehner, mit dem Begriff »Mitbestimmung« verbinden Sie nicht nur die Forderung nach mehr Rechten für den Arbeiter im Betrieb, sondern Sie sehen darin auch ein Mittel, um dem Ziel eines sozialen Rechtsstaates näherzukommen, und Sie fordern abseits von jedem Schematismus, wie Sie es einmal formulierten, eine in die Tiefe gehende soziale Reform, ohne den Bürgerkrieg zu provozieren.

Wehner: Ja, um ihn zu vermeiden!

Appel: In diesen Gedanken haben Sie – ich nehme Bezug auf die Godesberger Konferenz der SPD im September 1967 – auch Überlegungen einbezogen, wie ein Weltbürgerkrieg zwischen Nord und Süd vermieden werden kann. Wo liegt der Ansatzpunkt – ich möchte noch einmal den Begriff »Mitbestimmung« hier einfügen –, um das Notwendige einzuleiten?

Wehner: Ich habe es für eine große Stunde gehalten, als Hans Böckler nach dem Wiedererstehen und der Konstituierung der Gewerkschaften nach dem Zweiten Weltkrieg gesagt hat, die Gewerkschaften wollten und sollten nicht wieder nur bloße Lohn- und Tarifmaschinen werden, sondern wollten dabei sein, überall dort, wo gewirtschaftet wird. Ich hielt das für ein Angebot an jene Kräfte, die sich häufig – zu anmaßend – als *die* Wirtschaft bezeichnen. Sie spielen in der Wirtschaft natürlich eine ganz entscheidende Rolle, die Industriellen, die Kapitaleigner. Ich halte das Konzept Böcklers nach wie vor auch als ein Aufgebot aller, die zur Interessenvertretung der Arbeitnehmer gehören: die Gewerkschaften. Manches davon, aber eben nur manches, hat seinen Niederschlag gefunden in der Mitbestimmungsgesetzgebung für die Eisen und Stahl erzeugende Industrie und für die Kohle. Anderes hat einen zu schwachen und sehr verbesserungsbedürftigen Niederschlag gefunden im Betriebsverfassungsgesetz und seinen Entwicklungen.

Die Formel von der Notwendigkeit, aus dem Wirtschaftsuntertan den Wirtschaftsbürger werden zu lassen, halte ich für mehr als nur eine Redensart. Das ist sogar ein Anreger für die weitere Entwicklungsfähigkeit unserer wirtschaftlichen Ordnung und ihres gesellschaftlichen, sozialen Bereiches. Es wäre gut, wenn einer Aufforderung des Wirtschaftsministers Schiller gefolgt würde, durch die Seite der Unternehmensleiter selbst endlich eigene Vorstellungen über mögliche Formen der Mitbestimmung zur Diskussion zu stellen und sich nicht darauf zu beschränken, »nein« zu sagen. Diese Zeit wird sowieso kommen. Es gibt Länder, in denen man bisher ohne diese, wie manche meinen, spezifisch deutsche Form ausgekommen ist. Dennoch halte ich es für angebracht, darüber nachzudenken, ob nicht selbst in den bisher so ungenügend empfundenen Ansätzen der Mitbestimmung, wie etwa der Betriebsverfassung, ein wichtiger Teil der Erklärung dafür zu suchen ist, daß wir es bisher bei uns mit einem relativen sozialen Frieden zu tun gehabt haben, in dieser langen Zeit, seitdem wir aus Trümmern und Schutt wieder eine leistungsfähige Wirtschaft und eine entwicklungsfähige Sozialordnung aufbauen konnten. Das allein lohnt wohl schon, über neue Formen nicht nur nachzudenken, sondern sie auch zu praktizieren.

Appel: Herr Wehner, wie ordnen Sie den Bauern in Ihr politisches Gesamtbild ein?

Wehner: Ich habe als sehr junger Mensch bei Bauern gearbeitet. Damals, um die Winterkartoffeln für die Familie mit zu verdienen. Es war in den Jahren des ersten Krieges, und wir haben dafür hart und gern gearbeitet. Später, in den zwanziger Jahren, habe ich zusammen mit Schulkameraden auf großen Gütern bei der Ernte mit gearbeitet, nicht nur als Amateure, sondern wir haben während einer gewissen Zeit unseren Lebensunterhalt damit verdient. Ich habe also eine gewisse praktische Erfahrung, wenn auch eine sehr begrenzte, aus der Lebenssphäre der Landwirtschaft; abgesehen von dem, was im Laufe eines immerhin nun schon längeren Lebens aus Nachbarschaft an Kenntnissen und sonstiger

Einsicht hinzugekommen ist. Ich ordne die Bauern als einen Stand ein, der durch Technik und Konsumveränderungen erheblichen, strukturellen Veränderungen ausgesetzt ist, denen er sich nicht entziehen kann. Ich hielte es für schlimm, wenn man Landwirtschaftspolitik, Agrarpolitik lediglich unter dem Gesichtspunkt betreibt, daß man nur den Teil, den man nicht durch Einfuhren billiger erhält, selbst herstellen soll.

Ich halte die Bauern auch für eine unser Volk entscheidend mitbestimmende Gruppe und würde es recht bedauernswert finden, wenn sie sozusagen, so wie ihre Pferde, völlig der Technisierung zum Opfer fielen, was sich wohl sowieso rächen wird. Aber ich bin weder ein Fachmann noch ein Romantiker, sondern jemand, der mit Anteilnahme, auch wegen mancher persönlichen Berührung, bis in diese Zeit hinein die Eigenarten und Schwierigkeiten des bäuerlichen Lebensweges versucht im Auge zu behalten, mitzuerleben und mitzugestalten, soweit man kann. Im Rahmen dessen, was die Politik bewirken kann.

Auch in meinem eigenen Wahlkreis gibt es Bauern. Das sind zu einem beträchtlichen Teil Bauern von einer Größenordnung, die nicht sozialdemokratisch zu wählen gesonnen oder gewöhnt sind, aber Bauern, die mich sehr interessieren. Ich denke zum Beispiel an Erlebnisse während der Flutkatastrophe 1962. In meinem eigenen Wahlkreis sind von den etwa 315 Todesopfern, welche die Katastrophe damals in Norddeutschland gefordert hat, 300 Opfer gewesen, und ich habe damals in den vielen Wochen des Umherstapfens und Umherkriechens im Schlamm hinter dem gebrochenen Deich auch manche lange nachwirkende Begegnung mit Bauern gehabt. Mich interessiert der Bauer im allgemeinen und als einzelner Mensch. Wenn ich auch weiß, daß er sich mir nur sehr schwer öffnen wird.

Appel: Herr Minister, Sie waren der Begründer des Sportbeirates der SPD. Ist Ihr Interesse für den Sport rein persönlich oder darüber hinaus politisch zu erklären?

Wehner: Wie sooft bei mir, treffen sich hier Interessen,

Neigungen und Vorliebe mit der Einsicht, Notwendigkeiten gerecht zu werden.

Ich habe mancherlei Sport sehr aktiv betrieben, und was ich noch kann, das tue ich auch jetzt noch, wenn auch nicht mehr im Wettbewerb.

Mit dem Gedanken, einen Sportbeirat ins Leben zu rufen, wollte ich anknüpfen an die Arbeit, die Heinrich Sorg nach dem Krieg für ein Sportverständnis bei der SPD geleistet hat. Mit Heinrich Sorg habe ich viele Jahre eng und freundschaftlich gearbeitet.

Ich wollte zugleich den jüngeren, begabten und tüchtigen Sportarbeitern eine Stütze und eine Entwicklungsmöglichkeit zur Verwirklichung des Zusammenwirkens mit den Bereichen der Politik zu treffen helfen.

Wie es sich gefügt hat, bin ich weder ein »Radi«, noch ein Uwe, sondern eine Art Sepp Herberger im übertragenen Sinne geworden.

Appel: Herr Wehner, sind Sie ein Anhänger des Berufsbeamtentums?

Wehner: Das ist für mich eine sehr schwierige Frage. Nicht nur, weil ich das, was mit dem Begriff gemeint ist, verstehe, sondern auch respektiere. Wenn ich auch andererseits nicht verhehlen will, daß ich vieles für sehr reformierbar halte. Abgesehen davon gehört zu meinen persönlichen Marotten, daß ich in verschiedenen Stationen meines Lebens mit durchaus achtenswerten Vertretern dieser Kategorie manchmal ziemlich unsanft aneinandergeraten bin.

Das habe ich in schweren Zeiten sogar schriftlich bekommen. Es steht einem Mann, der selbst als Bundesminister Vorgesetzter von Berufsbeamten ist, freilich schlecht an, seine persönlichen, vielleicht sehr eigenständigen Erlebnisse, Gewalt über seine Pflichten gewinnen zu lassen. Aber ich bin nicht Schablonenmensch genug, um völlig glatt über eine solche Frage hinwegzugehen. Der richtige Politiker wird natürlich sagen, selbstverständlich bin ich ein Anhänger des Berufsbeamtentums und wird dann sagen, was er ihnen alles für die weitere Verbesserung ihrer ständigen

Versorgung zu bieten hat. In dieser Beziehung ist sachlich viel zu tun möglich.

Appel: Seit langer Zeit bemühen Sie sich, Herr Wehner, der Sie einst, nach eigener Bekundung, aus Trotz und Enttäuschung Atheist waren, um eine Entkrampfung des Verhältnisses zu den Kirchen. Halten Sie eine Normalisierung schon für erreicht?

Wehner: Nein, das wäre zu vorschnell gewertet, aber ich halte das Bemühen, einander näher zu kommen, für unübersehbar, unüberhörbar und für sehr beachtlich, wenn auch die Motive keineswegs völlig einheitlich sind. Aber das spielt keine Rolle.

Appel: Sie haben sich schon frühzeitig als linker Politiker für die Aufgabenstellung und die Situation der Kirchen um Verständnis bemüht?

Wehner: Mich hat das Verhältnis zu den Kirchen immer fasziniert. Vorhin haben Sie ein Wort aufgegriffen, das ich selber einmal als Antwort auf eine sehr naheliegende direkte Frage gegeben habe, ob ich nämlich einmal ein Atheist gewesen sei. Ich habe darauf geantwortet, was Sie in Erinnerung gebracht haben. Mich hat es immer fasziniert, wenn Menschen und daß Menschen im Sinne des Evangeliums und insbesondere im Sinne der Bergpredigt versucht haben, ihr Leben, und das, was sie mit ihrem Leben in bezug auf das, was alle angeht, bewirken können, in Einklang zu bringen bemüht gewesen sind. Aus den schweren Jahren der unmittelbaren Konfrontation mit einer Diktatur, die viel Blut gekostet hat, ist meine Hochachtung vor Menschen geblieben, die aus ihrem Bemühen, ihr Leben und ihr Tun unter Gottes Wort zu stellen, vor allem auch unter den unsagbaren und unwiedergebbaren Schwierigkeiten der Diktatur, ihre Menschenpflicht getan haben. Das ist wohl die Grundlage für meine Berührung und Begegnung auch mit Männern der Kirche, während einer Zeit, in der ich selbst Kommunist war.

Appel: Es gibt von Ihnen den Satz »Deutschland ist mein Vaterland in jeder Phase.« Empfinden Sie dabei eher Nationalgefühl oder Bürgersinn, oder einfach die Notwendigkeit, mitzuhelfen zu verhindern, daß, wie Sie auch einmal gesagt haben, Demokratie und nationale Interessen nicht mehr voneinander getrennt werden?

Wehner: Das, was Sie zuletzt gesagt haben, ist für mich ein Aufruf oder Anruf an alle, die Demokraten sein wollen und die Verhältnisse unseres Volkes und unseres Gemeinwesens demokratisiert wissen wollen, die Demokratie nicht in einen Gegensatz zu nationalen Empfindungen geraten zu lassen. Ich habe es für eine tiefe Erkenntnis Schumachers gehalten, daß uns bei allem, was uns mit der Spaltung und Teilung unseres Landes und Volkes betroffen hat, auch die große Chance gegeben ist – was ja gar nicht alltäglich in der deutschen Geschichte gewesen ist –, Demokratie und nationale Interessen zusammentreffen zu lassen.

Der Kampf um die Demokratie ist zugleich ein Kampf um das Selbstbestimmungsrecht der Deutschen als Nation. Das hat Schumacher richtig gesehen, darauf darf man aber nicht ausruhen. Durch den Generationswechsel ist der Begriff »Vaterland« abgenutzt oder bei manchen in Vergessenheit geraten, beziehungsweise gar nicht erst begriffen worden. Bürgersinn? Ich halte die Bewährung eines Volkes als Nation nur dadurch für denkbar, daß es ein hohes Maß an Bürgersinn aufbringt, pflegt und praktisch zur Wirkung kommen läßt. Das hat mich in meinen skandinavischen Lehrjahren so besonders fasziniert. Ich war immer traurig darüber, daß bei uns nationale Hochzeiten nie zugleich Hochzeiten des mitbürgerlichen Verantwortungsbewußtseins und der mitbürgerlichen Mitgestaltungsfreudigkeit und -fähigkeit gewesen sind. Sie sind fehlgeleitet und mißbraucht worden. Für mich ist die Nation das ständige Bemühen eines Volkes, in Partnerschaft zu anderen gleichberechtigt zu bestehen. Vorwiegend eine Willensgemeinschaft und nicht eine aus Blut und Boden abgeleitete.

Appel: Was schwingt bei Ihnen mit, wenn Sie »Vaterland« sagen oder diesen Begriff hören?

Wehner: Ich liebe manche Landschaften und ihre Bewohner, aber ich habe nie, auch in den schrecklichen Zeiten, in denen ich ein Ausgestoßener war, vergessen können, daß ich ein zur deutschen Landschaft, zur deutschen Sprache und zur deutschen Geschichte gehörender Mensch bin. Ich kann mir die Zukunft unseres Erdteils nur als eine Völkergemeinschaft vorstellen, von deren allmählichen Zustandekommen viel abhängt.

Appel: Manche Menschen haben durch ihre Vorstellung vom Vaterlandsbegriff zur NSDAP gefunden, ohne die Endentwicklung vielleicht vorauszusehen. Muß man nicht auch solchen Menschen Respekt entgegenbringen?

Wehner: Ich weiß nicht, warum Sie sagen, ob man nicht *auch* solchen Menschen Respekt entgegenbringen soll. Ich respektiere jeden Menschen, der sich aufrichtig und redlich bemüht, sein Leben mit den Erfordernissen in Einklang zu bringen, die sich daraus ergeben, daß die Menschen miteinander auskommen müssen und nicht übereinander herfallen oder herrschen dürfen, wenn es gut gehen soll. Ich habe bei einer anderen Stelle unseres Gesprächs versucht zu sagen, daß bei uns in Deutschland, das, was man »das Nationale« nennt, häufig nur dann zur Geltung gekommen ist, wenn wir sozusagen »oben« waren, *über* anderen waren. Das hat bezahlt werden müssen. Dafür den einzelnen zu schmähen, hat man dann kein Recht, wenn der einzelne sich bemüht, das gut zu machen, was er, soweit er es erkennen kann, in solchen Zeiten gefehlt hat.

Es gibt außerdem viele andere Gesichtspunkte, die zu beachten sind. Einmal, daß Menschen hineingeboren werden in solche Zeiten, in denen nationalistische Euphorie herrscht, zum anderen, daß Menschen im Nationalismus oder Nationalsozialismus eine Lösung oder gar Erlösung aus vorher empfundener Not oder sogar Schmach gesehen haben, wobei sie objektiv meist nicht recht hatten; aber wer will sich zum Richter über die Menschen aufwerfen? Mir ist klar geworden, daß es für unser Volk darauf ankommt, daß diejenigen, die früh gewußt haben, was der Nationalsozialismus schließlich bedeuten muß, wozu er führen wird, und diejenigen, die es erst später gelernt oder zu spät begriffen, aber dann doch erkannt haben, was der Nationalsozialismus für unser Volk und für andere bedeutet hat, die daraus zu ziehenden Lehren nicht in den Wind schlagen.

Gleichgültig wann jemandem die richtige Erkenntnis kam, gilt es, daran festzuhalten, daß diese oder eine ähnliche Epoche nicht wieder Gewalt über uns gewinnen darf. Das ist alles, was man mit Recht verlangen und mit Recht zu erreichen versuchen kann. Irgendwelche Bescheinigungen oder Urkunden darüber auszustellen, zu welcher Stunde es der eine begriffen und der andere erkannt haben mag, wäre dem nicht dienlich, worauf ich hinaus will.

Appel: Auch Vertriebene glauben für das Vaterland tätig zu sein, wenn sie heute noch für die verlorengegangenen Gebiete hier in der Bundesrepublik kämpfen. Wie ist dieser Kampf in unserer heutigen Wirklichkeit einzuschätzen?

Wehner: Ob das ein Kampf genannt werden soll oder darf, mag dahingestellt bleiben. Ich respektiere jedermanns Anhänglichkeit an seine Heimat und an die kulturellen Eigenarten, die mit zu den Bestandteilen der Kultur unseres Volkes und unseres Kontinents gehören. Ich muß aber jedem offen sagen, daß Deutschland weder als geographischer, noch als ein geschichtlicher oder romantischer Begriff einfach wiedererstehen kann.

Die Zukunft unseres Volkes kann nur in dem aufrichtigen Bemühen gesehen werden, in dem Teil, in dem wir einigermaßen unsere allgemeinen Angelegenheiten selbst bestimmen können, die individuellen Rechte, die Grundrechte zu behaupten, zu gewährleisten und zu verteidigen. Im übrigen müssen wir uns darüber einig sein, von Deutschland für die Deutschen so viel wie es die weltpolitischen Verhältnisse erlauben zu retten und zu erhalten. Ich weigere mich, Annektionen anzuerkennen, bloß weil sie durch Stärke haben vollzogen werden können, ich warne andererseits davor zu meinen, es gebe irgendwo ein Gericht, bei dem man einklagen kann, was an territorialem und an hoheitlichem Besitz und Befugnissen verlorengegangen ist. Die Zukunft unseres

Volkes liegt in der Intensität, mit der es sich für das Zustandekommen einer europäischen Friedensordnung einsetzt.

Appel: Herr Wehner, gibt es außer Hitler für die Spaltung Deutschlands noch mehr Schuldige?

Wehner: Ohne Hitler gäbe es keine anderen Schuldigen, aber nach Hitler haben andere, wenn auch aus nicht völlig übereinstimmenden Motiven, wohl die Schlußfolgerung gezogen, es könne nicht schaden, wenn man die Deutschen klein hält und auseinanderhält.

Appel: Damit spielen Sie auf Nichtdeutsche an. Gibt es auch in Deutschland Verantwortliche oder Mitverantwortliche?

Wehner: Höchstens Nutznießer, aber keine Verantwortlichen!

Appel: Ist es redlich, der jetzt aktiv tätigen und der nachfolgenden Generation hüben und drüben noch die Hoffnung auf die Wiederherstellung der staatlichen Einheit Deutschlands zu erhalten?

Wehner: Es wäre unredlich zu bestreiten, daß eine, im Rahmen der europäischen Möglichkeiten zustande zu bringende, staatliche Einheit für das deutsche Volk außerhalb des Wünschenswerten läge. Das wäre unredlich. Aber es wäre ebenso unredlich, verschweigen zu wollen, daß – so gerechtfertigt unser Anspruch ist, daß die Deutschen über ihre Zukunft frei entscheiden können sollen – die weltmachtpolitischen Verhältnisse ihre sehr gewichtige Rolle spielen.

Appel: »Die Zukunft Deutschlands«, so heißt es in einer Rede von Ihnen, »hängt davon ab, daß es zu einem Interessenausgleich zwischen dem kommunistisch regierten Osten und dem pluralistischen Westen kommt.«

Wehner: Ja, denn sonst gibt es nur eine Zukunft für die Teile. Entweder schaffen wir und tun wir das Unsere, das zu einem solchen Interessenausgleich führen kann, soweit er von uns abhängt, oder wir erleben, daß in zunehmendem Maße von der anderen Seite die Parole »von der Einheit der Deutschen« mit kommunistischen Vorzeichen in die politische Arena geworfen wird. Wer den Interessenausgleich nicht als das unvermeidliche Mittel ansehen will, um für die Deutschen ein normaleres Zusammenleben zu erzielen, sondern, wer darauf setzt, daß die Interessengegensätze schließlich zum Zusammenprall oder zum Übergreifen des einen über den andern führt, der verlängert nur die Zeit der Spannung und Verkrampfung zwischen den Deutschen selbst und die Spannung im Verhältnis der Deutschen zum übrigen Europa.

Appel: Das »Neue Deutschland« hat vor einiger Zeit einmal wörtlich geschrieben, »unsere Militärdoktrin betrachtet die Tatsache, daß Deutsche gegen Deutsche kämpfen würden, nicht als wesentliches politisches Merkmal eines Krieges. Ein solcher Krieg würde Merkmale eines nationalen Befreiungskrieges annehmen.«

Wehner: Das ist die Doktrin, die ich, ein wenig ironisch, bezeichnen möchte als die Anwendung der ursprünglichen nazistischen Doktrin durch diejenigen, gegen die sie ursprünglich gerichtet gewesen ist.

Appel: Viele Deutsche, Herr Wehner, ich vermag trotz vorliegender Ergebnisse verschiedener Meinungsumfragen den Prozentsatz nicht einzuschätzen, halten die DDR, wie auch die Oder-Neiße-Linie als Grenze, für eine unumstößliche Tatsache, von der die deutsche Politik ausgehen sollte. Warum tun Sie das nicht?

Wehner: Weil das die Beschreibung einer Landschaft ist, die bei der Beschreibung stehenbleibt, statt daß sie zu ihrer Gestaltung hilft. Die Zeit ist vorbei, in der es denkbar war, daß die Siegermächte des Weltkrieges von sich aus die Vereinigung der Deutschen in einen Staat hätten zustande bringen können, falls sie es je gewollt haben. Für die Deutschen, aber auch für die um sie herum und für die übrige Welt, bleibt die Frage, wie das getrennte Land und das getrennte Volk zu geregelten Verhältnissen des Miteinanderlebens kommen kann. Ich verhehle gar nicht, daß ich außerdem – und das ist nicht nur meine eigene Auffassung, sondern sicher auch die Auffassung mancher anderer – in den machtpolitischen Gegebenheiten nicht das letzte Wort der Geschichte sehe, sondern die Aufforderung zum Ringen und Bemühen um den für die Menschen erträglichen Modus vivendi. Wobei ich es auch für nicht unerheblich halte, mir immer wieder die Frage zu stellen, ob ich ein Recht habe oder hätte, auf Rechte zu verzichten, die mein Nächster, der durch Demarkationslinien oder befestigte Grenzen von mir und von uns getrennt ist, selbst nicht wirkungsvoll geltend machen kann. Das alles ist keine Frage, die militärisch oder mit Tricks gelöst werden kann, sondern die lange Zeit eine, jedenfalls für einen nicht unerheblichen Teil unseres Volkes, bewegende Frage bleiben wird. In einem Jahrhundert, dessen letzter Teil in allen Erdteilen und von Menschen aller Hautfarben als das Jahrhundert der Gewährung des Selbstbestimmungsrechts bezeichnet wird, können die Menschenrechte hier nicht ausgespart oder ausgesperrt bleiben. Oder es gibt, aus gegebenen Anlässen, böse nationalistische Folgeerscheinungen, an denen niemand interessiert sein kann.

Appel: Glauben Sie, daß bei einer freien Wahl in der DDR heute noch die Mehrheit der Bevölkerung für die Wiedervereinigung mit der Bundesrepublik, wie sie heute ist, stimmen würde?

Wehner: Das ist eine Frage, die ich mit beweiskräftiger Antwort schwer befriedigen kann. Ich will nicht ausweichen. Worauf es ankommt, ist, daß die Menschen im anderen Teil Deutschlands nachweisbar selbst darüber frei entscheiden können sollen, wie sie mit uns zusammenzuleben oder das Nebeneinanderleben geordnet sehen wollen. Selbst wenn es dabei zu einer für viele oder für manche schmerzlichen Entscheidung käme, hätten wir sie zu respektieren.

Appel: Vor zwei Jahren entwickelten Sie den Gedanken einer »deutschen Wirtschaftsgemeinschaft« oder eines »deutschen Bundes« und gingen dabei von Überlegungen von Arnold Brecht, dem ehemaligen preußischen Staatssekretär, aus und haben in diesem Zusammenhang auch Nell-Breuning zitiert. Halten Sie diese Überlegung auch heute noch für hoffnungsvoll, für realistisch, für verfolgbar?

Wehner: Ich würde es für unrealistisch und für grundfalsch halten, solche Denkmodelle zu verbannen oder außer Kurs zu setzen, bloß weil sie zeitweilig nicht praktikabel zu sein scheinen, oder weil von den Sprechern und Verantwortlichen der anderen Seite versucht wird, ihre Formen für sich nutzbar zu machen. Eine Regelung des Zusammen- oder Neben- oder Miteinanderlebens der Deutschen wird nach menschlichem Ermessen zweifellos über koordinierende oder konföderierende oder die Teile zueinander in ein Verhältnis bringende Formen notwendig und möglich sein. Warum sollten wir die Denkmodelle irgendeinem perfekt erscheinenden Dogma zuliebe für unbrauchbar erklären, bloß weil sie zeitweilig von der Gegenseite benutzt werden? Da ändern sich die Zeiten.

Worauf es mir ankommt ist durchzuhalten, daß unsere Seite der Regierung der anderen Seite Verhandlungen anbietet, in die beide Seiten ohne Diskriminierung gehen und die sie ohne Diskriminierung führen, um zu den Formen des Zusammenlebens zu kommen, die für die beiderseitigen Interessen denkbar, nützlich und sinnvoll erscheinen werden. Das ist eine Arbeitshypothese, die halten wird. Ich bin gegen die Ideologisierung der Spaltung und gegen die Ideologisierung der Versuche, aus der Spaltung herauszukommen.

Appel: Herr Wehner, es gibt doch einen Entwicklungsprozeß, in dem wir Zeugen sind. Es begann mit der Forderung nach freien gesamtdeutschen Wahlen und steht heute bei dem, was Sie soeben gleichberechtigte, keine Seite diskriminierende Verhandlungen genannt haben. Früher war von gleichberechtigten Verhandlungen nicht die Rede, heute ja. Früher hat man die DDR in Anführungszeichen gesetzt, heute kaum noch. Erkennen Sie an, daß es diesen Entwicklungsprozeß gibt, der mit einem gewissen Automatismus voranschreitet und immer weiter wegführt von dem, was wir ursprünglich einmal glaubten vertreten zu können und zu müssen?

Wehner: Ich bitte Sie um Entschuldigung. Ich war in den maßgeblichen 15 Jahren entscheidend anderer Meinung über die Behandlung der deutschen Fragen als diejenigen, die hier im Besitze der Mehrheit die Regierung ausgeübt haben. Ich habe meine Auffassung immer offen vertreten. Andererseits habe ich nie zu denen gehört, die die Kapitulation vor den Forderungen der Gegenseite befürwortet oder geduldet hätten. Ich kann das schon deshalb nicht, weil, wenn Sie es ganz genau nehmen, auf dem Grunde der deutschen Fragen es sich darum handelt, ob in unserem Volk die Fähigkeit besteht, bestehen bleibt und entwickelt wird, den Willen zur demokratischen Ordnung der eigenen Angelegenheiten zu behaupten oder nicht. Das ist es, worum es hier geht. Das ist etwas, wobei es vor allem auf die Sozialdemokratie ankommt, wenn auch nicht auf sie allein. Ich gehöre nicht zu denen, die heute darüber jammern, daß die Vorstellungen, für die frühere Regierungen und Parteien hier absolute Mehrheiten bekommen haben und die doch falsche Vorstellungen waren, getrogen haben. Wenn Sie meine Auseinandersetzungen und die meiner politischen Freunde verfolgen wollen, dann werden Sie sehen, daß wir zwar nicht in allen Punkten immer recht gehabt haben, aber daß es in diesen Auseinandersetzungen einen roten Faden gegeben hat.

Wenn Sie zwanzig, dreißig Jahre weiterdenken, als wir heute miteinander reden, dann wird es sich, gleichgültig was aus der deutschen Staatlichkeit in den europäischen Zusammenhängen bis dahin geworden sein kann, immer wieder, wenn auch unter anderen Formen und Vorzeichen und mit anderen Worten, darum handeln, daß es ein Interesse der Deutschen in diesem Teil Europas, als auch ein Interesse der nicht zum deutschen Volk gehörenden Menschen um uns herum geben wird – zeitweilig wird es wahrscheinlich sogar zunehmen –, hier in Mitteleuropa geordnete oder geordnetere Verhältnisse des Miteinanderlebens zu haben, damit das nicht eine Quelle ständigen Unfriedens, ständiger und zunehmender Spannungen bleibt. Das wird bleiben, welche Generation mit welchen Vorstellungen auch auf die andere folgen wird. Das wird sich lösen müssen.

Daß die Formen, die mit dem Begriff der Wiedervereinigung in den Jahren nach dem Kriege und bei der Formulierung der Vorhaben und der Absichten der Bundesrepublik einerseits und auf der anderen Seite der DDR entwickelt worden sind, sich ändern, das ist etwas, was wir mit allen menschlichen Erscheinungen und Formen gemeinsam haben.

Appel: In diesem Zusammenhang reden Sie oft »von Regelungen im Vorfeld des Friedensvertrages«. Sollen wir überhaupt noch nach einem Friedensvertrag in dem ursprünglich klassischen Sinn streben? Ich meine, nach einem Frieden schon, aber auch nach dem, was mit einem Friedensvertrag praktisch verbunden sein wird?

Wehner: Ja, denn ich wüßte nicht, warum nicht? Ich gehöre aber nicht zu den Zynikern, die in Wirklichkeit den Deutschen einerseits nach dem Munde zu reden bemüht waren und ihnen andererseits Sand in die Augen zu streuen bestrebt waren. Die gesagt haben – solche gab es im Westen –, den Frieden mit dem westlichen Teil Deutschlands haben wir ja längst geschlossen. Es bliebe nur noch übrig, daß auch für den übrigen Teil ein Friedensvertrag geschlossen werde. Ob wir in aller Form zu einem Friedensvertrag für ganz Deutschland kommen oder nicht kommen, das sollten wir jetzt nicht von den augenblicklichen weltmachtpolitischen Verhältnissen abhängig machen. Daß wir zu einer friedensvertraglichen Regelung für Deutschland wohl nur kommen werden, wenn es zu einer Friedensordnung in und für Europa kommen wird, das halte ich nach all den Jahren, die hinter uns liegen, und in denen man häufig ziemlich frivol – von beiden Seiten – darüber geredet hat, daß Friedensverträge heute unmodern seien, für unstreitig.

Aber Verträge schließt man ja nicht, weil man Lust an unterzeichneten Papieren hat, sondern weil man aus der Geschichte weiß, daß sie eine gewisse, wenn auch mit den menschlichen Eigentümlichkeiten und Schwächen behaftete Form sind, einander zu gewährleisten, daß man sich nicht kränken und sich nicht aus den Angeln heben will. Eine solche Form im Rahmen einer europäischen Friedensordnung werden wir als Ziel nicht aufgeben können und dürfen. Oder das Gesetz des Dschungels würde von uns als oberstes Gesetz anerkannt.

Appel: Zur Chronologie gehört Ihr Anteil an dem, was Sie selbst einmal den verzweifelten Versuch des Deutschlandplanes der SPD von 1959, beispielsweise mit der Schaffung gesamtdeutscher Kommissionen, genannt haben. Immer wieder taucht Ihre Initiative zu diesem Plan auf, obwohl Sie oft schon gesagt haben, er liege bei den Akten, er sei für eine bestimmte internationale Situation ausgearbeitet gewesen. Gibt es Elemente dieses Planes (ich meine nicht den Plan insgesamt, denn wir haben heute ja nicht mehr die gleiche Situation), gibt es Elemente dieses Planes, die heute noch aktualisiert werden können, die nicht endgültig im Papierkorb gelandet sind?

Wehner: Sicher, das habe ich auch in einer Rede am 30. Juni des Jahres 1960 gesagt, als ich in aller Form erklärt habe, warum jener Plan zu den Akten gelegt worden ist. Als mich Abgeordnete der damaligen Mehrheit inquisitorisch gefragt haben, ob auch nicht ein Bestandteil aus diesem Plan konserviert werden solle, habe ich gesagt, wenn sie sich in alle erdenklichen Entwicklungen hineinversetzten, so dürfte es ihnen schwerfallen, jemals völlig neue und nicht schon einmal irgendwann gebrauchte und in anderen Zusammensetzungen erkennbar gewordene Bestandteile von Plänen und Lösungsmöglichkeiten zu finden. Worum es 1959 gegangen war, ist leider bei den meisten in Vergessenheit geraten. Damals verhandelten in Genf die Vertreter der Vier Mächte, von denen man weiß, daß sie eine bestimmte besondere Verantwortung für Deutschland als Ganzes übernommen haben, nach dem Abschluß der militärischen Feindseligkeiten 1945.

Damals verhandelten sie darüber, wie West-Berlin einem besonderen Status unterworfen werden soll, der zum Unterschied von dem ursprünglich für ganz Berlin geltenden Viermächtestatus, nunmehr eine Art Viermächtestatus nur für West-Berlin darstellen sollte. Wir haben damals – dazu bekenne ich mich, und das leugne ich nicht – den verzweifelten Versuch gemacht, die Diskussion von diesem lebensgefährlichen Punkt weg- und wieder auf die Frage hinzudrängen, wie es denn mit Deutschland als Ganzem werden soll, um wenigstens die deutsche Frage selbst offenzuhalten und nicht mitschuldig zu werden daran, daß man, nachdem die andere Seite den östlichen Teil Berlins inkorporiert hat als, wie sie sagt, Hauptstadt der DDR, nunmehr West-Berlin unter ein vorwiegend von der sowjetischen Seite bestimmtes Regime stellt.

Appel: Die heutige Formel in der Deutschlandpolitik lautet etwas kurz zusammengefaßt: Man darf gewissermaßen alles tun, man kann alle Regelungen zwischen Bonn und Ost-Berlin anstreben; nur darf die DDR nicht Ausland werden. Ist das nicht ein neuer Fetisch? Ist die DDR heute uns gegenüber praktisch nicht schon viel mehr als Ausland zu betrachten, wenn ich etwa an die Schweiz oder Österreich denke?

Wehner: Warum *mehr?* Sie können auch umgekehrt sagen, weniger als Ausland, denn in ein normales Ausland und aus einem anderen Land kann man in der Regel auch zu uns reisen, um einmal nur vom Reisen zu sprechen. Nein, was mit diesem Begriff ausgedrückt werden soll, bedeutet, beide sollen sich in einen Rahmen einordnen oder einfügen, der trotz aller staatlichen Spaltung und Trennung etwas gemeinsam hat, nämlich die Zugehörigkeit zu der deutschen Nation. Das ist wahrscheinlich das, worauf es dann ankommen wird. Das ist zugleich eine Abwehrformel dagegen, daß man von uns die Unterschrift unter die Unwiderruflichkeit der Teilung Deutschlands, des deutschen Volkes verlangt. Die Teilung selbst kann lange aufrechterhalten werden. Ich gehöre nicht zu denen, die spekulieren oder zu spekulieren raten auf Katastrophen oder Konflikte. Die Teilung selbst kann lange aufrechterhalten werden. Aber das für die Politik der anderen Seite kennzeichnend Wichtigste scheint zu sein, unsere Unterschrift unter die Unwiderruflichkeit der Trennung. Das ist es, was mit dieser von Ihnen in Erinnerung

gebrachten Formel, sie sollten nicht als Ausland gegeneinander gestellt werden, abgewehrt werden soll.

Appel: Wie beurteilen Sie die Argumentation, die Bundesrepublik soll nicht länger als Provisorium gelten?

Wehner: Das habe ich schon vor zehn Jahren gelesen. Das
sind alte Ladenhüter. Provisorium hin, Provisorium her, ich
begebe mich nicht in den Definitionsstreit ob Provisorium
oder Transitorium. Das ist ja alles ganz verständlich gewesen. Vor zehn Jahren hat ein Mann, der gegenwärtig Verteidigungsminister ist und damals Bundesminister des Inneren
war, den mißglückten Versuch unternommen, in weit-
schweifiger Weise zu beschreiben, daß im Grunde genommen die Bundesrepublik, solange nicht größere politische
Ereignisse ihr zu Hilfe kommen, sich selbst genügt, wobei er
eine einzige Tatsache aus dem Auge gelassen hat, nämlich,
daß es auch Berlin beziehungsweise West-Berlin gibt. Das
habe ich damals, ein wenig ironisch, als die Erbse bezeichnet,
die – in dem bekannten Andersenschen Märchen von der
Prinzessin auf der Erbse – selbst durch viele Matratzen
hindurch immer wieder spürbar und fühlbar würde.

Der Streit ist also nicht neu. Er ist heute, sozusagen zehn
Jahre später, eine noch einmal aufgekochte Erbsensuppe.
Der Streit ist überhaupt nicht hilfreich. Provisorium hin,
Provisorium her, die Auseinandersetzung darüber, wer
schließlich das Gesetz des Handelns bestimmt und darüber,
welchen Platz die Bundesrepublik in diesem Teil der Welt
einnehmen soll, bleibt ihr damit nicht erspart, ob sie sich
nun zeitweilig die Augen verbindet oder sich der Aufgabe
verschließt. Ob sich die Bundesrepublik als Provisorium
oder Transitorium oder Kernstaat betrachtet, das ist alles
herzlich unbedeutend. Bedeutend ist, ob sie sich offenhält
für alle Bemühungen, in diesem Teil Mitteleuropas zu ihren
Kräften dazu beizutragen, daß es hier den Modus vivendi
eines Miteinanderlebens gibt, der auch den Deutschen die
Chance geben wird, geregelter miteinander umgehen zu
können. Streitigkeiten über Provisorium oder Vertragsent-
würfe haben mit den sooft beschworenen Realitäten gar

nichts zu tun. Mit Geschwätzigkeiten, von welchem Arbeitskreis sie auch immer in die Welt gesetzt werden, ändert man an einigen Tatsachen nichts mehr. Wir sind herausgefordert und haben zu antworten. Das ist auch unser eigenes Interesse, und es wird uns gar nicht schlecht anstehen, wenn wir deutlich machen, daß wir die Unantastbarkeit der territorialen Integrität jenes anderen Teils Deutschlands, der einseitig und getrennt von uns auf diese Weise verfaßt worden ist, wie er sich uns heute darstellt, nicht in Frage stellen. Wir stellen sogar die Souveränität der dort herrschenden und regierenden Behörden nicht in Frage.

Wir sind es gewiß nicht, die eine begrenzte Souveränität in der sozialistischen Gemeinschaft erfunden haben. Was wir aber nicht bereit sind, durch unsere Unterschrift zu besiegeln, das ist die Unmöglichkeit, oder sagen wir es anders, ist die Unwiderruflichkeit der von der anderen Seite behaupteten Tatsache, daß die Deutschen nicht auch über ihre eigene Zukunft selber bestimmen können. Nur welche Formen dafür denkbar sind, das kann sich ändern.

Appel: Ich möchte das Kapitel »Große Koalition« anschneiden. Obwohl demokratische Entscheidungen vorausgegangen waren, sind Sie ja für gewisse Kreise zum Buhmann der Großen Koalition abgestempelt worden, auch deshalb, weil Sie schon 1962 für das Zusammengehen von CDU und SPD eingetreten sind, obschon damals andere Gründe vorgelegen haben als 1966. Die Große Koalition wird jetzt für manche innenpolitische Entwicklungen verantwortlich gemacht. Wie verteidigen Sie Ihr Eintreten für sie?

Wehner: Das habe ich überhaupt nicht zu verteidigen. 1966 stand die SPD als die parlamentarische Opposition vor der Frage, daß die beiden bisherigen regierungstragenden Fraktionen CDU/CSU und FDP auseinandergegangen und nicht bereit waren, wieder die Verantwortung weiter zu übernehmen; und angesichts der damals erkennbaren ersten ernsthaften wirtschaftlichen Rezession der Nachkriegszeit und der in schlimme Verhältnisse geratenen Staatsfinanzen, mußte sich die SPD entscheiden, Regierungsverantwortung zu übernehmen, wenn ihr das auch nicht angenehm war. Es war um so weniger angenehm, als die beiden bisherigen Regierungskoalitionsparteien Neuwahlen nicht möglich machen wollten. Unser Problem war damals, wie den Menschen die Furcht vor dem Verlust der Arbeitsplätze genommen werden könnte, und so haben wir uns zur Mitverantwortung in der neu zu bildenden Bundesregierung entschlossen. Das war für die SPD, wie man sieht und gesehen hat, offensichtlich schwieriger, als es umgekehrt für die CDU/CSU war, sich mit der SPD in die Regierungsverantwortung zu teilen. Aber das hat sich allmählich gebessert.

Was Sie von 1962 sagen, das war ein Erkundungsvorstoß des damaligen Bundeskanzlers Adenauer, der noch das Jahr vorher, also 1961, einen von mir gemachten Vorschlag, zeitweilig eine Allparteienregierung zu bilden, abgelehnt hatte. Den Vorschlag hatte ich 1961 gemacht, weil mit der Errichtung der Mauer 1961 in Berlin die bisher schlimmste Besiegelung der Spaltung Deutschlands geschehen war, die nach meiner Meinung eine adäquate Antwort, nämlich durch eine Konzentration aller Kräfte zur Überwindung der innen- und außenpolitischen Folgen, erfordert hätte. 1962 aber, nach und während der Spiegel-Affäre, wollte er wissen, wie die SPD zur Regierungsmitverantwortung stünde. Auf die Vorverhandlungen bin ich im Einvernehmen mit Erich Ollenhauer damals eingegangen. Sie haben einige Wochen gedauert, und man konnte dabei auf eine interessante Weise kennenlernen, was die CDU sich vorstellt. Das war damals eine Lage, in der noch der CSU-Landesvorsitzende Strauß seinem Parteiuntergebenen, Freiherrn von und zu Guttenberg, ein Parteiverfahren anhängte, weil er im Auftrage des Bundeskanzlers und CDU-Vorsitzenden Adenauer die Erkundungen zusammen mit Herrn Paul Lükke bei mir betrieben hatte.

Appel: Ein Vorwurf, der in der SPD und der Linken insgesamt in diesem Zusammenhang erhoben wird, lautet, die SPD habe mitgeholfen, die Karre, die durch die Politik der CDU im Dreck gelandet war, wieder herauszuziehen.

Wehner: Was hier als die im Dreck gelandete Karre bezeichnet wird, reduziere ich auf folgenden Tatbestand: Die erste ernsthafte wirtschaftliche Rezession und die völlig in Unordnung gekommenen Staatsfinanzen erzeugten eine rasch um sich greifende Furcht vor dem Verlust der Arbeitsplätze, gegen die etwas zu unternehmen war. Ich habe eine Erfahrung aus den zwanziger und eine zweite, noch drastischere, aus den dreißiger Jahren. Daraus folgere ich, daß unser Volk sicher eine veritable Wirtschaftskrise mit Massenarbeitslosigkeit nicht ausgehalten hätte, ohne daran zu zerbrechen. Hierum ging es, dazu hatte man sich zu entscheiden. »Karre aus dem Dreck ziehen«, »Suppe auslöffeln«, all diese Stammtischbegriffe gönne ich denen, die die Politik beschreiben. Ich kann nur sagen, daß ich mich zu der Entscheidung bekenne, welches Echo es auch zeitweilig darauf geben mag.

Appel: War die Große Koalition nicht auch deshalb für Sie ein erstrebenswertes Ziel, um ein für allemal zu verhindern, daß noch einmal gesagt werden kann, wer SPD wählt, wählt den Untergang Deutschlands?

Wehner: Ich leugne nicht, daß das auch einer der Gedanken war, der mich bei der Entscheidung für die Regierungsmitverantwortung der SPD bewegt hat. Im übrigen aber hat die CDU als Partei dieses schmähende und schmähliche Wort vom »Untergang Deutschlands«, der angeblich die Folge eines Sieges der SPD wäre, nie gelöscht. Einzelne haben das anständigerweise getan. Die CDU/CSU aber, ich könnte es besser umgekehrt sagen, die CSU/CDU, setzt nach wie vor darauf, daß die alten Modelle, auch die alten Verleumdungskonzepte weiter wirken, wenn sie auch heute vorwiegend von rechts außen gebraucht werden, ohne daß sie diese Ächtungsformeln selber inhaltlich verändern müßten. Aber das ist wohl ein langer Prozeß in Deutschland, nämlich durchzusetzen, daß Gleichberechtigung nicht nur im Grundgesetz steht. In der Praxis und ganz behoben wird das alles wohl erst, wenn wir einmal einen wirklichen Wechsel erlebt haben werden. Bis dahin ist manches, was wir über unsere Demokratie beteuern, noch zu theoretisch, als daß man ganz sicher sein kann.

Appel: Ist mit der Wahl des Sozialdemokraten Heinemann zum Bundespräsidenten der Integrationsprozeß, für den Sie immer gewirkt haben, nämlich die Sozialdemokraten als einen Teil des Staates selbst mitzuempfinden, bereits zur Vollendung gekommen?

Wehner: Vollendung oder nicht, ich bin vorsichtig. Es geht auch nicht nur um die Sozialdemokraten. Worum es geht ist, die breiten Schichten der Arbeitnehmer in das zu integrieren, was wir die mündige Gesellschaft, Sie können auch sagen, die freie Gesellschaft, nennen, die die Inhalte des Staates bestimmt.

Heinemanns Wahl zum Bundespräsidenten halte ich für eine entscheidende Änderung der politischen Landschaft. Sie ist ein Zeichen dafür, daß der Weg ins Freie gefunden und begangen wird, und ich hege die Hoffnung, daß er mit seiner persönlichen Integrität diesen Integrationsprozeß fördern wird. Manchen ist das noch nicht aufgegangen, und auf der Seite derer, die bisher gemeint haben, allein bestimmen zu können, wer welche führende Position einnimmt, hat sich die Unruhe über diese Änderung der Landschaft noch nicht gelegt. Wir werden mit weiteren Konvulsionen zu rechnen haben.

Appel: Herr Wehner, Sie werden nicht bestreiten können, daß die Große Koalition auch negative Wirkungen ausgelöst hat, wenn ich etwa an die junge Generation und an die starke Entfaltung einer außerparlamentarischen Opposition denke.

Wehner: Das sind keine Folgen der Großen Koalition, sondern zum Teil haben diese Entwicklungen zu den Faktoren gehört, die bei der Entscheidung darüber, ob Große Koalition oder nicht, eine Rolle gespielt haben. Die extremistischen Flügelbildungen waren beispielsweise schon erkennbar, bevor die Große Koalition ins Leben getreten ist und haben mit dazu beigetragen. Aber natürlich gibt es auch negative Begleiterscheinungen. Doch es ist nicht eingetrof-

fen, was manche im voraus geunkt hatten, daß damit nämlich die Rolle des Bundestages weiter abgewertet werde. Der
Bundestag hat – ob immer in der wünschenswerten Form
oder nicht, das sei dahingestellt – in dieser Zeit durchaus
sein eigenes Gewicht behauptet und sogar erhöht. Aber die
Große Koalition ist keine Dauererscheinung und kein Ideal-
zustand.

Appel: Sie haben aber einmal gesagt, die Politik des Friedens, der Verständigung, einer besseren neueren Ordnung,
müßte scheitern, verlöre ihren Boden, wenn nicht die Sozialdemokratie für viele Jahre die politische Landschaft mit-
bestimme.

Wehner: Dieser Meinung bin ich nach wie vor. Einmal
deshalb, um nicht die Faktoren, die zur Überwindung der
wirtschaftlichen Rezession und zur Gewährleistung von sta-
bilem Wachstum von Wirtschaft und Staatsfinanzen geführt haben, wieder verspielen zu lassen. Dazu gehören ja
eine ganze Reihe wesentlicher Gesetzestexte und Instrumente. Zum anderen, weil ich gar nicht verhehle, daß es im
Laufe der sechziger Jahre, wenn auch mühselig, Schritt für
Schritt dazu gekommen ist, jedenfalls von sozialdemokratischer Seite aus betrachtet, daß wir in das entscheidende
Ringen um die soziale Gestaltung, den sozialen Charakter
unseres demokratischen Staates eingetreten sind. Für die
siebziger Jahre halte ich es für eine entscheidende Frage
unseres Staates, die erreichten Positionen zu behaupten und
diese Positionen weiter auszubauen. Eine Sozialdemokratie,
ohne die es in Bonn nicht mehr ging, als das Ganze in Gefahr
war, muß jetzt aufs Ganze gehen, damit das Ganze nicht
wieder in Gefahr gerät. Das Ganze – unser demokratisches
Gemeinwesen – ist zu wichtig, als daß es wieder in Gefahr
gebracht werden dürfte.

Appel: Ich möchte noch einmal auf einen anderen Bereich
zurückkommen, der uns in das Feld der Außenpolitik führt.
Wir erleben gegenwärtig eine sich verschärfende Konfliktsi-
tuation zwischen Rußland und China. Sie selber haben einmal formuliert: »Die sowjetische Hegemonialmacht steht

im Ringen mit ihren chinesischen Konkurrenten.« Welche Wirkungen können davon für unsere Situation ausgehen?

Wehner: Viele, und manche davon sind nicht ohne weiteres exakt vorausbestimmbar. Vor einem aber müssen wir uns auf jeden Fall hüten, nämlich vor der Spekulation darauf, daß wir gewissermaßen unsere Suppe an dem Konflikt Dritter kochen können. Die Auseinandersetzung im kommunistischen Teil der Welt, die unsere ganze Aufmerksamkeit erfordert, kann auch mit sich bringen, daß zeitweise die sowjetische Politik hier, in diesem Teil Europas, sehr versteift, sehr verhärtet und sehr auf eine Eineisung konzentriert sein kann. Abgesehen davon, daß dieser Wettbewerb mit einer anderen großen kommunistischen Macht, nämlich Peking, auch immer unter dem Gesichtspunkt geführt werden wird, sich nicht ausspielen zu lassen und sich nicht links überrunden zu lassen. Das sind keineswegs vereinfachende, sondern deutlich komplizierende Faktoren, mit denen wir es zu tun haben.

Appel: Welche Europapolitik, Herr Wehner, sollte für das letzte Drittel unseres Jahrhunderts in unserem nationalen Interesse angestrebt werden?

Wehner: Was wir können, müssen wir tun, um die bestehenden europäischen Zusammenschlüsse und Kooperationen zu entwickeln und nicht dem Irrlicht nachlaufen, das bei unserem westlichen Nachbarn zeitweilig en vogue gewesen ist, europäische Kooperationen durch europäische Halluzinationen zu ersetzen. Solange der Osten Europas sich aus Gründen, die bei ihm liegen, nicht zu einer engeren Kooperation mit dem Westen Europas imstande fühlt, muß der nicht zum Osten gehörende Teil Europas das Maß an Kooperation zustande zu bringen versuchen, das hier möglich ist, damit einmal das, was vom Osten Koexistenz genannt wird, unsererseits ermöglicht werde und bei Veränderungen der Bedingungen im Osten zu einer engeren Kooperation auch zwischen West und Ost führen kann. Das meine ich im Sinne des Interessenausgleichs, von dem wir an einer anderen Stelle als einer Voraussetzung auch für die Lösung der nationalen Fragen der Deutschen gesprochen haben.

Appel: Können Überlegungen, wie eine Neutralisierung Gesamtdeutschlands oder eine atomwaffenfreie Zone in Mitteleuropa, in diesem Zusammenhang hilfreich sein?

Wehner: Nein, das bezweifle ich. Deutschland kann nicht zwischen West und Ost stehen. Wir in der Bundesrepublik sind darauf angewiesen, das Vertrauen des Westens, den Zusammenhalt mit dem Westen zu sichern und die Verständigung mit dem Osten zu suchen. Das ist unsere Lage. Eine andere könnte man sich wünschen, aber sie entspräche nicht der Realität.

Appel: Womit wir unmittelbar fertig werden müssen, Herr Wehner, ist doch eine Verbesserung, wenn das überhaupt als Formulierung ausreicht, unseres Verhältnisses zu Polen und zur Tschechoslowakei.

Wehner: Sicher, nur das können wir nicht ohne das Einverständnis der östlichen Großmacht zustande bringen.

Appel: Jede Regelung, die wir da versuchen wollen, muß über Moskau gehen?

Wehner: Nicht über Moskau gehen, aber wie wir uns drehen und wenden, ob es Prag betrifft oder ob es Warschau betrifft, wir müssen davon ausgehen, daß die Sowjetunion die Großmacht des Ostens ist. Man wird alle Türen aufsuchen müssen, aber dabei nicht glauben können oder dürfen, daß wir an der Blocksituation des östlichen Teils von uns aus Grundlegendes ändern können. Wir werden die Gesamtatmosphäre aufzuheitern versuchen müssen.

Appel: Eine aktuelle Frage ist, wie wir mit dem Atomwaffensperrvertrag fertig werden.

Noch wird ja von bestimmter politischer Seite unsere Haltung, unsere Einstellung zum Atomwaffensperrvertrag sozusagen zu einer nationalen Frage schlechthin gemacht. Ist das auch ihre Beurteilung?

Wehner: Nein. Ich gehöre doch nicht zu den Fetischisten. Ich suche mir auch keinen Fetisch. Das ist ein Vertrag, der weit davon entfernt ist, das Ziel zu gewährleisten, das sein

Name ausdrückt, aber doch ein Vertrag, an dem ein Staat wie der unsere nicht vorbei kann, dem er sich nicht versagen kann. Das ist alles. Völlig nüchtern. Für sich genommen ist der Nichtverbreitungsvertrag ein Vertrag, der von Haus aus schon dadurch begrenzt ist, daß einige der Atomwaffen besitzenden Länder, wenn auch zunächst noch »embrionale«, aber doch eben Atommächte wie Frankreich und China, ihm nicht beitreten, ihn also für sich nicht wirksam werden lassen wollen.

Im übrigen aber, wird der Vertrag von den meisten Staaten, wenn auch aus nicht völlig übereinstimmenden Motiven, akzeptiert als eine der Umgangsformen auf dem Wege zu einem Ziel, das der Vertrag selber keineswegs von sich aus gewährleistet, nämlich zur weiteren Verminderung der schrecklichen Gefahren des Wirksamwerdens der Massenvernichtungsmittel nuklearer Art. Eines Tages wird die Bundesrepublik sich zu entscheiden haben, ob sie sich in eine Isolierung begeben oder wie andere auch dem Vertrag ihre Zustimmung geben will. Sie wird es zu einer Zeit zu tun haben, die hierfür noch politisch interessant geworden ist, und in der sie nicht inzwischen so uninteressant geworden ist, daß andere nur mit Fingern auf sie zeigen.

Wir haben um so weniger in dieser Beziehung so zu tun, als ob es sich bei dem Vertrag um etwas ganz besonderes handelt, als ja wir unseren restlichen Vertragspartnern gegenüber in den fünfziger Jahren vertraglich den Verzicht auf die Herstellung und auf den nationalen Besitz von nuklearen, biologischen und chemischen Waffen erklärt haben. Was wir an Sorgen in bezug auf die Sicherheit haben, das müssen wir mit unseren NATO-Partnern, vor allem mit den Vereinigten Staaten von Amerika, regeln. Was wir an vielleicht nicht völlig befriedigenden Regelungen hinsichtlich unserer vollen Teilnahmefähigkeit an der Forschung und Nutzung der Kernenergie für industrielle und zivile Zwecke bemängeln, das müssen wir an Garantien um den Vertrag herum zu erreichen versuchen. Im übrigen hat der Außenminister ja gesagt, sollte man uns etwa zumuten, daß wir in dieser

Beziehung als Industrienation nicht wie andere auch frei sein könnten, müßten wir den Vertrag aufkündigen. Das, finde ich, ist alles nüchtern und bietet keinen Grund zur Dramatisierung, weder nach der einen noch nach der anderen Seite.

Appel: Herr Wehner, wie ist Ihr persönliches Verhältnis zur Armee, zum Militärischen überhaupt?

Wehner: Ich bin überzeugt, daß wir den Beitrag zur militärischen Verteidigung leisten müssen und auch leisten können, den wir im Rahmen des Bündnisses, dem wir uns eingefügt haben oder in den wir eingefügt worden sind, zu leisten imstande sind. Ich habe allerdings manche Fragen. Zum Beispiel, ob das, was wir ausgeben für die militärische Sicherheit, auch den Notwendigkeiten entspricht, um die es sich handelt, wenn wir uns einer Lage gegenübersehen, in der uns etwas passiert oder geschieht. Ich bin also nicht einer von denen, die sich damit beruhigen, daß wir Teil des nordatlantischen Paktgefüges sind.

Ich möchte unter dem Eindruck von Konflikten, die zeitweilig auch in anderen Teilen der Welt militärisch ausgetragen werden, unserem Volk die Sicherheit geben, daß das, was wir für die militärische Sicherheit ausgeben, auch zweckentsprechend dafür ausreicht, daß man nicht mit uns spielen kann und uns militärisch auch nicht überspielen kann. Das heißt, daß wir die Rolle im Bündnis auch insofern auszufüllen imstande sein müssen, als wir kein Teil des Bündnisses sein dürfen, über den man einfach hinwegrollen könnte.

Ansonsten tue ich, was ich kann, damit meine Partei die zweifellos nicht einfache Aufgabe mit zu lösen hilft, die darin besteht, daß wir in einem gespaltenen Deutschland – auch mit der von Ihnen an anderer Stelle erwähnten und von mir gesondert behandelten sogenannten »Militärdoktrin der DDR« – die Bundeswehr im Gefüge des demokratischen Staates nicht nur halten, sondern auch so integrieren, daß es denkbar ist und bleibt, diese an und für sich nicht leichte Rolle einer militärischen Streitmacht in einem geteilten Land auch demokratisch zu verkraften, und zwar sowohl seitens der militärischen als auch der zivilen Organe. Das ist eines der nicht einfachen aber auch eines der nicht unlösbaren Probleme, mit denen wir es in diesem Zusammenhang zu tun haben.

Appel: Gibt es ein politisches Credo von Ihnen, das Sie als Mann der Partei, der Regierung und als erfahrener, durch viele Stadien deutscher Geschichte gegangener Politiker einer breiten Öffentlichkeit vor allem anderen darlegen möchten?

Wehner: Das wäre vermessen, wenn ich das in einem Satz zu tun versuchte. Aber als ein Mann, der durch viele Erfahrungen und durch manche Feuer gegangen ist, will ich die Zeit, die mir bleibt, nutzen, um diese Erfahrungen, soweit sie von allgemeiner Bedeutung sein können, anderen und Nachwachsenden nutzbar zu machen und mich nicht zu schonen, wenn es sich darum handelt, mit der ganzen Person so einzutreten dafür, daß die Dinge, die alle angehen, in Ordnung gebracht und in Ordnung gehalten werden, als hinge das vorwiegend davon ab, daß man seine eigene persönliche Pflicht erfüllt.

»Gefragt: Herbert Wehner«, Berto Verlag 1969

*

Jürgen Kellermeier: Herr Wehner, es ist häufig gesagt worden, daß der Weg der SPD zur Regierungspartei begonnen habe mit Ihrer berühmten Bundestagsrede vom 30. Juni 1960. Sie haben sich damals für eine gemeinsame Außenpolitik ausgesprochen, auf der Grundlage der bestehenden Vertrags- und Bündnisverpflichtungen. Sie haben im Namen der SPD die Ergebnisse der Adenauerschen Außenpolitik gleichsam akzeptiert als Grundlage und als Rahmen künftiger Außenpolitik. In einem weiteren Teil dieser Rede haben Sie sehr eindringlich gewarnt vor Feindverhältnissen zwischen den Parteien in der Bundesrepublik. Meine Frage: Was war die Funktion, was war die Aufgabe dieser Rede, und war das, was Sie damals im Bundestag zum Ausdruck brachten, war das bereits unbestritten innerhalb der SPD?

Wehner: Ich habe noch nie was erlebt, das unbestritten gewesen ist innerhalb der SPD. Das Godesberger Programm mußte in den Bestandteilen, auf die es in der konkreten Politik jeweils ankommt, erkennbar werden. Und dieses Erkennbarmachen habe ich mit meiner Rede auf mich genommen. Da sehen Sie, daß ich ein Ketzer bin, ich habe eine andere Auffassung von Programmen, ich habe eine andere Auffassung von parlamentarischer Demokratie; ich will parlamentarische Demokratie, ich will Demokratie als allgemeine Staats- und Lebensordnung, und es war keine Spekulation auf Regierungsbeteiligung. Ich bin doch kein Spekulant, ich bin ja auch kein Kind, womit ich Kinder nicht beleidigen will.

Nur, damals ging es um folgenden Ausgangspunkt, daß eine Viermächtegipfelkonferenz, wie man sich inzwischen angewöhnt hat sie zu nennen, wenn die ersten Leute, »die Gipfel«, zusammenkommen, in Paris angesetzt wurde. Sie war fällig, und die Beteiligten saßen alle da, aber die Konferenz trat nicht zusammen. Inzwischen war ein Vorgang geschehen, daß über sowjetischem Gebiet irgendeines von diesen amerikanischen U 2-Flugzeugen zur Aufnahme von Gelände und was es da gibt, den Skandal hervorgerufen hat, die traten gar nicht erst zusammen. Damals hat Chruschtschow seine ziemlich bekannt gewordenen, ziemlich groben Erklärungen dazu öffentlich gemacht. Und Adenauers Überlegung war folgende: Es vergingen einige Wochen seit dieser gescheiterten Konferenz, und nun wollte er, daß der Bundestag sich damit befaßte, denn da hatten ja immer Viermächtekonferenzen eine bedeutende Rolle gespielt, nämlich vor Viermächtekonferenzen hat die Opposition, das waren wir, deutlich gemacht, was man bei dieser nächsten Konferenz sagen müßte, vorbringen müßte. Wir sind ja auch weit gegangen.

Ich habe zum Beispiel zusammen mit Ollenhauer dem Außenminister, Herrn von Brentano, der ja ein fairer Gegner war, auch jedesmal vorher unsere Punkte erläutert, die wir zu den gerade auf die Tagesordnung gehörenden oder auch stehenden Themen als Alternative zu den uns im wesentlichen nicht immer bekannt gewordenen Auffassungen oder Entscheidungslinien der Regierung entwickelt haben. Und er hat sich auch bedankt. Und er sagte: Aber Sie werden verstehen, ich bin verpflichtet meinem Bundeskanzler und Lehrer Adenauer, aber ich kenne jetzt wenigstens Ihre Alternative. So war das, so gingen wir um als Opposition mit einer Regierung, die uns öffentlich disqualifizieren wollte und es auch häufig gemacht hat. Das ist der Unterschied in der Auffassung von Demokratie. Und Konrad Adenauer wollte uns dort fertigmachen – öffentlich.

Wir hätten ja immer Illusionen gehabt in bezug auf Viermächtekonferenzen und in bezug auf das, was da alles notwendig und denkbar gewesen wäre, und nun sähe man das ja, und er wollte uns als Illusionisten und nicht nur als Illusionisten hinstellen, dessen war ich mir bewußt, man ist ja nicht so dumm, wie man aussieht, und, so habe ich gesagt, dies werde ich unterlaufen, indem ich nun mal die Gelegenheit wahrnehme, in einer Diskussionsrede darzulegen, wie wir zu den tatsächlichen Festlegungen, die sich aus Erklärungen, Erläuterungen, Angeboten oder was es sonst noch gibt, der verschiedenen, in diesem Falle westalliierten Persönlichkeiten für wichtig hielten, daß man sich dazu äußerte. Das ist das Hauptsächliche an dieser Rede, bei der ich ja auch deutlich gemacht habe, zum Beispiel an, ich glaube, fünf Punkten, die Strauß zur Bedingung machte für eine überhaupt so nennenswerte gemeinsame Außenpolitik, die eigentlich sich gehörte, nicht? Das muß man wohl bedenken, wie er jetzt in der Opposition von gemeinsamer Außenpolitik geredet hat, nämlich nicht geredet hat, sondern das Gegenteil zu Verträgen usw.

Nein, damals also habe ich jeden dieser fünf Punkte genommen und sauber dargelegt, so daß ich schon dachte, es wird vielleicht die Leute langweilen, wie wir dazu stehen, was es dafür für Voraussetzungen gibt oder welche geschaffen werden können und müssen, wozu wir bereit wären oder wo wir erst die Klärungen haben möchten. Das ist der eigentliche

Gehalt dieser Rede, und das hat ja nicht wenige auf der Gegenseite, in diesem Falle CDU/CSU, und nicht nur CDU/CSU, auch die anderen, die in der Koalition mit ihnen waren, ziemlich erregt. Ich habe schließlich im Schlußteil meiner Rede deutlich gemacht, was diese zweite Republik nicht aushalten würde und was zu ihrem Ende führen könnte und müßte, nämlich Christliche Demokraten und Sozialdemokraten in Feindschaft statt in Gegnerschaft zueinander. Und ich komme noch mal darauf zurück, dies war mein Beitrag dazu, daß das Programm nicht ein Programm bliebe, sondern hineinkam und nicht als Programm, mit dem allein man recht hat, der andere unrecht hat, wenn er nicht ja sagt zum Programm, nein, nun umgesetzt in die konkrete Politik. Da haben Sie meine Auffassung von Programmbedeutung und von politischer Debatte, dies war da drin. Und es hat ja auch einiges, wenn auch nicht viel, bewirkt. Aber irgendeine Spekulation auf Regierung war damals darin nicht, weder verhüllt noch etwa vorgezeigt.

Kellermeier: Keine Spekulation, Herr Wehner, aber wohl wird man sagen können, daß ohne die Rede und die Politik, die durch diese Rede ja einen Ausdruck fand, der Weg zur Großen Koalition wohl nicht möglich gewesen wäre. Sie selbst haben in der ersten Hälfte der sechziger Jahre mit Politikern der Unionsparteien, unter anderem mit Paul Lücke und dem Freiherrn von Guttenberg Gespräche geführt, die damals viel Aufsehen erregt haben, und in denen wohl auch das Thema einer Koalitionsbildung eine Rolle gespielt hat. Wären Sie bereit, über diese Gespräche etwas zu sagen?

Wehner: Ja, vor allen Dingen, weil ich sehe, wie falsch Sie das auffassen. Ich bitte Sie um Entschuldigung, ich will niemandem zu nahe treten. Denn, das war nicht ich, das war Adenauer, der Herrn Lücke und Herrn von und zu Guttenberg gebeten und beauftragt hat, mal mit dem Wehner zu reden, ob es überhaupt eine Möglichkeit geben könnte und denkbar wäre, daß Sozialdemokraten mal mit der CDU eine Regierung bilden würden. Und wissen Sie, warum das war?

Weil er die »Spiegel«-Affäre wegkriegen wollte; so, da war das, 1962, da wurde ich von Lücke gefragt, ob ich bereit wäre – ich war bereit – mein Freund Ollenhauer, den ich am selben Abend, als ich den Anruf bekommen habe und sagte, jetzt will der mit mir sprechen, ich nehme an, das ist unvermeidlich, ich weiß nicht, was er will, aber wir werden es ja hören, da ging es um das. Und dann kam dazu in den nächsten Tagen Herr von und zu Guttenberg, und der war wiederum besonders verliebt in schriftliche Festlegungen, wie man zu dem und zu dem steht, dabei spielte eine besondere Rolle die Einführung des relativen Mehrheitswahlrechts, während der andere, der zwar ganz entschieden für das relative Mehrheitswahlrecht war, Lücke, aus wirklicher Überzeugung, nicht als Trick oder aus Taktik, weil dann seine eigene Seite ihn hat im Stich gelassen, aus der Regierung ausgeschieden ist.

Kellermeier: Aus der Großen Koalition, ja?

Wehner: Aus der Regierung, ach was Koalition, aus der Regierung ausgeschieden. Und er ist zu mir gekommen und hat mir gesagt: Herr Kollege Wehner, was ich jetzt tue, tue ich nicht, weil ich über Sie enttäuscht bin, dazu habe ich keinen Grund, sondern weil meine eigenen Freunde in dieser Frage »relatives Mehrheitswahlrecht« mich im Stich gelassen haben. Und da gab es halt – Herr Schröder war anderer Meinung, übrigens, der wollte das gar nicht, weil er schielte auf FDP, und die FDP war ja auch gern bereit, sie hatte zwar die Regierung Erhard gesprengt, war rausgegangen, und da saß der Erhard mit seiner Regierung als einer Minderheitsregierung, wenn auch mit erheblicher Zahl, das muß man ja zugeben, aber das konnte er gar nicht lange machen – so kam es damals zu diesen wochenlangen Verhandlungen, von denen wir begehrt hatten: Die drei Seiten – CDU/CSU, FDP als Regierungspartner bis vor kurzem, als die FDP ausgestiegen war und die SPD als Opposition – setzen sich hin und treffen gemeinsam eine Bestandsaufnahme. Nicht – das haben alle abgelehnt, sowohl die FDP als auch die CDU/CSU, genauso wie sie damals abgelehnt haben Neuwahlen. Wir haben verlangt, und ich habe damals – ich war der Sprecher für diese Forderung – Neuwahlen. Zugegeben, das war ein Jahr nachdem sie die Wahl 1965 gewonnen hatten und eine Regierung gebildet hatten, war sie zusammengebrochen – was dazwischen lag, darüber will ich gar nicht reden. Das war traurig genug für diejenigen, die Versprechen gemacht und sogar zu Papier gebracht und zum Programm – in diesem Fall Regierungsprogramm – gemacht hatten und es dann wieder zurückzogen. So war das in Wirklichkeit, nur ...

Kellermeier: Das war im Herbst 1966?

Wehner: Sicher, im Herbst platzte die Regierung, und damals war ja der Bundestag so besetzt nach Kräften, daß es nicht erreichbar war, mit einem sogenannten konstruktiven Mißtrauensvotum den inzwischen zum Kanzler einer Minderheitsregierung gewordenen Ludwig Erhard zu ersetzen. Dies ist der Sinn eines Mißtrauensvotums, daß man für einen die Mehrheit der Stimmen haben muß, also gab es die zweitbeste Lösung, um sie so zu nennen, die habe ich an einem Montag, da mir keiner helfen wollte, herausgetüftelt und zu Papier gebracht; die war auch einwandfrei, nämlich ein Antrag mit genauer Begründung, ohne daß man ihn antasten konnte, daß er die Vertrauensfrage stellen soll. Man konnte ihn dazu auch nicht zwingen, aber der Antrag konnte beschlossen werden.

Und da kam dann am Morgen nach einer langen Nacht, in der die FDP ihre Sachen besprochen hatte, einer von denen damals – es ist ein Witz gewesen, ausgerechnet der Herr Zoglmann wurde zu mir geschickt, lief dann später über zur CDU/CSU – und hat gesagt, also sie hätten ja nicht für ein Mißtrauensvotum sich bereit erklärt, aber für diesen Antrag, der Bundeskanzler möge die Vertrauensfrage stellen, werden sie stimmen. Das hätte er mir aber vertraulich zu sagen. Das war bei Beginn der Sitzung. Nun gut. Dann wurde gestimmt, und es gab eine Mehrheit, er möge die Vertrauensfrage stellen, und da hat er leider etwas die Form verloren. Er hat mir sogar leid getan. Da hat er angefangen zu schimpfen, und dann gingen die Verhandlungen los, weil man eine regierungsfähige Mehrheit bilden mußte.

Unser Begehren war, alle drei setzten sich hin, um die Lage – damals gab es diese Stillegungen von Gruben und schlimmeres noch im Industriegebiet, es sah bedrohlich aus, ich habe das noch sehr im Gedächtnis, auch das innere Vibrieren der SPD damals und der Gewerkschaften – aber es mußten dann parallel geführt werden Koalitionsverhandlungen der SPD mit der CDU/CSU und der SPD mit der FDP. Das dauerte einige Wochen. Mein einziger Grundsatz hinsichtlich des Wie-Führens und Wie-Verbindlichmachens war, die Beschlußkörperschaften der Sozialdemokraten, das sind also in diesem Fall Parteivorstand und Parteirat, Bundestagsfraktion, müssen bis zum vorletzten Tag frei sein, für die oder für die Lösung sich zu entscheiden. Das heißt, sie müssen einen Bericht bekommen über die Ergebnisse der Koalitions- oder Regierungsbildungsverhandlungen mit CDU/CSU und FDP, wobei wir ihnen allerdings auch immer sagen müssen, in welchen Punkten die einen, na sagen wir mal, entgegenkommender waren, nicht um uns, wie die Hamburger zu sagen pflegen, zu begöschen, sondern um das weitere Besprechen interessanter zu machen. Nein, es gab ja bestimmte Dinge, zum Beispiel Kommunalfragen, Mineralölsteuer und andere solcher Fragen. Da gab es Unterschiede, die wurden mitgeteilt, und ehrlich bis zu vorletzt waren die Beschlußorgane der Sozialdemokraten frei, so oder so zu bestimmen, abzustimmen. Das haben sie dann auch gemacht.

Kellermeier: Und was hat am Ende den Ausschlag gegeben für die Bildung der Koalition mit der CDU/CSU?

Wehner: Den Ausschlag gegeben hat a) zum Beispiel der Pfennig, der Mineralölpfennig, der damals zum ersten Mal – so wie es gemacht wurde und wie es abgesprochen wurde – konnte direkt und nicht verzettelt gegeben werden, sondern dorthin gegeben werden, wo es am dringendsten erforderlich war – für Gemeindefinanzen – es ist zum ersten Mal durchbrochen worden, zweitens, solche Tatsachen wie die

157

Bereitschaft der CDU/CSU zur Bildung eines Finanzrates, dem erstmals auch die Spitzenorgane der Gemeinden angehören und eines Konjunkturrates, auch zum ersten Mal und seitdem die Spitzenorgane der kommunalen Gliederungen wiederum drin sind. Das war das Positive bei denen, dazu gab es bei der FDP-Seite keine oder weniger Neigungen. Die hatten damals keine sehr glückliche Hand in bezug auf die Behandlung von gemeindepolitischen Problemen, und das schien uns bei der entstandenen Unruhe und im Industriegebiet bei den Betriebsstillegungen und so weiter das Wesentliche, die Sache mit den Gemeinden sauber in Ordnung zu bringen. Das waren solche Punkte.

Kellermeier: Und die Mehrheitsfrage, die Tatsache, daß eine Kleine Koalition nur eine äußerst knappe Mehrheit gehabt hätte?

Wehner: Hat auch eine Rolle gespielt bei der Entscheidung, aber das war dann, das müssen Sie so nehmen, wie ich Ihnen das sage, ich habe erklärt, soweit ich etwas zu sagen hatte, bei den Organen, bei den Beschlußorganen, die Mehrheit ist knapper als – natürlich die Mehrheit, die die CDU/CSU mit der SPD zusammen hat – aber es geht jetzt darum, was traut man ihr zu, und was kann man ihr, darf man ihr zutrauen in bezug auf Fähigkeit, bestimmte Probleme, die damals dringend geworden waren, auch wirklich zu lösen.

Kellermeier: Dies korrigiert, Herr Wehner, doch das Bild, das von Ihnen in der Öffentlichkeit bestand und bis heute noch besteht, daß Sie von Anfang an ein entschiedener Betreiber der Großen Koalition gewesen seien?

Wehner: Hören Sie mal, ich habe gar nichts dagegen. Von mir werden Sie nicht erwarten, daß ich mich über andere Leute noch erkennbar errege. Wie es in mir aussieht, Herr Kellermeier, ist eine ganz andere Sache, nicht? Eine ganz andere Sache. Nur, wenn Sie schon solche Döntjes hier erzählen und in Erinnerung bringen, so ein Mann wie Erler, so ein Mann wie Brandt, die wollten lieber die Koalition mit der FDP, aber die habe ich doch weder beiseitegespielt noch, nein, die – Erler war damals krank – sein letzter Brief während dieser Phase war ein insofern erschütternder Brief, als er dazu riet, die Koalition mit der CDU/CSU – nachdem ihm alles klargemacht worden war, schriftlich und auch mündlich, er war immer in Verbindung mit uns, er lag im Krankenhaus, in seinem letzten Krankenhaus – zu machen. Bei seinen sonstigen Neigungen, nein, das war so fair und sauber, und das war ja danach auszuhalten, auszutragen, nicht, denn hinterher mußte man Parteikonferenzen machen, um deutlich zu machen, warum das und warum nicht anders. Das ist geschehen, die Mehrheitsbestimmungen waren eindeutig, und es waren unbegrenzte Redezeiten damals bei diesen Debatten, die nicht nur bis in die Nacht, sondern bis in die frühen Morgen hineingingen, da kann man nichts sagen, und außerdem gibt es ein Problem.

Sie haben ja, geben mir ja Anlaß, auch wenn man das so zusammenbringt, so schnell, nicht, seit 1962, damals ging es dem Herrn um die »Spiegel«-Affäre. Damals ging es um solche Sachen, daß mir der Herr Lücke sagte, er würde nie wieder in einer Regierung mit Strauß sein. Das hat sich geändert. Es war schwierig, es war kompliziert, aber es waren keine Tricks drin – jedenfalls ich selbst habe keine Tricks veranlaßt oder auch selbst gemacht –, und hinzu kommt noch etwas: Die Sache mit dem relativen Mehrheitswahlrecht. Das war immer eine in der SPD umstrittene Frage, da gab es welche »ja«, schon vor vielen Jahren, da gab es andere »nein«, das hatte gar nichts mit der CDU/CSU zu tun, weil die das nun zu einer der Bedingungen machte. Nur, im Jahre 1969 ergab es sich, daß in der CDU/CSU inzwischen ein nicht unbeträchtlicher Teil war – der Wortführer war damals Herr Schröder, erst lange Jahre Innenminister, dann mehrere Jahre Außenminister, dann in der Koalition unter dem Kanzler Kiesinger Verteidigungsminister, der wollte nicht...

Kellermeier: Mit Rücksicht auf eine mögliche Koalitionsbildung mit der FDP?

Wehner: Ja sicher, und das war ja der Grund, weswegen schließlich, weil das auch erkennbar wurde, besprochen wurde und auch sozusagen Probeabstimmungsergebnisse herumgereicht wurden innerhalb der CDU/CSU, das wurde dann also zu dem Punkt.

Ich konnte, auf einem außerordentlichen Parteitag 1969, gestützt – das legt ein Protokoll dar, ungefälscht und unredigiert –, konnte feststellen, bei der CDU ist jetzt das und das und das in bezug auf Mehrheitswahlrecht, so ging das aus. Das heißt, ich habe nie geleugnet, daß die Mehrheit in der SPD nicht für das relative Mehrheitswahlrecht war, zum Teil deswegen, weil sie sich ausrechneten, dann dauert das sehr lange, ehe man einen Regierungswechsel, Mehrheitswechsel herbeiführen oder herbeizwingen kann, andere aus sogenannten prinzipiellen Gründen in Wahlrechtsfragen. Aber es gab auch nicht wenige, die waren für das Mehrheitswahlrecht. Das ging durch die verschiedenen Reihen verschieden durch. So war das. Dann im Jahre 1969 ein Ereignis, das hat wirklich der Koalition unter Kiesingers Kanzlerschaft das Erneuertwerden unmöglich gemacht.

Kellermeier: Sie meinen die Bundespräsidentenwahl?

Wehner: Das war die Bundespräsidentenwahl am 5. März. Denn da hatte ein Sozialdemokrat, und der hatte es sogar geglaubt, obwohl ich ihm versucht habe, den Star zu stechen, das feste Versprechen, er wird der Kandidat sein.

Kellermeier: Wer war das?

Wehner: Ein Kandidat. Das ging dann monatelang so, und als mir klar wurde, im August, daß das Wort, das er bekommen hatte, offenbar nicht mehr galt, aber noch nicht gesagt wurde, es gelte nicht mehr, habe ich ihm dringend geraten, er solle sich damit abfinden und solle nicht den Fehler machen, darauf zu pochen, denn das sei längst anders gehandelt. So ist es dann auch gewesen.

Er hat bis zuletzt, bis zu vorletzt, nicht angenommen, daß das nicht revidierbar wäre seitens der CDU, aber die hatten sich anders besonnen – wer weiß, ob das Wort, das sicher ehrlich gegeben worden war, aber dadurch keinen Boden mehr hatte, daß diejenigen, die das gegeben hatten, nicht mehr Herr ihrer Anhänger waren in diesen Fragen. Die wollten eben einen anderen, das war die Entscheidung. In einem Brief – ich habe ja einige lange Briefe von dem dann todkranken Freiherrn von und zu Guttenberg bekommen, der auch gegrübelt hat darüber, woher und wo sind denn die Gründe wohl gewesen dafür, daß die Große Koalition nicht erneuert werden konnte oder erneuert worden ist, der hat genau richtig getippt. Es war das Drumherum um die Bundespräsidentenwahl 1969. Die selbst war ja bis zum dritten Wahlgang keineswegs entschieden, erst im dritten Wahlgang war das klar.

Kellermeier: Wir sollten vielleicht für unsere Zuschauer der Erklärung halber sagen, daß die CDU/CSU damals Gerhard Schröder aufstellte als eigenen Kandidaten und daß damals in den Zeitungen zu lesen stand, daß der Kandidat in der SPD Georg Leber gewesen wäre. Herr Wehner, eine Frage an dieser Stelle noch zum Thema Große Koalition. Sie haben sich 1966 – wenn ich mich richtig erinnere – gegen jene in der SPD gewendet, die nach der Devise operieren wollten: Große Koalition ja, aber ohne Strauß. Meine Frage: Was ist Ihre Einschätzung generell der politischen Potenz Strauß', und hat sich Ihr Urteil über Strauß im Laufe der Jahre verändert?

Wehner: Nein. Es hat sich nicht verändert. Außerdem, wenn Sie das interessiert, es scheint so zu sein, daß es Sie interessiert, will ich also davon mal ein paar Takte sagen. In der letzten entscheidenden Zusammenkunft, die viele, viele Stunden, ich weiß nicht, ich glaube, es war bis gegen Morgen, 5.00 Uhr, dauerte bei den sozialdemokratischen Beschlußorganen, da war es Gustav Heinemann, der sich dagegen wandte, in der Situation, wie sie damals war, eine Regierung mit der CDU/CSU, die mehr waren als wir, deswegen oder nur deswegen abzulehnen, weil sie auch den Strauß da reinschicken und nehmen können würden. Und er hat es in einer sehr bewegenden, nüchternen Art gesagt. Sein Verhältnis gegenüber diesem Mann dürfte nicht – außerdem ist er tot – in Verdacht geraten, so wie man mir zutraut, ich machte alles mögliche, bloß um irgend etwas zu erreichen. Nein, nein so war das gar nicht – so war das nicht. Und wenn Sie nun nach Strauß fragen: Ich habe erlebt, wie der Strauß als Finanzminister damals in der Regierung Kiesinger war und sich so gut wie ausschließlich, sage ich ganz abgemessen, mit finanz- und wirtschaftspolitischen Fragen beschäftigt hat. Da gab es dann dieses Paar »Plisch und Plum«, der eine war Strauß, der andere war dieser Herr Schiller, die man oft zusammen sah im Fernsehen, und dies prägte auch dann das Bewußtsein der denkenden Menschen.

Ich habe 1965, als mich zwei Abgeordnete der CDU und CSU hatten fragen lassen, mitten im heißen Wahlkampf, ob ich mal bereit wäre, mit ihnen ein Gespräch zu führen über drei wichtige Fragen, für sie wichtige Fragen. Ich habe gesagt, ja; dann haben wir uns irgendwo getroffen, und es ist auch nie öffentlich gemacht worden. Und da war eine der Fragen – Strauß. Ich habe denen damals erläutert – das sage ich übrigens nicht, weil ich es dort gesagt habe, sondern ich habe es in meinen eigenen Wahlversammlungen gesagt –, ich halte Strauß für einen sehr gefährlichen Gegner, um es nicht noch mit Superlativ zu bezeichnen. Gerade deswegen muß man ihn so politisch bekämpfen, wie das sauber ist und fair ist. Und ich warne davor, ich werde nie mitmachen diesen damals auch – das ging ja damals schon los – Radau und anderes – das ist die leichteste Art, Opposition zu spielen und in Wirklichkeit denen in die Hände zu spielen, die fast kein Mittel ungenützt lassen, um die Macht – wie sie sie verstehen – zu ergreifen. Ich habe damals dieses Bild gebraucht auch in meinen Versammlungen in meinem eigenen Wahlkreis.

Es war ja gar nicht so einfach; die Leute fingen schon an, Rausch zu bekommen, was man alles sagen könnte – das ist ja immer zum Vorteil dessen, den man damit meint. Da habe ich gesagt, ich möchte nicht, daß in unserer Republik jemand sozusagen mit dem gelben Stern – bildlich gesprochen – herumläuft. Er darf zwar rumlaufen, aber der Mann muß politisch bekämpft werden. Die Meinung habe ich behalten, die Meinung habe ich nach wie vor ungeachtet dessen, was der Mann mir zugefügt hat – es war nicht von Pappe –, aber bitte sehr, diese Denaturierung demokratischer Praxis durch ihn, aber dann auch noch über ihn, durch seine in diesem Falle wie Feinde auftretenden und sich so gerierenden Gegner, zerbricht die Demokratie. Das alles, das sind dann beide schuld. Dann frage ich allerdings, wer hat dann mehr schuld: der, der das ausgenützt hat, oder diejenigen, die so dumm waren und so besessen und versessen waren, nicht zu begreifen, daß sie damit die Voraussetzungen für eine saubere Auseinandersetzung mit aller sachlichen Schärfe zerstören. Das ist meine Philosophie.

Kellermeier: Herr Wehner, Sie haben eben schon einiges darüber gesagt, weshalb die Große Koalition nicht fortgesetzt wurde, haben in dem Zusammenhang verwiesen auf die Wahl des Bundespräsidenten. Wo sehen Sie nun das eigentliche Motiv für die Bildung der sozialliberalen Koalition? War das die Notwendigkeit einer neuen Deutschland- und Ostpolitik, die mit der CDU/CSU nicht oder so nicht zu machen war, war es der angestaute Bedarf an Reformen, oder war es das Bedürfnis oder auch das Bedürfnis der SPD, endlich auch einmal den Bundeskanzler selbst zu stellen?

Wehner: Erstens mußte es möglich gemacht werden, eine regierungsfähige Mehrheit zu bekommen. Bei den Freien Demokraten war die Neigung zu einer Vertragspolitik gegenüber den osteuropäischen Nachbarn und Staaten – und auch im Saarland – mit den Unvermeidlichkeiten der Regelung des Verhältnisses zwischen Bundesrepublik Deutschland und Deutscher Demokratischer Republik gegeben, die Voraussetzungen gegeben, bei der CDU/CSU war sie über das, was bis dahin erreicht worden war, hinaus nicht gegeben. Und was Reformen betrifft, einige der dringend notwendigen Reformen – so konnte man damals annehmen, und es ergab sich aus den Gesprächen – waren mit der FDP erreichbar zu machen, wenn auch keineswegs alle, die man sich für notwendig ausgedacht hatte. Daß die SPD einen

Bundeskanzler wollte, das mag bei dem oder jenem eine Rolle gespielt haben; ich kann nicht für andere sprechen, bei mir hat es keine gespielt, aber das war ja klar, warum soll, wenn die Große Koalition nicht erneuert werden konnte aus Gründen und Bedingungen, von denen hier einige schon genannt worden sind, dann mußte der Versuch gemacht werden, mit einem Sozialdemokraten als dem Mann, der von der Größe nach zweiten Bundestagsfraktion zu stellen war, eine mehrheitsfähige Regierung zu bilden.

Und den Weg sind wir dann angetreten, zumal man ja nicht ganz außer acht lassen konnte oder durfte, daß die Freien Demokraten durch Entscheidung zum 5. März des Jahre 1969, Bundespräsidentenwahl, sich einen schweren Aderlaß zugezogen hatten. Sie hatten ja bei der Bundestagswahl 1969 dann 19 Mandate weniger; das war die Quittung von Wählern und Angehörigen der FDP auf die Wahl Heinemanns zusammen mit der SPD. 19, das war kein Pappenstiel, hatten sie weniger, und sie haben es dahinter noch – also sie hatten das, was sie ja voraussehen konnten – hatten sie gemacht mit dieser Wahl eines Bundespräsidenten, erstmals eines Sozialdemokraten.

Kellermeier: Wie groß war damals Ihre Skepsis, Herr Wehner, daß die Koalition mit dieser knappen Mehrheit, die dann ja auch im Laufe der Jahre zerbröckelte, in Turbulenzen geraten würde? Waren Sie 1969 schon skeptisch?

Wehner: Ich war nie skeptisch, sondern habe immer gewußt, das wird sehr schwer. Und einer muß der Dumme sein, und das war immer ich, denn Parlament ist Parlament, nicht? Da muß man die notwendigen Stimmen zusammenbekommen einschließlich solcher schrecklichen Sache wie es dieses bisher einzige sogenannte konstruktive Mißtrauensvotum im Jahre 1972 geworden ist. Da war ja bei der CDU/ CSU die Vorstellung – das lockte sie, wie sich eine Tierart durch eine Wurst, die man ihr vor die Nase hält, also locken läßt – verkündeten sie nach der Landtagswahl in Baden-Württemberg, daß sie nunmehr ein konstruktives Mißtrauensvotum durchführen würden, weil sie der Meinung waren, jetzt haben sie a) die Überläufer, die man braucht, b) die, die man gewonnen hat, wie man das so nennt, ich will das Wort nicht in finanziellen Ausdrücken wiedergeben. Und da wußte ich, was uns bevorsteht, und wir haben es durchgestanden.

Kellermeier: Wie beurteilen Sie, Herr Wehner, im nachhinein die Legitimität dieses konstruktiven Mißtrauensvotums?

Wehner: Die Verfassung läßt das zu, wenn es einer für möglich hält, dann muß er es machen. Und wenn er dabei hinfällt, wie ihnen das dann geschehen ist, dann kann ich ihnen nicht helfen.

Kellermeier: Noch heute ist die Annahme anzutreffen, daß vieles damals nicht mit rechten Dingen zugegangen sei.

Wehner: Was sind rechte Dinge, daß man Leute bezahlt, nicht? Wie das gemacht worden ist, es gibt doch heute Leute, ich könnte sie aufzählen. Ich denke nicht daran, weil dann die besondere Seite unserer Demokratie zum Vorschein kommt, dann werde ich fortgesetzt vor Gerichte geschleppt. Ich kann ja nicht mal das verwenden, was ich damals von Anverwandten solcher Leute bekommen habe – ein ganzer Stapel von Sachen. Nein, nein, dies war schmutzig, und das mußte man wissen. Ein Fraktionsvorsitzender muß wissen, was geschieht und was versucht wird, um einer Regierung den Boden unter den Füßen zu entziehen. Die Regierung selber muß das alles gar nicht wissen.

Kellermeier: Herr Wehner, was haben Sie, wenn ich so fragen darf, empfunden, als der Bundestagspräsident das Ergebnis des konstruktiven Mißtrauensvotums bekannt gab?

Wehner: Ich war auf der Toilette. Ich habe dann, als ich wieder zurückkam, den Jubel gehört, und ich war nicht zu den ersten gehörig, die dann begrüßt wurden. Ich kenne zwei Leute, die das wirklich bewerkstelligt haben, der eine bin ich, der andere ist nicht mehr im Parlament.

Kellermeier: Es hatte damals in der Öffentlichkeit eigentlich die Prognose dominiert, daß Rainer Barzel durchkommen würde, daß Rainer Barzel Bundeskanzler werden würde. Die Überraschung war allgemein sehr groß. Es war dies im nachhinein betrachtet ja der Anfang des Endes der Karriere von Rainer Barzel. Wie ist eigentlich Ihre Meinung, Ihr Urteil, über den Oppositionsführer Barzel?

Wehner: Kurz bevor er vom Fenster weg kam, hatte er nach dem Ausgang der Bundestagswahl 1972 ja sehr präzise gesagt: Und nun, in dieser Periode – es wird eine Vierjahresperiode, während die 1972 abgeschlossene eine verkürzte, eine Dreijahresperiode geworden war, aufgrund der inneren Verschiebungen. Und nun werden wir – das heißt, die mit dem C vorn und U hinten, sage ich – also Opposition im besten Sinne des Wortes sein. Weil wir ja nicht mehr, wie in der vergangenen Periode, zu erwarten hatten den Ausgang von Landtagswahlen oder was es noch gab, daß wir plötzlich die Regierung übernehmen müßten, weil wir könnten und die anderen nicht mehr könnten. Er war nach fünf Monaten weg vom Fenster, und es kam ein schneidiger Vorsitzender, das war Herr Carstens. Das hatte noch ein Zwischenspiel.

Ich hatte nämlich Herrn Barzel geschrieben, daß es dringend notwendig wäre, vor allen Dingen aufgrund dieser paar Sätze, die ich in Erinnerung gebracht habe – jetzt werden wir eine richtige Opposition sein –, über drei Sachen zu sprechen, die so nicht weitergehen können. Und zwar die Behandlung bestimmter Berlin betreffender Probleme, da darf man sich nicht so gegeneinander sich manövrieren und stellen, bis es da auf Biegen und Brechen geht, dann einiges, was Israel betrifft, und eine dritte Sache, die die Dienste anging. Er sagte mir dann brieflich zu, nach unserer Unterredung, ich fragte nochmal zurück, ob sie gleich zu dritt auch mit dem Fraktionsvorsitzenden der FDP, oder ob er zuerst mit mir unter vier Augen, und dann machen wir das anschließend mit dem Kollegen Mischnick von der FDP. Er hatte den Tag schon ungefähr angegeben. Ich wollte auch wissen, wo, es stünde ihm völlig frei, ob bei ihm oder sonstwo, wo er es für richtig hielte. Und dann bekam ich den Antwortbrief, der Termin könne leider nicht eingehalten werden, denn er trete am nächsten Tag zurück. So geschah es, und da war das auch im Eimer. So kannte ich Barzel in seinen Glanz- und in seinen weniger Glanzzeiten.

Kellermeier: Herr Wehner, noch einmal zum konstruktiven Mißtrauensvotum. Rainer Barzel hat sich – das hat man gesehen – gründlich verschätzt. Haben Sie damals es überhaupt für möglich gehalten, daß die Koalition diesen Ansturm überstehen könnte?

Wehner: Ich habe beides für möglich gehalten, das stand auf der Schneide, und die war so wie ein Haar – scharf.

Kellermeier: Die Folge oder eine der Folgen war eine Bundestagswahl, nämlich die von 1972, bei der die Koalition eine komfortable Mehrheit gewann. War diese Mehrheit, Herr Wehner, vielleicht zu komfortabel, war sie zu bequem, hat sie die Koalition dazu verführt, zum Beispiel das Jahr 1973, ein Jahr ohne Wahlen, auch ohne Landtagswahlen, zu verschenken?

Wehner: Das ist alles etwas billig, ich bitte Sie um Entschuldigung, wenn ich da so antworte, weil das schwieriger war, als es sich heute erläutern läßt. Erstens war das ein gutes Wahlergebnis, zweitens habe ich schon in der ersten Zusammenkunft der Beschlußkörperschaften der SPD erlebt, wie – da sind ja auch nicht wenige Abgeordnete im Parteirat und Parteivorstand – »nun werden wir aber mal der FDP zeigen«, daß sie mit uns nicht usw. Da war mir schon klar, es wird sehr schwer. Denen ist in den Kopf gestiegen, daß sie erstmals stärkste Fraktion geworden sind. Das haben die sicher alle, zwar nicht vergessen, aber sie haben es begraben, was sie damals für törichte Sachen gesagt haben. Gleich am Anfang, gleich am Anfang.

Unglück war noch dazu, daß Brandt schwere, ziemliche gesundheitliche Beschwerden hatte und im Grunde hätte gar nicht, zum Beispiel in diesen Beschlußkörperschaften, reden dürfen. Der Arzt hat es ihm angeordnet, zehn Minuten während eines ganzen Tages insgesamt gerechnet. Er hat es dann darauf ankommen lassen, weil er fand, man muß denen eine Einschätzung, eine klare Begriffsbestimmung geben. 1973 war ein Jahr, das – sicher spielte dabei auch eine Rolle in diesem Jahr, daß man meinte, nun haben wir ja es nicht mehr so schwer und müssen nicht genau auch jede Stelle hinter dem Komma noch berechnen.

Aber man darf nicht eines vergessen, im Jahre 1973 kam auch noch manches andere dazu. Das hat dann beim Übergang zu 1974 plötzlich für viele in der Bundesrepublik ganz neue Elemente, mit denen wir heute noch nicht ganz fertig geworden sind, Ölkrise und was dazu gehört, Unsicherheiten in dieser Beziehung ins Blickfeld gebracht. Andererseits umgekehrt war das die Zeit unmittelbar nach dem Abschluß der Verträge mit den östlichen Nachbarn, mit denen bis dahin keine wirklichen Verträge gewesen sind außer gewissen Abkommen und nicht zu vergessen der DDR. Und so wollte man sich sozusagen erst mal, wollte man das alles etwas sich entwickeln lassen, das ist mir menschlich verständlich gewesen.

Aber dazu, ich komme noch mal zu dem zurück, was ich eingangs beim Versuch einer Antwort auf Ihre Frage gesagt habe. Die Überheblichkeit, um es einmal ganz hart zu sagen, bei einem Teil von Sozialdemokraten war damals bedauerlicherweise nicht gering. Sie waren eben der Meinung, jetzt sind wir wieder die Stärksten, jetzt wollen wir mal. Das ist schade, das ist menschlich. Aber es wird eine Weile dauern, ehe sie bald wieder in eine solche Situation kommen. Man muß nur dann sehen, daß sie dann nicht wieder so sind wie damals.

Kellermeier: Das Jahr 1973 war auch das Jahr, in dem Sie wiederholt davor gewarnt haben, die Ostverträge sich selbst zu überlassen, und wie Sie damals gesagt haben, alte Politik mit neuen Verträgen zu treiben. War dies auch eine der Erscheinungen, die hineingehören in den Bereich, über den wir gerade sprechen, also Schwächezeichen aus Überheblichkeit, Nachlässigkeit aus Überheblichkeit?

Wehner: Das gehörte wohl mit dazu. Das ist ja überhaupt bei uns so, das betrifft ja nicht nur diese Partei und diese ihre – sei es im Regierungs- oder sonst im staatlichen Bereich, parlamentarischen Bereich tätigen und wirkenden – Vertreter, Repräsentanten, daß man, wenn man etwas erreicht hat, meint, nun muß das mal sich selber entwickeln. So geht es ja mit Verträgen. Ich reise auch nicht zum Vergnügen oder bin, ich werde es kaum mehr tun, in die Länder gereist, mit denen man zwar Verträge gemacht hat, aber dann wurden die Verträge sich selbst oder, womit ich diejenigen, die ich nun nenne, nicht herabsetzen will, den Verwaltungsstellen überantwortet.

Damit kann man solche schwierigen Verhältnisse nicht in lebendige und in solche realen Verhältnisse umwandeln allmählich, von denen man sagen darf, die Verträge sind nicht sich selbst überlassen, sondern wir kümmern uns darum, sie mit Leben zu erfüllen. Und das geschieht nicht dadurch, daß man gelegentlich durch Botschafter und gelegentlich durch Außenminister und gelegentlich durch gemischte Kommissionen mit hochkarätigen Rängen von Staatssekretär oder ungefährem Rang, der sich mit Wirtschaftsfragen befaßt.

Ich habe mal einen schweren Fehler gemacht, der lange zur Verstimmung beigetragen hat durch seine verfälschte Wiedergabe. Ich habe mal bei einem Aufenthalt in Moskau gesagt, was der Regierung – das war damals 1973 – fehlt, das ist ein Kopf, der weder Kanzler sein will, noch Wirtschaftsminister, noch Außenminister, sondern der als Kopf allen diesen genannten und auch faktisch damit dem ganzen Kabinett hilft, jeweils das Kettenglied in den vor allen Dingen Wirtschaftsbeziehungen zu einem der Länder jenes Bereichs zu finden, von denen man sagen kann mit Vernunft, das würde für die wichtig sein, denn, so war meine Schlußfolgerung, alles, was sie möchten und alles, was sie auch brauchen, sind wir außerstande zu liefern.

Und was ist dann gekommen mit dieser verfälschenden Balkenüberschrift: »Wehner: Was der Regierung fehlt, ist ein Kopf«? Der Verfasser dieses Berichts hat mir seinerzeit zugegeben – nachdem der erste Brief, den ich an die mir von ihm gegebene Adresse geschickt hatte, als unbestellbar zurückgeschickt worden war, und als ich die richtige herausgefunden hatte, die er mir vorenthalten hatte –: Ja, Sie haben recht, das haben Sie nie gebraucht. Ich habe es auch nie in meinen Bericht geschrieben, aber als ich die Absätze gelesen habe, die Abzüge gelesen habe, habe ich es auch nicht geändert, denn es paßte gut ins Bild.

Sehen Sie, so geht das zu. Keine Klagen, keine Klagen, nur so etwas hat uns in diesem Jahre 1973 und auch 1974 gefehlt – nicht ein Kopf, nicht wie das da, sondern jemand, der so viel wußte – und das ist eine unerhörte Anforderung – und der den Rat geben konnte, mal da versuchen und mal da versuchen, denn wir können weder für Rumänien, noch für die DDR, noch für Ungarn, noch für Polen, noch für die ČSSR oder wer sonst noch da ist – auch nicht für Jugoslawien außerhalb des dortigen Blockgebundenseins – alles das, was die brauchen könnten oder womit sie es vor allen Dingen zu tun haben möchten, befriedigend lösen.

Kellermeier: Gilt dies nicht auch noch heute?

Wehner: Das gilt heute auch noch, aber ich sage es nicht. Ich habe es Ihnen nur erklärt, wie ich mir damit mal mehr als den Mund verbrannt habe dank der Freiheit unserer Presse, einem das Wort im Munde umzudrehen, auch dann, wenn man es gar nicht als solches gebraucht hat. Ich bitte Sie, daß ich da bitter bin, das sind Lebenserfahrungen, danke.

Kellermeier: Herr Wehner, zu den Auffassungen, die sich ziemlich festgesetzt haben, auch wieder durch publizistische Behandlung, gehört die Annahme, daß Sie beim Rücktritt von Willy Brandt eine entscheidende Rolle gespielt hätten. Es hat damals am Wochenende vor dem Rücktritt im Mai 1974 Gespräche gegeben mit Willy Brandt in Münstereifel, darunter wohl auch ein Gespräch zwischen Brandt und Ihnen. Können Sie darüber reden, haben Sie einen Rücktritt von Willy Brandt damals für notwendig gehalten und darauf hingewirkt?

Wehner: Ich habe nichts für notwendig gehalten. Ich habe Willy Brandt am 6. Mai 1974 früh, als er in einem engen Kreis der Koalition gesagt hat, daß er sich entschlossen habe zurückzutreten, wegen des Vorgangs mit diesem Guillaume wegen Fahrlässigkeiten, die vorgekommen seien, habe ich zu denen gehört – übrigens keiner der anderen war einverstanden, auch weder die drei von der FDP noch der zweite von der SPD – außer mir – von Brandt rede ich, der war einer von uns dreien. Ich habe damals erklärt, es gibt keinen Grund für seinen Rücktritt, aber – und dann habe ich gesagt: Es gibt Grund, daß der Soundso aufgrund der Verantwortung, die er während der fraglichen Wochen gehabt hat, geht. Kein Minister, sondern ein Staatssekretär, nicht weil ich dachte, lieber ein Staatssekretär, sondern wer die Verantwortung dafür hatte, die Verantwortung dafür, daß Texte verschlüsselt und entschlüsselt durch die Hände von einem Menschen gingen, der sonst nie damit zu tun gehabt hätte. Und das andere sage ich, das muß man, muß wieder ein anderer entscheiden, es sind alles nicht Kanzlerentscheidungen. Wie das war mit den Observationen und der Auswertung der Observationen, die von einem bestimmten Zeitpunkt an gewesen sind. Das war meine Erklärung. Ich habe erklärt, es gibt keine Notwendigkeit dafür, daß der Bundeskanzler Willy Brandt dafür, was als Fahrlässigkeiten bezeichnet worden ist, zurücktritt. Es gab eine Bedenk- und Besprechzeit bis zum Abend dieses Tages, und am Abend hat er dann erklärt, er bleibt doch bei diesem Entschluß.

Kellermeier: Herr Wehner, in der Rückschau ist zuweilen die Auffassung vertreten worden, daß der Wechsel von Willy Brandt zu Helmut Schmidt, auch ganz unabhängig von der Guillaume-Affäre, gleichsam ein Ausdruck eines allgemeinen Bewußtseinswandels gewesen sei. Dann ist das Wort Tendenzwende gefallen, Verlagerung der politischen Akzente, der Themen, eine Verlagerung mehr auf wirtschaftspolitische Themen. Auch ist gesagt worden, daß es ohne diesen Wechsel vielleicht schon damals zu einem Ende der sozialliberalen Koalition gekommen wäre. Ist diese Sicht völlig falsch?

Wehner: Das weiß ich nicht. Ich habe mich mit solchen Sichten nie beschäftigt und würde es auch nicht tun. Ich habe Ihnen jetzt eine Antwort gegeben, wie das wirklich war. Ich bin auch heute noch, auch wenn er nicht mehr Kanzler ist, bei allem, was er mich hat entgelten lassen, aus seinem Verständnis heraus, loyal zu Brandt. Und diese ganzen Sachen, die Sie jetzt erzählen, das mag bei vielen Leuten Deutung gewesen sein, das mag bei manchen vielleicht auch Meinung gewesen sein – das wäre sowieso gekommen –, meine Meinung war das nicht. Ich bin auch kein Händler in Details. Ich wußte wohl, was es hieß, wenn der erste sozialdemokratische Bundeskanzler aus eigenem Entschluß und in solch einer Situation zu gehen für unvermeidlich hält.

Kellermeier: Worin sehen Sie, als letzte Frage dieses Gesprächs, den wesentlichen Unterschied zwischen der Kanzlerschaft Willy Brandts und der Kanzlerschaft Helmut Schmidts?

Wehner: Helmut Schmidt, der ja auch in der Regierung Brandt Minister gewesen ist, Verteidigungsminister, Finanzminister und zeitweilig Finanz- und Wirtschaftsressort in Kombination – Schmidt ist ein Mann, der in der Zeit, das hat sich so gefügt, in der wir mit Wechsel von 1973 auf 1974 mit Ölkrise und vielen anderen Rezessionen und anderen schweren internationalen Wirtschaftserscheinungen zu tun haben, wußte, wie damit umzugehen, und wußte, soweit das geht und in unseren Kräften steht, damit klarzukommen. Insofern wurde noch aus der Not eine Tugend. Das war Glück.

»Zeugen der Zeit« ARD/NDR, 5. 1. 1980

Persönliches

Frage: Haben Sie das Gefühl, daß Sie in der rhetorischen Attacke die Kontrolle über sich verlieren können?
Wehner: Das Wort von der Kontrolle kenne ich, das stammt von Herrn Strauß. Der hat kürzlich in Nürnberg gesagt, im Gegensatz zu mir verliere er nie die Kontrolle über sein Temperament. Da kann ich nur sagen, um so schlimmer für ihn, wenn er in Nürnberg, München und Vilshofen immer so ganz kontrolliert geredet hat. Was mich von ihm und manchen anderen in der CDU/CSU unterscheidet, ist, daß ich es ablehne, mit zwei Zungen zu reden. Die anderen spielen irgendwo in Bayern oder sonstwo die Axt im Walde, und dann kommen sie nach Bonn, ziehen sich Glacéhandschuhe an und mimen den Staatsmann. Ich antworte ihnen in der Sprache, die sie selber angeschlagen haben und in der man anscheinend mit ihnen reden muß, wenn man verstanden werden will. Und ich tue das da, wo sie dabei sind und antworten können, und nicht da, wo sie nur ihre Freunde um sich haben und meinen, mutig sein zu können. Wenn man einen sachlicheren Stil wünscht; in Ordnung, ich bin dabei. Aber dann bitte nicht nur in Bonn, sondern auch in Bayern und anderswo im Lande. Aber draußen hetzen und im Parlament vornehme Entrüstung markieren, das lasse ich der Opposition nicht durchgehen.

Münchner Abendzeitung, 16. 7. 1970

*

Bernd Brügge: Sind Sie in jüngster Zeit jemals versucht gewesen, finanz- oder wirtschaftswissenschaftliche Fachliteratur zu studieren?

173

Wehner: Ich lese mehr, als ich öffentlich plakatiere, und ich habe das schon früher getan. Ich bin weder ein Studierter noch ein Graduierter, das ist weder ein Grund, sich selbst zu loben noch sich selbst zu tadeln, aber ich bin auf dem laufenden ...

Brügge: Wird die sozialdemokratische Dreierspitze von Kanzler, Parteichef und Fraktionsvorsitzendem geschlossen in den Wahlkampf gehen?

Wehner: Zunächst muß ich Sie enttäuschen: Das ist kein Dreizack, hier geht es um zwei, die das, was Sie Spitze nennen, darstellen, um den Bundeskanzler Helmut Schmidt und den Parteivorsitzenden Willy Brandt. Ich bin der Zuarbeiter, und auf mich können die Sozialdemokraten sich verlassen. Ich bin zwar nur ein werkelnder Mensch, aber einer, der sich dabei nicht schont. [...]

Lübecker Nachrichten, 21. 9. 1975

*

Frage: Herr Wehner, wie lange wollen Sie noch Fraktionsvorsitzender bleiben?

Wehner: Ich bin dort im Dienst, nicht wahr, ich werde auch in diesem Dienst nicht extra besoldet, damit wir uns nicht mißverstehen. Und die Leute mögen sagen, es ist genug, dann ist es genug. Ich habe immer gesagt, ich denke nicht daran, in diesem Amt zu sterben, ich denke auch nicht daran, daß dieses Amt an mir stirbt. Das habe ich schon bei »Monitor« vor einem Jahr gesagt, als sie mich examinierten mit Wienand/Wehner usw. Und dies ist meine, zwar nicht Weltanschauung, aber Lebenshaltung. Ich halte es für die Art des Ausdrucks der Fraktion, daß sie mit mir, wenn schon nicht zufrieden, so doch im Vertrauensverhältnis steht. Und ich mute denen ja allerhand zu. Ich bin ja kein Kommunalpolitiker, den man zur Labung auch nach Bonn schickt. Das war von Anfang an so, schon vom ersten Bundeskanzler an. Dabei bin ich bisher geblieben.

Bremer Nachrichten, 22. 9. 1975

174

Bernd Brügge: Sie sprechen wenig über sich selbst, obgleich Sie mehr als andere Politiker erlebt haben und berichten könnten. Wird sich das jemals ändern?

Wehner: Das nehme ich nicht an. Denn meine Auffassung von den Pflichten eines Politikers – der aktiv nicht nur in der Politik tätig ist, sondern sie gestalten helfen will – ist, daß es sich darum handelt, durch Politik in Ordnung zu bringen und in Ordnung zu halten, was alle Menschen angeht. Dabei ist zwar wichtig, daß diejenigen, die um Vertrauen für eine solche Tätigkeit bei den Mitbürgerinnen und Mitbürgern werben, auch dazu geeignet sind. Aber was heute so an Personenwerbung veranstaltet wird, das wird irgendwann einmal den Leuten zum Hals heraushängen.

Brügge: Das Schicksal der SPD nach dem Krieg und Ihr eigenes sind nicht voneinander zu trennen. Sie waren für Adenauer die ideale Zielscheibe und sind es heute noch für seine »Enkel«. Fühlen Sie sich manchmal als Märtyrer?

Wehner: Nein, sondern ich habe dafür zu zahlen, daß ich keinen – wenn man es überhaupt so sagen darf – »normalen« Lebenslauf zurückgelegt habe. Und das, was noch vor mir liegt, ist nicht so viel, als daß es völlig das ausgleichen könnte, was andere gern an mir auszusetzen haben und mir vorhalten.

Brügge: Professor Biedenkopf ist der Meinung, eigentlich müßten Sie aufgrund Ihrer eigenen Erfahrung die Alternative »Freiheit statt/oder Sozialismus« zu allererst unterschreiben.

Wehner: Ich rechne Herrn Biedenkopf zugute, daß es ihm vor allem darauf ankommt, originell zu wirken. Wieso er mich direkt anspricht und gleichzeitig seine propagandistischen Mitwirkenden losläßt, damit ich sozusagen als eine Art Verkörperung des Bösen in der deutschen Politik dargestellt werde, das ist seine Sache. Nur: Ich habe schon viele sehr smarte Leute erlebt. Und da Sie Adenauer erwähnt hatten: Er selbst hat mir auch manches gesagt, was anders klingt als das, was er öffentlich gesagt hat.

Brügge: Was halten Sie von der zunehmenden »Vermarktung« des politischen Geschäfts, von den bekannten Slogans bis zu den in Mode gekommenen Wahlplattformen?

Wehner: Mir tut es leid, daß fast keine Partei sich diesen Unsitten entzieht und daß sozusagen die Werbequalität politischer Spitzenfiguren und derer, die hinter ihnen aufmarschieren, nach der Schneidigkeit solcher Parolen bewertet wird. Das ist für das demokratische Zusammenleben gefährlich – jedenfalls wird es allmählich gefährlich.

Brügge: Vielleicht sind die Politiker gezwungen, sich den tatsächlichen oder vermeintlichen Erfordernissen der Massenmedien anzupassen. Sind Sie nicht eine Ausnahmeerscheinung, geradezu der Gegentyp eines »Massenmedien-Politikers«?

Wehner: Das kann man wohl ungefähr so sagen. Wenn ich auch keinen Ehrgeiz habe, als ein Typ mich darzustellen, so kann ich es nicht hindern, daß andere es tun. Die Entwicklung dessen, was mit den sogenannten Massenmedien möglich ist an Aufpeitschung von Massenleidenschaften, ist noch nicht zu Ende geführt: Insofern bedarf es der Kaltblütigkeit einer ausreichenden Zahl politisch aktiver Menschen, um nicht mit diesem Strom zu schwimmen.

Brügge: Welche Charaktereigenschaft ist unerläßlich für einen Politiker, und welchen Rat würden Sie einem jungen Abgeordneten aus Ihrer Erfahrung geben?

Wehner: Das klingt sehr anspruchsvoll, wie immer ich darauf auch antworten kann oder möchte. Vor allem muß er fleißig sein – das klingt natürlich schon altmodisch –, und er darf sich nicht der modischen Art überlassen, das meiste durch sogenannte Referenten und Assistenten und wieder deren Subreferenten und Subassistenten erledigen zu lassen. Und er muß aufrichtig sein. Ich könnte auch sagen: Er muß ehrlich sein. Das klingt auch altbacken. Nur meine ich das im Sinne des alten Lassalleschen Wortes: »Aussprechen, was ist.« Mit dem Risiko, daß andere sagen: Hier oder dort irrst du oder überziehst du. Das halte ich nicht nur für eine Tugend, sondern für etwas, das unerläßlich ist.

Lübecker Nachrichten, 11. 7. 1976

Karl Donat: Herr Wehner, eine Frage eigentlich nur am Rande, aber eine Frage, die – meine ich – viele Leute stellen, die gar nicht Ihre Gegner sind. Wie kommt es, daß ein solcher politischer Stratege und dazu noch meisterlicher Taktiker manchmal im Bundestag Zwischenrufe und Bemerkungen macht, von denen er doch eigentlich wissen muß, daß sie ihm in der Öffentlichkeit übelgenommen werden?

Wehner: Ich mache zum Unterschied von der Beurteilung, die mir häufig zuteil wird und die inzwischen schon Schule macht, eben nicht alles, was ich tue oder was mir entfährt, aus Berechnung. Ich kann auch etwas bedauern, ich kann es zurücknehmen, ich kann um Entschuldigung bitten. Ich habe einmal gesagt: Bei dem ist alles Taktik, sagen die Leute oder schreiben die Leute – sie sagen es ja kaum; sie schreiben es, andere sagen es dann nach –, das werden sie auch noch einmal tun, wenn ich auf der Bahre liege, dann sagen die: Das ist auch nur Taktik, der hat sich den richtigen Moment ausgesucht. Sarkastisch darf man ja wohl gelegentlich sein.

Deutschlandfunk, 9. 6. 1976

*

Dieter Thoma: Herr Wehner, wenn Sie ausspannen, fahren Sie dann, wenn es Zeit ist, immer nach Schweden? Sie haben ein Haus auf einer Insel, die heißt Ödland.

Wehner: »Öd« nicht, aber mit »Ö« ist die Insel. Ich lebe auf eine eigene Art. Ich habe schon einmal in einer bedeutenden Zeitung gelesen, daß seltsamerweise noch nie intim fotografiert worden ist, das, was man dort meine Villa nennt. Das ist ein ganz normales Haus, das ich einmal von einem Bauern gekauft hatte, der es nicht mehr brauchen konnte, und das wir uns dann ausstaffiert haben. Wenn es geht, fahre ich dahin, schon allein deswegen, weil während einiger Monate des Jahres meine Frau dort leben muß, weil sie das Klima hier in Bonn nicht aushielte nach mehreren Herzinfarkten und so.

Thoma: Ich habe bei Günter Gaus etwas gelesen, was mich ungeheuer erstaunt hat, nicht, daß Sie Barockmusik lieben, dieses erstaunt mich gar nicht, sondern, daß, wenn sie besondere Gäste haben dort oben, daß Sie sie dann mit einem Lied auf der Mundharmonika verabschieden. Also, so kann ich mir Sie gar nicht vorstellen?

Wehner: Ja, wissen Sie, ich bin ein Musiker, deswegen habe ich schon Sympathien verdient. Das hat verschiedene Gründe. Mein Großvater mütterlicherseits war – wie es damals war – sowohl ein Schneidermeister als auch ein Musiker. Er hatte so eine – heute sagt man wohl Band – damals sagte man Kapelle. Und an den, was man heute Wochenenden nennt, zogen sie dort durch die Dörfer in der Umgebung von Dresden. Und er vermachte seinen Enkeln die Instrumente. Er hatte sie alle. Das Klavier bekam ich – seine Frau, meine Großmutter, sagte, ich wäre sein Lieblingsenkel gewesen –, mein Bruder bekam die Geige. Da gab es noch eine Bratsche, da gab es noch – sogar eine Trompete war dabei –, sechs Instrumente gab es, die gingen an die Enkel.

Nein, ich bin ein Musiker. Viel davon ist mir nicht mehr geblieben, auch nicht mehr viel Zeit. Das kann ich mit der Mundharmonika, die kann man mit sich rumschleppen, im Wagen und auch sonstwo hat man eine. Es kommt auch vor: Da kommt zum Beispiel eines Tages ein Anruf, daß welche aus Bünden in Westfalen da seien, ob sie mich dort besuchen können – durch Vermitteln einer schwedischen Stelle. Gerne, hab' ich gesagt. Frau und Tochter haben dann schnell noch ein paar Bissen gemacht, damit die nicht denken, wir sind Geizhälse – das kann man in Schweden, so kleine Happen. Und die waren auf Gesang eingestellt. Das waren über 40. Die sangen stilgerecht, und da habe ich sie gefragt, ob ich ihnen auch Musik bieten kann, »gengäld«, wie die Schweden sagen, da habe ich ihnen was vorgespielt. Da ich nicht so gut bin, daß ich damit was hermachen kann, tue ich es nicht öffentlich.

Thoma: Normalerweise würde man jetzt fragen: »Wir haben gerade 'ne Mundharmonika da ...«

Wehner: Das möchte ich keinem hier zumuten. Wissen Sie, da die Geschmäcker verschieden sind; die einen mögen das Tirilieren oder Tremolieren, die anderen mögen es schlicht. Und so viel könnte ich nicht versuchen, daß ich rauskriegte, wo der Durchschnitt ist.

»Kölner Treff«, WDR-Fernsehen, 20. 2. 1977

*

Ewald Rose: Herr Wehner, kennen Sie so etwas wie Freizeit, und wie entspannen Sie sich von dem politischen Geschäft?

Wehner: Die Freizeit ist bei mir karg bemessen. Entspannen geschieht bei mir durch Nachdenken und bei Spaziergängen durch den Wald sowie durch manches Buch.

Rose: Angenommen, Sie sind einmal nicht mehr Politiker, was würden Sie dann am liebsten tun?

Wehner: Nachdem ich so alt bin, ist die Auswahl nicht mehr sehr groß. Auf jeden Fall würde ich – was ich gerne tue – nachdenken und einiges wieder anfangen, was ich früher gerne gewollt habe, aber als Beruf, nämlich Musik zu praktizieren. Das fing schon bei meinem Großvater an – wenn Sie so wollen, bin ich da vorbelastet –, Musik zu lieben und auch zu praktizieren.

Rose: Durch Ihren Großvater haben Sie Klavier-, Geigen- und Mandolinenspielen gelernt. Können Sie dieser Neigung auch heute noch nachkommen?

Wehner: Ich würde es gerne wieder praktizieren, aber die Zeit dafür ist sehr dürftig, und so habe ich meine Zuflucht zur Mundharmonika genommen, die man überall mitnehmen kann. Ich spiele sie auch gelegentlich sehr gerne. Zuletzt sogar noch am Sterbebett meiner Frau, als sie mir zu verstehen gab, sie möchte gern, daß ich ihr etwas vorspiele. Für mich ist es seit Jahrzehnten ein Erlebnis, etwas von Pablo Casals – dessen Kunst und Interpretationsfähigkeit von Kunst ich liebe – zu hören. Darüber hinaus Bach, Beethoven, Schubert und Schumann zu hören, nehme ich jede Gelegenheit wahr. Dies muß leider in erster Linie durch

179

Grammophonplatten geschehen. Es gibt auch noch andere als die genannten Komponisten, die ich sehr gerne höre: Ich habe eine große Vorliebe für den Violinisten David Oistrach, den ich erstmals gehört habe, als er ein junger Mensch war und damals einen Preis in Brüssel bekommen hatte – das war zu Beginn der zweiten Hälfte der dreißiger Jahre –, den ich dann wiederholt gehört und auch gesehen habe, von dem ich heute leider nur noch erlebe, was man auf Schallplatten sich noch einmal in Erinnerung bringen kann.

Rose: Erlaubt es Ihre Zeit, auch noch in Theater- und Konzertveranstaltungen zu gehen, und wenn ja, was bevorzugen Sie dann?

Wehner: Es kann leider nur sehr selten sein; kürzlich hatte ich eine solche Gelegenheit, an einem Sonntagabend das Leipziger Gewandhausorchester in Bonn zu erleben. Solche Gelegenheiten gibt es ab und zu, und wenn es sie gibt, sind es Werke der von mir schon erwähnten Komponisten. Bei den Autoren will ich keinen Versuch machen zu sagen, welche ich bevorzuge. Ich lese sowohl zeitgenössische als auch klassische Literatur. Es handelt sich um Literatur, die ich nachholen muß oder wieder von neuem genießen kann. Ich bin kein Spezialist: Ich lese häufig Biographien, um mich genauer in das Leben anderer zu vertiefen, aber auch alte oder ganz neue belletristische Werke. Allerdings nicht so oft, weil ich hier eine Art Galeerensklave bin. [. . .]

Rose: Sie sind in sparsamen, überspitzt gesagt ärmlichen Verhältnissen groß geworden.

Wehner: Wir haben nie gedacht, daß wir ärmlich sind; wir waren eine Arbeiterfamilie, das war alles. Wir waren nie ärmlich, aber es ging knapp zu. Wir haben von früher Kindheit mitarbeiten müssen – das war im Ersten Weltkrieg. Das fing mit neun Jahren an, beim Bauern die Kartoffeln für den Winter aus dem Boden zu holen, darüber hinaus bei einem Tischler und einem Glaser auszuhelfen. Darüber habe ich nicht zu klagen, sondern das hat prägend gewirkt.

Rose: Aufgrund dieser Erfahrungen, welches Verhältnis haben Sie heute zum Geld?

Wehner: Sorgsam mit ihm umzugehen, wenn auch nie geizig. [...]

Rose: Bei all den Verpflichtungen und Verantwortungen, die Sie haben, ergibt sich für Sie heute noch die Möglichkeit, so etwas wie Kontakt zur »Basis«, beispielsweise zu Arbeitern, zu unterhalten?

Wehner: Für mich ist der Begriff Basis, der seit einigen Jahren Mode geworden ist, ein Begriff, den ich nicht verwende. Er ist für mich ein Begriff aus anderen Kategorien. Wenn Sie aber Fabrikarbeiter nennen, sage ich Ihnen uneingeschränkt ja. Wenn jemand meinen Rat braucht oder meine Hilfe braucht oder wünscht, dann versuche ich, ihm diese zu geben. Da sind nicht zuletzt solche Einzelpersonen oder jene, die im Namen einer Belegschaft oder einer Gruppe, die sich teils benachteiligt oder ungerechtfertigt behandelt fühlt oder vorkommt, die hauptsächlichen Personen.

Rose: Wie ist Ihr Verhältnis zu anderen Politikern, speziell zu Politikern der Opposition? Können Sie sich vorstellen, daß Sie zu oppositionellen Politikern auch ein persönliches Verhältnis haben können?

Wehner: Vorstellen muß ich mir das nicht – ich habe das. Wenn ich ihnen keine Schwierigkeiten damit bereite, reden wir auch miteinander. Meiner Meinung nach gehört dies auch zu einem Brauch in der parlamentarischen Demokratie, wie wir sie sein wollen.

Rose: Bei allen verbalen Unterstellungen und Verfolgungen, die ihnen in der Medienlandschaft zuteil werden, hatten oder haben Sie so etwas wie Verbitterung oder Resignation verspürt?

Wehner: Nicht Verbitterung, auch nicht Resignation. Ich gebe allerdings zu, daß ich ankämpfen muß gegen das Bedürfnis oder das, was man ein Gefühl nennt, manche Menschen verachten zu müssen. Ich hielt dies für eine Sünde – das ist eine alte Auffassung von mir: Gegnerschaft ja, Feindschaft aber nein.

Rose: Welches Verhältnis haben Sie zu Journalisten und zu den Medien?

Wehner: Das sachlich notwendige.

Rose: Eine rein persönliche, vielleicht indiskrete Frage: Essen Sie gerne und wenn ja, was?

Wehner: Sehen Sie, das ist eine Frage, die mich zwingt zu gestehen, daß ich seit 1966 mit Diabetes zu tun habe und ich mich deswegen mancher Gerichte enthalten muß; daß ich auch Lieblingsgerichte, die ich seit Jugendzeiten habe, nur in ganz geringem Maße – wenn überhaupt – essen oder genießen darf. Da ich aber eine menschliche Seite habe, habe ich gute Erinnerungen behalten an manches, was ich heute nicht mehr darf – ich meine Essen oder Genießen; das ist zwar nicht so, als wenn man es wiederholen kann, aber es ist auch nicht schlecht.

Rose: Bevorzugen Sie mehr die hausgemachte Küche oder die angeblich »gehobene Küche«?

Wehner: Hausgemachte Küche: Etwas, was meine Frau gemacht hat oder meine Tochter noch macht – das war und ist in der Regel so, daß ich daran meinen kulinarischen Spaß habe. Wenn es sich zeitlich einrichten läßt, gehe ich gerne in ein Restaurant mit ordentlicher Küche, um dort etwas Neues zu entdecken, was man essen darf und was man mag.

Rose: Haben Sie manchmal so etwas wie eine Scheu, sich in der Öffentlichkeit sehen zu lassen?

Wehner: Ich lasse mich nicht sehen, sondern ich werde gesehen. Da ich nicht so dumm bin, daß ich nicht merke, da sind Leute, die einen zu kennen meinen, benehme ich mich so, wie man sich unter anständigen Menschen zu benehmen hat, wenn man nicht als Star in Erscheinung treten will.

Das Parlament, 1. 3. 1980

Ostpolitik

Spiegel: Herr Wehner, Sie haben in Ihrer inzwischen zu Berühmtheit gelangten Parlamentsrede im Juni 1960 die Grundlage für eine gemeinsame Deutschlandpolitik aller Parteien gelegt. Zehn Jahre später haben Sie nun vor dem Bundestag sehr klar zu erkennen gegeben, daß Sie diese Gemeinsamkeit nicht mehr für gegeben halten. Was hat Sie zu dieser Auffassung gebracht?

Wehner: Ich habe von jener Rede vom 30. Juni 1960 nichts zurückzunehmen. Aber jetzt sind wir in einer Situation, in der es einer Regierung völlig anderer Art, als es die damalige Regierung war, möglich gemacht werden muß, die schwierigsten Probleme, die es in der deutschen Politik gibt und die zugleich die langwierigsten sein werden, abzuklopfen, anzugehen und die Möglichkeit ihrer Lösung abzutasten. Dafür braucht eine Regierung Rückendeckung, Flankenschutz. Und die gegenwärtige Lage gebietet, daß ihr die Mehrheit diesen gibt und verschafft. Daß die Opposition dabei nicht mitwirken wird, ist ihre Sache.

Spiegel: Herr Barzel hat aber einen ganzen Katalog gemeinsamer Vorstellungen aufgezählt. Insofern hat sich die Situation etwas umgekehrt.

Wehner: Sie sind gewöhnt, durch die Fassaden hindurchzusehen, und werden es auch in diesem Falle tun. Da werden Sie finden, und haben es sicher längst schon gefunden, daß das, was Barzel als Gemeinsamkeit anbietet, in Wirklichkeit Bedingungen sind, unter denen die Regierung auf ihre Hoheit, die gegenwärtige Opposition, rechnen dürfen soll. Das ist ein Unterschied. Damals haben wir zur Regierung gesagt: Laßt euch herab und herbei, mit der Opposition die Möglichkeiten zu prüfen, mit denen die damals schwierige Lage – das war ein Jahr, ein Monat, zwei Wochen vor dem 13. August 1961 – vielleicht noch gemildert, gewendet werden könnte. Das hat sie, da sie alles immer besser wußte, hohnlachend in den Wind geschlagen.

Spiegel: Nun gibt es Leute – dazu zählen nicht nur nennenswerte Teile der Opposition, sondern auch ein sehr großer, man kann sagen ein Über-Verleger in Hamburg –, die Ihnen vorwerfen, daß Sie den Wiedervereinigungsauftrag des Grundgesetzes vorläufig zu den Akten gelegt haben. Herr Springer beispielsweise hat das ausdrücklich in einem Brief an den Staatssekretär Bahr so formuliert.

Wehner: Ich kann nicht von solch einer Warte herab die Menschen drüben einem Schicksal überlassen, das, wenn schon nicht völlig geändert, so doch modifiziert werden kann durch das Wirken der Politik. Aber jedem ist es unbenommen, auf einer hohen Warte über die Dinge hinzusehen. Das mag er tun; nur, das hat mit Politik nichts zu tun.

Spiegel: Springer und die Opposition argumentieren doch hier in derselben Richtung. Sie sagen: Das Wiedervereinigungsziel sei vorläufig aufgegeben. Die staatliche Existenz der DDR werde von der Bundesregierung nicht mehr geleugnet. Die Regierung sei sogar bereit, Verträge mit der DDR-Regierung abzuschließen. Dieses alles laufe folgerichtig auf die formale völkerrechtliche Anerkennung der DDR los.

Wehner: Ich bin überfragt, weil ich mich nicht in die Metaphysik zu begeben gedenke. Hier geht es um Politik, und Politik heißt, mit den ihr gegebenen Mitteln das, was es an tatsächlichen Machtverhältnissen gibt, so zu beeinflussen oder so auf sie einzuwirken, daß dabei das immer relativ Bestmögliche für die Menschen, die unter diesen Umständen zu leben haben, herauskommt. Die Politik der Isolierung wäre keine Politik, die vor den Menschen, vor der Geschichte Bestand hätte.

184

Spiegel: Wenn man mal unterstellt, daß diese Politik nur langfristig Resultate erbringen kann und daß diese Resultate noch nicht einmal unbedingt Erfolge sein müssen, so ist doch der Einwurf schwer zu widerlegen, daß diese Politik gewollt oder ungewollt letztlich auf eine völkerrechtliche Anerkennung hinausläuft, so daß Sie sich mit diesem Vorwurf ständig werden herumplagen müssen.

Wehner: Wegen mir, ich habe nichts dagegen. Ich habe in der Debatte über die Regierungserklärung vom Dezember 1966 vertreten, daß Nichtanerkennung in dem völkerrechtlichen Sinne keine absolute Angelegenheit ist; daß wir eine Lage herbeiführen helfen müssen, in der es durchaus denkbar ist, daß wir diese Nichtanerkennung modifizieren oder völlig ändern. Das hängt auch davon ab – und solange uns das gegeben ist, sollten wir das nicht aus der Hand geben –, wie wir auf Entwicklungen im Zueinander-sich-Verhalten der beiden deutschen Teile reagieren können und in bezug auf die Möglichkeiten, die den Menschen im andern Teil Deutschlands gegeben werden. Auch das ist langfristig.

Spiegel: Das würde heißen, wenn gewisse Veränderungen im gesamtöstlichen Gefüge eintreten, von denen wir heute gar nicht wissen, wie sie aussehen könnten, die uns aber als positiv erscheinen würden, dann könnte sich sogar die Frage einer völkerrechtlichen Anerkennung in einem neuen Licht stellen.

Wehner: Ja.

Spiegel: Der frühere Bundeskanzler Kiesinger hat nach den Bundestagswahlen vor der sogenannten Jungen Union gesagt: »Solange die Kommunisten drüben an der Macht sind, kann es kein geregeltes Nebeneinander zweier angeblich deutscher Staaten geben.« Wie bewerten Sie den Unterschied zwischen Ihrer Politik und der Politik des früheren Kanzlers?

Wehner: Das ist der hauptsächliche Unterschied. Weil Kiesinger mit dem, was er gesagt hat und was er die Jahre vorher eher verdeckt, zeitweilig auch verschleiert hat, was aber, je näher der Wahltag kam, um so krasser in den

Vordergrund trat, in Wirklichkeit die Auffassung vertreten hat, es habe gar keinen Sinn, mit denen zu reden. Im Grunde genommen sei das nur dialektischer Zeitvertreib. Im Februar/März 1969 gab es nicht nur eine Chance, sondern die Notwendigkeit, an seinen letzten Brief an den DDR-Ministerratsvorsitzenden Stoph anzuknüpfen. Das hat er damals abgelehnt. Er hat ja manche Fehler gemacht, ein paar Tage darauf den Fehler, der uns alle um ein Haar in eine fürchterliche Situation gebracht hätte: einen Bundespräsidenten mit Hilfe der NPD wählen zu lassen.

Spiegel: Die Chance, jetzt noch mal auf den Stoph-Brief einzugehen, ist vertan?

Wehner: Sie dürfen mich nicht mit Kiesinger verwechseln – ich rede von Politik, weder von Mythos noch von Legenden. Damals war das eine Möglichkeit, an der wir uns zerstritten haben. Das war die Frage einer Nacht.

Spiegel: Spielt bei einer formellen Anerkennung nicht der Zeitfaktor eine wesentliche Rolle? Eine Bundesregierung, die eine völkerrechtliche Anerkennung allzulange hinauszieht, könnte leicht in die Rolle des Papstes kommen, der sich nicht mit der Aufhebung des Zölibats abfinden will. Überdies wird der Preis immer geringer, den man noch aushandeln kann für die dann ohnedies überfällige Anerkennung.

Wehner: Ich kenne die Geschichte mit den Preisen, weil ich von Hause aus gelernter Industriekaufmann bin. In diesem Fall halte ich aber nichts von einer Preisdiskussion. Dies ist nicht die richtige Größenordnung. Worum es geht, ist, unser Verhältnis zum andern Teil Deutschlands, soweit wir es mitbestimmen können, zu verbessern. Wir müssen die, die im andern Teil politisch die Prokura haben, freimachen von der Vorstellung, wir wollten sie einstecken, annektieren oder ähnliches. Und da allein liegen die Entwicklungsmöglichkeiten in dem andern Teil – nicht nur Deutschlands, sondern auch dem, was weiter östlich ist. Wobei ich dann aber warne davor, die deutsche Politik mit Hoffnungen oder Illusionen zu belasten, wie man sie zeitweilig 1968 im Zusammenhang mit Ereignissen in unserem südöstlichen Nachbarland ČSSR hat hören können.

Spiegel: Es ist das Ziel unserer Politik, zu einer gewissen Annäherung zwischen beiden Staaten zu kommen. Kann Ulbricht dazu überhaupt bereit sein, solange sein Staat nicht konsolidiert ist? Und wird dieser Staat nicht erst dann konsolidiert, wenn wir ihn völkerrechtlich anerkennen?

Wehner: Aber ich bitte Sie, es wäre ein Irrtum anzunehmen, daß in dem Augenblick, in dem wir automatisch buchhalterisch sagen: Wir erkennen euch völkerrechtlich an, der Staat konsolidiert wäre. Die Frage ist, daß, was Sie mit diesem magischen Begriff der Anerkennung ausdrücken wollen, kein technischer Akt sein kann, sondern vom tatsächlichen Verhalten zueinander abhängt.

Spiegel: Man hat es ja oft, daß ein Staat deswegen keine Konzessionen machen kann, weil er zu schwach ist. Wir müßten uns doch in der jetzigen Situation einen starken, seiner selbstsicheren Verhandlungspartner wünschen.

Wehner: In Ordnung. Nur die Arbeitshypothese Gewaltverzicht für Verhandlungen zwischen Bundesrepublik und DDR gibt ja den Anlaß dazu, alles auszuräumen, was dazu gehört, Unsicherheit zu erzeugen. Das heißt: die territoriale Integrität vertraglich zu sichern, wenn es dessen bedarf, die Unverletzlichkeit der Grenzen, Grenzlinien, Demarkationslinien gleichfalls, das Verbot von Annexion und Aggression. Das alles kann oder wird in solchen Verträgen drin sein. Und diese Verträge – ich würde es nur noch komisch finden, wenn wir schreiben, völkerrechtlich oder nicht völkerrechtlich – haben dann eben auch völkerrechtliche Bedeutung.

Spiegel: Man kann andererseits unterstellen, daß es in diesen östlichen Staaten sehr starke Kräfte gibt, die deswegen den höchsten Preis verlangen, weil sie hoffen, daß es auf diese Weise nicht zum Geschäft kommt.

Wehner: Völlig richtig. Nur ist die deutsche Politik dazu verdammt, sich nicht nur bei anscheinenden Schönwetterzeiten um ein geregeltes Verhältnis zu den Ländern östlich und südöstlich von uns zu bemühen, sondern immer. Und zwar unabhängig von der inneren Konstellation dort. Daß dabei die Chancen ungleichmäßig und zeitweilig ganz ungleichartig sind, versteht sich. Unter diesem Druck steht die deutsche Politik. Das ist eines der Ergebnisse des Zweiten Weltkriegs und der aus ihm entstandenen Situation.

Spiegel: Es könnte sein, daß man bald dazu gekommen sein wird zu erkennen, daß weder mit Moskau noch mit Ost-Berlin eine nennenswerte Verbesserung der Verhältnisse möglich sein wird ohne völkerrechtliche Anerkennung der DDR. Mußte man diesen Weg gehen, nur um zu zeigen, daß es anders gar nicht geht?

Wehner: Es war 1952 der große historische Fehler des damaligen Bundeskanzlers und seiner Verbündeten, die Chancen nicht ausgelotet zu haben. Diesmal muß man ausloten bis auf den letzten Grund. Diesmal geht es darum, über die Schwelle zu kommen und in immer wieder neu zu beginnenden Gesprächen und Verhandlungen jeweils bis zu dem Maß an Verständigung zu kommen, das unter den jeweiligen Umständen möglich ist. Hier gibt es kein alles oder nichts. Ich halte jeden Vertrag, den wir abschließen werden mit der DDR, für einen in jeder Hinsicht verbindlichen Vertrag, nicht schlechter als irgendein Vertrag, den man mit der feierlichen Erklärung beginnt, man habe das Eintrittsgeld für das, was man am Ende haben will, vorher schon erlegt. So verstehe ich die Passage aus der Rede des Bundeskanzlers, in der er von »zwischenstaatlichem Recht« spricht.

Spiegel: Und von der »Verpflichtung, die gesellschaftliche Struktur im Gebiet des anderen Vertragspartners nicht gewaltsam ändern zu wollen«.

Wehner: Hier müssen sich halt die Beziehungen ändern, und das muß allmählich zum Vorteil für die Menschen werden und für ihre Verhältnisse zueinander, und zwar nicht einseitig. Sie müssen merken, daß sie nicht mehr in Pferchen leben: wir hier nicht und die dort nicht.

Spiegel: Der Spielraum des Auslotens ist diesmal geringer als 1952, nachdem beide Seiten ihre Ziele klargemacht haben. Wir unser Ziel, die Beziehungen zu den Menschen drüben zu regulieren und zu normalisieren...

Wehner: ...auch das Verhältnis der beiden zur übrigen Welt.

Spiegel: Und Ulbricht hat sein Ziel deutlich umrissen: die formelle Anerkennung.

Wehner: Ich hab' ja nichts dagegen. Natürlich hat Ulbricht völlig recht, sein Verhandlungsziel zu nennen. Und wir haben das Recht, unseres zu nennen. Ich unterscheide mich von ihm und anderen dadurch, daß ich sage: na und? Das alles gehört, und wenn es Jahre dauert, auf den Verhandlungstisch.

Spiegel: Diese beiden Ziele sind so wenig kongruent, daß nicht erkennbar wird, wie man in solchen Verhandlungen...

Wehner: Das überlassen Sie mal denen, die Ihnen nachfolgen und die mir nachfolgen, solange wird immer verhandelt werden. Ich habe da keine Angst.

Spiegel: Halten Sie es schon für einen Vorteil an sich, überhaupt eine »Verhandlungslage« zu schaffen?

Wehner: Ich würde das dem Gehege meiner Zähne nicht entfleuchen lassen. Das Verhandeln ist entscheidend, soll aber nicht Selbstzweck werden. Es wird eine Kongruenz geben an gewissen, manchmal sehr kleinen Punkten. Und dann werden die zupacken oder wir. Das ist aber kein Rückfall in ein Verhandeln über untergeordnete, minimale Angelegenheiten. Nein, wir sind bereit, uns über das Ganze vertraglich zu arrangieren bei Nichtdiskriminierung und gleichen Rechten. Und wenn das nicht auf eine Tour möglich ist, dann eben in vielen Fortsetzungen.

Spiegel: Sehen Sie denn in unserem Angebot an Stoph, zunächst über Gewaltverzicht und in diesem Rahmen auch über alle anderen Fragen zu verhandeln, einen Ausweg? Ulbricht hat auf seiner Pressekonferenz gesagt, er wolle erst dann ein Gewaltverzichtsabkommen abschließen, wenn das Ergebnis unserer Gewaltverzichtsverhandlungen mit der UdSSR vorliege.

Wehner: Wir wollen uns doch nicht selber in eine Zwangs-situation versetzen, so als könne und wolle uns jemand nötigen, etwas zu unterschreiben, ehe wir es überhaupt inhaltlich gelesen und mit unseren eigenen Überlegungen in Einklang gebracht haben. Gewaltverzicht ist nicht ein Aus-weg, sondern ist der Arbeitstitel, unter dem nun alles das, was je nachdem von der einen oder anderen oder von beiden Seiten für notwendig gehalten wird, Gestalt gewinnen wird. Das heißt: Alle Seiten werden hineingehen in diese Ver-handlungen mit ihren Vorstellungen, mit ihren Forderun-gen, mit ihren Grundsätzen oder auch mit ihren Formulie-rungen. Und herauskommen wird – eingerechnet zeitweili-ge Unterbrechung – das Maß an vertraglichen Regelungen, das bei der Unterschiedlichkeit der Auffassungen beider erreichbar ist.

Spiegel: Aber Ulbricht hat doch den Moskauer Verhandlun-gen zeitlichen Vorrang eingeräumt.

Wehner: Wenn er das unbedingt will, kann man ihn nicht zu etwas anderem zwingen. Ich denke auch nicht, daß er das tun will. Aber wenn er will, kann man auch gleichzeitig oder vorher. Das ist seine Sache oder auch die Sache der Sowjet-regierung. Und wir sollten da nicht ungeduldig werden.

Spiegel: Sie sind auf eine konzertierte Aktion eingerich-tet?

Wehner: Dort geht es darum, daß man das jetzige Stadium bald hinter sich bringen muß, um zu wirklichen Verhand-lungen zu kommen. Es muß deutlich sein, und zwar beiden Seiten – und wenn ich nicht völlig irre, ist das inzwischen auf beiden Seiten deutlich –, daß sich notfalls die jeweiligen Spitzen miteinander über das aussprechen, was bei den un-vermeidlichen regulären Verhandlungen vielleicht zu lang-wierig würde oder ins Stocken gerät.

Spiegel: Die Spitzen sind die Regierungschefs?

Wehner: Wir hatten von Spitzen geredet. Die Regierungs-chefs werden ja wohl nicht zugeben, daß es andere Spitzen gibt.

Spiegel: Könnte es umgekehrt die Verhandlungen mit

Ulbricht sogar fördern, wenn wir zunächst abwarten, bis wir mit einem anderen Staat des Warschauer Pakts ein Gewaltverzichtsabkommen unter Dach haben? Das müßte Ulbricht über kurz oder lang zwingen, mit dem Warschauer Pakt Gleichschritt zu halten.

Wehner: Ich bin dagegen, Ulbricht auch nur verbal wie ein Objekt behandeln zu wollen. Ulbricht ist eine eigenständige Person und Institution, und man muß es ihm überlassen zu bestimmen, wann er oder von ihm Beauftragte in die Verhandlungen mit uns eintreten. Wir unsererseits machen deutlich, daß wir jederzeit wollen, wenn es ihm paßt. Dabei vergeben wir uns nichts.

Spiegel: Sehen Sie die Ulbricht-Pressekonferenz als hilfreich an?

Wehner: Ulbrichts Pressekonferenz ist genau wie jene lange Rede, die er noch gegen Ende des vorigen Jahres gehalten hat, für seine eigenen Bedürfnisse politisch wichtig. Er will immer deutlich machen, daß innenpolitisch und auch paktpolitisch die DDR vorangeht, wenn man von Deutschland redet.

Spiegel: Unterstellen wir mal, es käme zu einem Geflecht von Gewaltverzichtsabkommen zwischen uns und den Ländern des Warschauer Pakts. Läßt sich heute schon erkennen, ob sich dieses Geflecht zu einer Friedensordnung ausbauen ließe, die möglicherweise einen formellen Friedensschluß ersetzt?

Wehner: Denkbar, jedenfalls sogar reizvoll. Nur, ich drehe jetzt nicht die Rollen um. Seinerzeit, als es denkbar war, auf Friedensvertragsverhandlungen loszugehen, hat die damalige Mehrheit das nicht gewollt. Da hat man gesagt: bloß nicht, und man hat eine Anschauung daraus gemacht, Kriege in diesem Jahrhundert schlösse man nicht mehr durch Friedensverträge ab; es bedürfe ihrer gar nicht.

Spiegel: Herr Wehner, trifft es nach Ihren Informationen zu, daß es nennenswerte Tendenzen in Rumänien, Ungarn, in Polen, auch sogar in der ČSSR gibt, die Grenzen nach Westen hin durchlässiger zu machen?

Wehner: Der Drang besteht, nur darf man es hier nicht so mißverstehen, als bäten die darum. Es ist ganz eindeutig – ich nehme dabei nur Bulgarien aus, da fehlt mir bisher ein Anzeichen –, daß alle östlichen Hauptstädte Beziehungen wollen. Aber die wollen dabei nicht in einen Gegensatz zur DDR gebracht werden.

Spiegel: Das war unser Fehler in den letzten drei Jahren.

Wehner: Das war ein Fehler gegenüber der Sowjetunion, und wir haben die schwierige Aufgabe – auch das gehört zu unseren Vorzugsstellungen –, alle Adressen gleichmäßig zu bedienen. Das heißt aber nicht, daß die Sperrigkeit der DDR-Führung das alleinige Kennzeichen für die politische Landschaft ist, und es heißt auch nicht, wie es etwa Franz Josef Strauß in der ihm so herzig anstehenden Art der Versimpelung tut, als hätten die im Ostblock eine genau besprochene Arbeitsteilung, etwa wie . . . – na, ich hätte beinahe einen dummen Vergleich gemacht.

Spiegel: Sie meinen die Arbeitsteilung zwischen CDU und CSU?

Wehner: Ja, das wollte ich eben nicht sagen, weil ich die einen nicht auf eine Stufe mit den anderen stellen will. Sonst macht man es ihnen leicht, dann brüllen sie nur.

Spiegel: Die Ehre wollen Sie ihnen nicht angedeihen lassen?

Wehner: Nein, die sollen ruhig sagen, nur ich brüllte.

Spiegel: Die Regierungserklärung ging schon reichlich weit in der Herausarbeitung solcher Gegensätze. Bringt es überhaupt etwas, wenn man die Gegensätze, beispielsweise was die Anerkennung der Oder-Neiße-Linie anlangt, offen aufzeigt?

Wehner: Wenn andere Leute es tun, sollen sie es. Ich tu' das nicht. Wenn es dort Tendenzen gibt, so müssen diese Tendenzen unter der dort herrschenden Gesetzmäßigkeit selbst zur Entwicklung kommen. Wir dürfen unsere Politik nicht auf Spekulationen über diese Entwicklung aufbauen. Leider hat man das immer wieder vergessen. Ich denke da an diesen ruhmreichen Regierungssprecher Diehl, dem ich einmal gesagt habe, ich möchte seine Horrido-Rufe nicht mehr hören, nämlich: Wir haben ja den Herrn Zarapkin, wer ist denn Herr Ulbricht?

Spiegel: Dahrendorf hat vor kurzem gesagt, er erwarte am ehesten Ergebnisse in den Verhandlungen mit Polen. Ist das auch Ihre Meinung?

Wehner: Meine Meinung ist, daß wir diese schwierigste aller Hypotheken, soweit wir können, ablösen müssen und daß davon sehr viel auch für bessere Positionen im Bemühen um geregeltere Verhältnisse mit der DDR abhängt. Aber das Wort »am ehesten« erscheint mir sehr . . .

Spiegel: Er meint es zeitlich.

Wehner: Ja, dann gebe ich ihm insofern recht, als davon, ob wir das so sehen und ob uns das die Mühe wert ist, fast alles andere abhängt. Dafür möchte ich der Regierung den Weg mit freihalten helfen. Das hat nämlich nichts zu tun damit, ob man anerkennt oder nicht anerkennt, was man Oder-Neiße nennt, sondern das hat damit zu tun, in die Verhandlungen zu gehen und deutlich zu machen, daß man nicht ausweicht, sich nicht in die Büsche schlägt, sondern in diesem Punkt eine Antwort gibt, die in Polen befriedigen kann und die hier politisch zu tragen ist. Das ist die Kunst.

Spiegel: Sie sagen politisch zu tragen. Würde das auch gegen die Opposition möglich sein? Oder brauchen Sie dazu die Opposition?

Wehner: Nein, ich brauche die Opposition nicht. Es hängt von der Opposition ab, wie sie sich in diesen Lebensfragen verhält. Sehen Sie, es gibt große Auseinandersetzungen, es wird auch staatliche Auseinandersetzungen geben, ob es um Menschen geht oder um Quadratkilometer. Aber da bin ich nicht dafür, daß die Regierung sämtliche Karten vorher auf den Tisch legen soll. Ich bin nicht für Geheimpolitik in jedem Falle, aber ich finde, daß eine Regierung machen können darf, was ihres Amtes ist, und daß da nicht jeder mitreizt.

Spiegel: Diese Koalition nimmt dankenswerterweise das Risiko auf sich, daß Verhandlungen mit Polen an der Anerkennung der Oder-Neiße-Grenze und ein innerdeutsches Gespräch letztlich am Konflikt Anerkennung oder Nichtanerkennung der DDR scheitern.

Wehner: Wird ja nicht scheitern.

Spiegel: Sollte dieses dennoch eintreten, dann fällt eine wesentliche Säule der Regierungspolitik. Wie schätzen Sie die Auswirkungen eines solchen Scheiterns innenpolitisch ein?

Wehner: Es gibt kein Scheitern. Wir erreichen das Maß von Regelungen mit dem anderen Staat in Deutschland, das ohne Selbstaufgabe möglich ist. So lange haben wir daran zu arbeiten – ohne Selbstaufgabe. Das einzige, was wir nicht tun dürfen, ist, in den Sog der Doktrinen der anderen Seite hineinzukommen.

Spiegel: Auf welche Zeiträume müssen wir uns einstellen?

Wehner: Ich bin froh, daß Brandt das so gelassen gesagt hat in seiner Rede: in den siebziger Jahren, in den achtziger Jahren oder gar in den neunziger Jahren – ja, sicher.

Spiegel: Bis dahin müssen Sie sich jener Opposition erwehren, die eine »Böses-Blut-GmbH« gegen die Politik der Bundesregierung gegründet hat. Wie gefällt Ihnen der Titel eines »Selbstverteidigungsministers« gegen diese GmbH, den Ihnen Ihr Regierungschef verliehen hat?

Wehner: Das ist mir entgangen, aber man wird älter.

Spiegel: Herr Wehner, wir danken Ihnen für dieses Gespräch.

Rudolf Augstein, Erich Böhme, Hans Gerhard Stephani,
Der Spiegel, 26. 1. 1970

*

Karl Donat: Es gibt in diesem Interview (gemeint: »Spiegel« vom 26. 1. 70) ein Wort, das sehr viel mißverstanden worden ist und was Ihnen auch sehr oft angekreidet worden ist, nämlich das Wort: »Nein, ich brauche die Opposition nicht.«

Inzwischen gibt es Gespräche zwischen dem Kanzler und

zwischen Herrn Dr. Barzel. Was halten Sie von den Gesprächen? Geben Sie diesen Gesprächen und damit einer Zusammenarbeit zumindest auf einem beschränkten Gebiet, beispielsweise Berlin, Chancen?

Wehner: Ich gebe insoweit Chancen, als ich annehme, daß die CDU/CSU bei allen Unterschieden, die es dort in der Bewertung vorliegender Ergebnisse oder noch zu machender Anstrengungen und ihrer Richtung gibt, nicht Lust daran haben wird, sich in bezug auf, um es mal so einfach zu sagen, Ostverträge in eine Lage zu bringen, in die die Sozialdemokratie, als sie in der Opposition war, in bezug auf die Westverträge gekommen ist. Das könnte nämlich passieren, nämlich mit Vehemenz und unter Aufbietung aller Argumente und sogar Künste und bei Dramatisierung dessen, was darinnen steckt, vorwiegend innenpolitisch zu argumentieren und dabei die außenpolitische, heikle Situation weniger in Betracht zu ziehen, als es unter normalen Umständen der Fall wäre; und dann sind die Verträge; dann werden sie lebendig, sind wie alles in der Welt nur partiell das, was man sich wünscht, und dann steht die Seite, die also mit dramatischer Vehemenz dagegen angerannt ist, vor der Notwendigkeit zu sagen, jetzt müssen wir uns arrangieren. Das glaube ich, ist eine Überlegung, die bei der CDU/CSU auch nicht ganz ohne Grund angestellt wird.

Donat: Herr Wehner, jetzt einmal eine Frage an den Parteipolitiker: Würden Sie auch als Parteipolitiker, um von diesem Bild auszugehen, der CDU die Hand reichen, um aus diesem Abseits herauszukommen, oder würden Sie sagen, nein aus parteipolitischen Gründen, das ist Sache der CDU? Wenn sie nicht will, gut, dann soll sie im Abseits bleiben.

Wehner: Das würde ich tun, wenn Sie das so sagen, als Parteipolitiker. Ich sehe nur eine Grenze, die würde ich nicht überschreiten, daß nämlich die Substanz der Verträge oder dieses Vertrages und dessen, was in dem Zusammenhang noch zu tun ist, verletzt würde. Wenn ich das ein wenig begründen darf, so möchte ich es auf folgende Weise tun: Es wäre unter Umständen von Übel, wenn zum Beispiel das Ratifikationsgesetz behängt würde mit soviel aus inneren Gründen zustande gebrachten Wenn und Aber, daß dann der Vertragspartner seinerseits sagt: Ja, dann ist das nicht mehr der Vertrag, den wir unterzeichnet haben. Das wäre die Grenze. Mir liegt an dem Vertrag und den entsprechenden Verträgen und Abkommen mit denen, auf die es noch ankommt. Ich habe keine Illusionen über die Möglichkeiten, die wir auf diesem Felde haben werden.

Andererseits halte ich es für unvermeidlich, daß man nach diesen westlichen Verträgen entsprechende – ich meine entsprechende nicht in dem Sinne gleichartige wie mit dem Westen, da sind wir ja Bundespartner – aber Verträge, die eben zur Verständigung dienen sollen mit dem Osten, zustande bringt. Wenn die Substanz dieser Politik durch innenpolitische Überlegungen getrübt oder ernsthaft eingeengt würde, dann wäre das die Grenze dafür. Aber im übrigen bin ich für breitestmögliche Kooperation, und es ist ein Irrtum anzunehmen, ich betrachtete diese ganze Auseinandersetzung vorwiegend innenpolitisch.

Aber die Unterstellungen sind ja auswechselbar. Die einen meinen, das sei innenpolitisch der große Trick, um die CDU ins Abseits zu bringen; andere meinen, das sei eben das Werk von jemand, der es in Wirklichkeit mit dem Kommunismus halte. Das gibt es ja auch, jedenfalls in der neuesten Nummer des »Bayern-Kurier« ist das so zu sehen. Aber ich bin da gar nicht bitter und auch nicht so empfindlich, wie andere meinen, was die Weitsicht in die Entwicklung betrifft. Nur das Abseits wäre nicht das Richtige. Die CDU muß mit sich selber fertig werden. Das allerdings kann ihr niemand abnehmen; das kann auch ich ihr nicht abnehmen.

Deutschlandfunk, 13. 9. 1970

*

Jürgen Kellermeier: In einem Punkt waren sich Regierungsparteien und Opposition in dieser Debatte über die Ostverträge wenigstens einig, nämlich darin, daß hier eine Entscheidung zur Debatte steht, die zu den wichtigsten gehört, die der Bundestag jemals zu treffen hatte. Herr Wehner, ist das Parlament diesem Umstand, der Bedeutung des Themas, nach Ihrer Meinung im Stil der Debatte gerecht geworden?

Wehner: Ich bin eben noch gewissermaßen voll von der Erregung dieser Debatte und bin daher sicher kein ganz gerechter Beurteiler. Aber wenn ich mich zusammennehme, möchte ich sagen: Hier haben alle einander alles gesagt, was sie für richtig hielten. Ob das gut war für die Situation, in der wir uns befinden, mag dahingestellt bleiben, aber es ist so gesagt worden, daß niemand daran gehindert wurde zu sagen, was er für richtig hielt. Das ist immerhin ein Plus.

Kellermeier: Hat Ihnen die Debatte, Herr Wehner, Einsichten vermittelt, die Sie vorher noch nicht hatten, etwa was die Haltung der CDU/CSU betrifft?

Wehner: In einem Punkt muß ich das mit Bedauern feststellen, nämlich in Bezug auf das Unvermögen der CDU/CSU, über ihren Schatten zu springen: Bei der Bewertung und bei den Bemühungen um die Realisierung, um das Ins-Leben-Umsetzen des hoch bedeutsamen Berlin-Abkommens, wie es ja ein Berlin-Abkommen seit Ende des Krieges nicht gegeben hat.

Kellermeier: Sie haben, Herr Wehner, die CDU/CSU mehrfach gefragt, wie sie sich verhalten wolle, wenn die Verträge erst einmal in Kraft getreten sind. Bedeutet das, daß Sie daran Zweifel haben, daß die CDU/CSU ratifizierte Verträge respektieren würde?

Wehner: Die CDU/CSU als Ganzes würde sicher zu dem Schluß kommen, daß Verträge als Verträge behandelt werden müssen, aber ich fürchte, es wird bei ihr länger dauern, als es bei der SPD in bezug auf die Westverträge gedauert hat. Dafür sind die unterschiedlichen Wertungen und der Mangel an Einsicht bei einigen der Leute zu groß. [. . .]

Kellermeier: Wie beurteilen Sie den Vorschlag Rainer Barzels in der Debatte, die Ostverträge bis zu einem innerdeutschen Vertrag – wie er sagte – liegen zu lassen?

Wehner: Das ist parteitaktisch gesehen sicher verständlich. Das heißt, daß der Herr Barzel hier eine – wie er es wohl sehen mag – übergeordnete oder – man kann es auch anders sehen – mittlere Linie gefunden zu haben glaubt, die zum Teil kraß im Streit miteinander liegenden Auffassungen, sei es zum Berlin-Abkommen, sei es zu der Frage, ob man einfach jetzt den Zorn aufpeitschen soll, bis eine Art Volksbewegung entsteht gegen diejenigen, die solche Ostverträge gemacht haben, das also sozusagen zu einem Thema machen, das anheizt die 1973er Bundestagswahl. Das ist das eine. Herr Barzel hat diese zunächst elegant wirkende Lösung gefunden: So nicht –, und deshalb lassen wir die Verträge liegen. Nur, ich habe anfangs einschränkend gesagt: Das ist parteitaktisch verständlich. Es ist staatsmännisch nicht zu vertreten, weil es an der Notwendigkeit der Erfüllung des Berlin-Abkommens vorbei zu schleichen versucht, und das ist eine Sache, die man eigentlich nicht wollen darf.

Kellermeier: Im äußersten Fall, Herr Wehner, nämlich nach einem Einspruch des Bundesrates wird die Regierungskoalition darauf angewiesen sein, zur Ratifizierung der Verträge die absolute Mehrheit im Bundestag aufzubringen, das heißt mindestens 249 Stimmen. Die Koalition verfügt über insgesamt 251. Worauf gründet sich bei diesem knappen Verhältnis die Sicherheit, daß die Verträge die erforderliche Mehrheit finden werden?

Wehner: Sie gründet sich darauf, daß ich überzeugt davon bin, daß das, was Sie die erforderliche Mehrheit nennen, zusammenkommt, weil die Gegenseite diese Vertragsentscheidungen beinahe ausschließlich als Parteientscheidung, als Entscheidung gegen diese Regierungskoalition trifft. Und so gibt es eine entsprechende Antwort.

Kellermeier: Sie würden also sagen, daß auch das Verhalten der Gegenseite die Koalition in dieser Hinsicht zusammenschweißt?

Wehner: Ja.

Norddeutscher Rundfunk, 26. 2. 1972

Frage: In den Schlagzeilen taucht immer häufiger das Wort »Neuwahlen« für den Fall auf, daß die Ostverträge doch scheitern sollten entgegen allen Ihren festen Erwartungen. Verteidigungsminister Schmidt hat davon gesprochen. Karsten Voigt hat davon gesprochen. Herr Dr. Barzel, Herr Strauß haben sich in den letzten Tagen dazu geäußert. Was ist Ihre Meinung zu vorzeitigen Neuwahlen?

Wehner: Ein Glück, daß die Hörer das nicht sehen können, ich erröte, wenn Sie mich unter so vielen namhaften Herren mit aufzählen. Wenn aber so viele namhafte Herren darüber sprechen, daß Neuwahlen denkbar oder wünschbar oder unvermeidbar sein könnten, so muß ich nicht auch noch einstimmen. Ich sage Ihnen nüchtern: Wie es kommt, wird's genommen. Und die Verträge werden ratifiziert in jedem Fall.

Südwestfunk, 5. 3. 1972

*

Hilde Purwin: Herr Wehner, Sie glauben nicht an Neuwahlen. Aber waren Sie nicht der erste, der vor Jahr und Tag von dieser Möglichkeit gesprochen hat?

Wehner: Das war im Sommer 1970, als die CDU/CSU uns jeden Tag voraussagte, daß wir die nächsten Landtagswahlen nicht überstehen würden. Dabei warnte die Opposition davor, die Verhandlungen über die Verträge fortzuführen. Damals habe ich gesagt: Die Verträge müssen ausgehandelt werden, und möglicherweise muß man darüber die Wähler entscheiden lassen.

Purwin: Gilt das heute noch, wenn zum Beispiel ein, zwei Abgeordnete der Koalition bei der Abstimmung fehlen?

Wehner: Ich bin überzeugt, daß die Mehrheit da sein wird. Wir haben bisher alle Abstimmungen bestanden, wir werden auch die kommende bestehen.

Purwin: Und wenn das die Ausnahme von der Regel werden sollte?

Wehner: Dann würde um die Mehrheit gekämpft, und zwar sofort, aus dem Bundestagssaal heraus in den Wahlkampf.

Da muß jeder offenbaren, was ihm die Berlin-Regelung wert ist oder nicht wert ist und was ihm die Möglichkeit langjähriger Isolierung – ich will gar nicht dramatisieren – bedeutet. Manche haben ja die Arbeitshypothese, alles in der Schwebe zu lassen, um noch mit alten Sachen Staat machen zu können, die sonst ihren Glanz verloren hätten und nicht mehr in der Vitrine stünden, sondern in der Ablage.

Neue Rhein/Ruhr-Zeitung, 7. 3. 1972

*

Frage: Nun sagt Herr Schröder, man könne das Berlin-Abkommen auch ohne Ostverträge haben. Ist das eine richtige Sicht?
Wehner: Ich will Herrn Schröder alles gönnen, weil er jetzt in das Alter kommt, in dem es gerade noch möglich ist, eine Hoffnung zu haben. Wenn er jünger wäre, würde ich sagen, dies ist eine Unverfrorenheit. Ich kenne Herrn Schröder besser als mancher andere, ich kenne ihn aus seiner schrecklichen Zeit als Innenminister, und ich habe weiß Gott sehr viel mit ihm zu tun gehabt und er mit mir in der Zeit als Außenminister. Da kann er uns nichts erzählen. Und jetzt kommt dieser Mann und sagt in Hoflieferantenmanier: »Solche Verträge hätte man schon vor Jahren haben können.« Nun, Herr Schröder hat sich in einigen Punkten schon ganz entscheidend geirrt. [. . .]
Frage: Wir dürfen noch einmal auf das zurückkommen, was Sie einleitend gesagt haben: Bei den beiden Verträgen gibt es in der CDU/CSU unterschiedliche Reaktionen. Es sieht so aus, als wäre beim Moskauer Vertrag die Sache klar, während sie beim Warschauer Vertrag mitnichten klar ist. Es gibt also offensichtlich in der CDU/CSU auch so etwas wie ein Gewissen?
Wehner: Es gibt sogar Leute, die in Panik, oder Leute, die in Haß ausbrechen, weil das, was Gewissen genannt wird, bei ihnen schläft. Das ist nämlich ein deutsches Gewissen. Daß sie keines hätten, davon rede ich nicht. Aber davon abgesehen: Alle werden dagegen stimmen.

Nürnberger Nachrichten, 11. 3. 1972

Rudolf Wagner: Fürchtet die SPD den Mißtrauensantrag?

Wehner: Nein.

Wagner: Von Ihrem FDP-Kollegen Mischnick stammt der Vorschlag, bei der Abstimmung am Donnerstag mögen doch die Abgeordneten der Koalition das Plenum verlassen. Was halten Sie von einem solchen Vorschlag?

Wehner: Nichts. Hier geht es um einen Antrag, über den innerhalb einer Frist abgestimmt wird, und zwar in geheimer Abstimmung; die Abstimmung wird im Plenarsaal vorgenommen. Der Abstimmung vorausgehen wird eine Begründung des Antrags, auf diese Begründung werden sicher die Vorsitzenden der beiden Koalitionsfraktionen ihre Haltung gegen den Antrag ebenfalls begründen, das bedarf bei uns nicht vieler Zeit. Und dann wird abgestimmt, das heißt wir, die wir gewählt sind, verlassen nicht das Haus, in das wir gewählt sind, und die, die in die Kabinen wollen, weil sie dort das Mißtrauensvotum unterstützen wollen oder auch was immer – das ist ihre Sache – sie damit machen wollen, die bedienen sich dieser. Das ist also ein ganz normaler Abstimmungsakt, wenn auch einer der seltenen Fälle, in denen im Bundestag geheim abgestimmt wird.

Wagner: Nun hat es doch eine ganze Reihe von Spekulationen gegeben um das Wort Neuwahlen herum. Gab es in den Planspielen innerhalb der SPD einmal auch die Erwägung, Neuwahlen in Verbindung mit der Vertrauensfrage, die der Bundeskanzler stellt, anzustreben?

Wehner: Ich beteilige mich nie an Planspielen, wie ich mich nicht an Redereien beteilige. Jeder, der mit Neuwahlen spielt – hier sage ich einmal spielt und auch spiegelt, weil die Herren in der Zeitung, die ich damit meine, so klug geschrieben haben wochenlang –, jeder, der damit spielt, muß wissen, daß man vorher über eine Schwelle muß, bei der man selbst eine Niederlage sei es erleidet, sei es sich selbst zufügt. Und daß das eine negative Wirkung auf den Start zum Wahlkampf hat, das wird man einem alten Fuhrmann wie mir doch abnehmen.

Wagner: Woher, glauben Sie eigentlich, nimmt dann die CDU ihren so unbegrenzten Optimismus?

Wehner: Optimismus hat die doch nicht. Dort hat man überlegt und gespielt und durchgespielt; noch am Sonntag abend hat sich Herr Kraske zum Beispiel gehütet, klugerweise gehütet, sich auf das konstruktive Mißtrauensvotum – wann einzubringen – festlegen zu lassen. Am nächsten Tag ist unter den Auguren abgewogen worden, ob man es nach der Vertragsgesetzentscheidung machen will oder vorher. Meine Erfahrung ist, daß der Oppositionsführer aus Existenzgründen immer eine halbe Nasenlänge vor dem »Großen Vorsitzenden F. J. S.« sein muß. Und Herr Strauß spielt dieses Spiel.

Hessischer Rundfunk, 25. 4. 1972

*

Jürgen Kellermeier: Herr Wehner, Sie haben in dieser Woche vor der Auffassung gewarnt, die angestrebte gemeinsame Erklärung des Bundestages könne ein Vertrag über den Vertrag sein. Was ist damit gemeint? Befürchten Sie, daß es Bestrebungen gibt, die Substanz des Vertrages zu ändern?

Wehner: Das befürchte ich nicht nur, ich bitte Sie, ich verrate ja kein Geheimnis. Wenn bei der CDU/CSU Kombinationen, zumindest mal ohne pauschal zu urteilen, der CSU-Teil in Wirklichkeit über das, was wir dieser Tage haben lesen können, der Meinung ist, jede Entschließung, und wäre sie noch so gut, auch eine Präambel, und wäre sie noch so schön, änderte nichts daran, daß – so ist das dort die Meinung – diese Verträge schädlich sind im Innern und Außen. Konsequenterweise müßte die CSU sagen, sie lehnt sie ab, das kann ja niemand verwehren. Sie tut das nicht, sie will die CDU mitschleppen, in der natürlich auch viele unterschiedliche Meinungen sind. Jeder sollte eigentlich nach seiner Meinung frei abstimmen. Das wäre eine Sache. Wenn aber der Oppositionsführer sagt, ich verfüge über soundsoviel Stimmen, was er tut, so mache ich mir darauf meinen eigenen Vers. Wenn zugleich der zweite Mann dort, der faktisch eben auch ein Vorsitzender einer der beiden Parteien ist, sagt, Moskau hätte es ja in der Hand, können Sie sich vorstellen, das ganze ist ein Vorhang, hinter dem nur nach der Methode gesucht wird, wie man der Regierung und den beiden Koalitionsfraktionen SPD und FDP zuschieben kann, daß sie angeblich nicht genügend getan hätten, um die Verträge annehmbar zu machen für die CDU/CSU.

Kellermeier: Darf ich gleich anschließend die Frage stellen: Halten Sie dann für möglich, daß es doch noch über den Termin der geplanten endgültigen Lesung am Dienstag und Mittwoch und dann über den Termin der Entscheidung über die Verträge zu einem Streit, zu einer Auseinandersetzung zwischen Regierungsparteien und Opposition kommen wird?

Wehner: Das muß ich annehmen, nach dem, was ich weiß. Ich habe nicht die Möglichkeit, mich darüber ausführlicher zu äußern. Aber hier sucht Herr Barzel, dessen einziger Generalnenner für diese in der CDU/CSU vorhandenen und keineswegs in der Beurteilung der Verträge homogenen Kräfte darin besteht, daß er Zeit gewinnt. Das ist der einzige Generalnenner. Und diesen Zeitgewinn umzudrehen zu einem Zeitverlust angeblich der Koalition und der Regierung. Da wird frevelhaft gespielt. Daß das kein Zeitverlust für uns, sondern daß das die Unmöglichkeit wird, den Beitrag der Bundesrepublik zu der großen weltpolitischen Bewegung West-Ost von der Konfrontation zur Kooperation zu vollziehen, zusammenhängend mit der Reise Nixons nach Moskau und mit der NATO-Ratstagung hier, das sind doch alles nicht unsere Erfindungen.

Das sind doch alles Dinge, hinter denen steht zum Beispiel das brennende Interesse, hier sage ich einmal unpathetisch, in aller Welt am endlichen Inkrafttretenkönnen des Berlin-Abkommens, des ersten und bisher einzigen Berlin-Viermächteabkommens mit all den Einzelheiten, die ich jetzt hier aus Zeitmangel nicht darlegen kann, die aber niemals jemand so erwartet hätte, und nun auch Verkehrsvertrag zwischen den beiden deutschen Staaten, mit Ansätzen zu zwischendeutschen Regelungen, in denen sogar die Härtefallregelung in Berlin jetzt übertragen wird auf Härtefälle, familiäre und andere Härtefälle zwischen den getrennten Staaten Deutschlands. Das alles hängt doch daran. Und dann tun die so, als könne man noch einmal einen Vertrag machen. Herr Strauß meint in Wirklichkeit, man müsse noch einmal einen Vertrag machen, ohne die Substanz zu verändern. Das ist bei ihm alles eine verbale Sache. Andere sind natürlich nicht derselben Meinung. Da gibt es, wie gesagt, vier, fünf unterschiedliche Meinungen. Aber man kann doch nicht den Vertragspartnern gegenüber – und dazu gehören auch die Bündnispartner des Westens – in diesen Fragen, mit denen so viel zusammenhängt, ich sage immer wieder an erster Stelle das Berlin-Abkommen und sein Inkrafttreten, nasführen. Dies ist ein Nasführen und wird gespielt, als ob es ein innenpolitisches Harlekinspiel sei.

Kellermeier: Herr Wehner, nur noch eine letzte Frage. Wie groß ist unter Umständen noch Ihre Erwartung, daß es vor der Entscheidung über die Ostverträge doch noch zu einer Einigung mit der Opposition kommen kann?

Wehner: Die ist ganz minimal, weil ich mir darüber klar bin, daß die CSU eine Entschließung nicht haben will und haben wird, der die Koalitionsseite zustimmen könnte, insofern sie nämlich nicht im Widerspruch zu Geist und Text der Verträge steht. Eine Entschließung, die im Widerspruch zu Geist und Text der Verträge steht, geht nicht. Das ist aber bei jedem Vertrag so, das war früher so bei Westverträgen, das ist so mit diesen Verträgen. Und weil die CSU dieses Limit setzt, ist die CDU in der fatalen Situation, in der sie jetzt ist, die sie glaubt, verdecken zu können mit einem solchen Auf-Zeitgewinn-Spielen, bei dem sie umdreht, als hätten wir einen Verlust, wenn die Termine nicht eingehalten werden. Am Dienstag und am Mittwoch wird entschieden werden müssen.

Norddeutscher Rundfunk, 6. 5. 1972

Ankurbeln

Friedrich Nowottny, aus Leningrad: Herr Wehner, Sie waren nun der Produzent der Schlagzeilen, Sie haben sehr viele davon in der Bundesrepublik ausgelöst. Erstens, als Sie Gespräche, zwei, wie wir hier vermuten, am Dienstag der letzten Woche geführt hatten, und zweitens, als Sie sehr kritisch Stellung genommen haben zu der Politik dieser Bundesregierung im Zusammenhang mit den Ereignissen um Prag, zu der Ostpolitik, die in Bonn ein wenig vereist erscheint. Was haben Sie sich davon versprochen?

Wehner: Zunächst muß ich sagen, Produzent der Schlagzeilen war und bin ich nicht, ich kann höchstens Anlaß sein, denn die schreibenden und telefonierenden Herrn sind die Produzenten. Davon abgesehen wird über Gespräche geredet, so als ob sie unstatthaft seinen. Für mich ist eine solche Delegation erst dann voll ausgeschöpft, wenn jede Möglichkeit zum Gedankenaustausch, zur Interpretation und zur Information benutzt wird. Und ich habe gesagt, am Schluß werde ich allen alles darüber sagen . . .

Nowottny: Das heißt, Sie werden dann auch die Namen nennen der Herren, mit denen Sie gesprochen haben?

Wehner: Ja, dann werden diejenigen, die Sie vorweg genannt haben, irgendeinen Dreh finden müssen, der ja in Bonn nicht ungewöhnlich ist, denn die Urheber dieser ganzen Sache sitzen in Bonn, werden sie finden müssen, warum sie so falsch geraten haben.

Nowottny: Sie haben also nicht mit den Herren Flatow und Alexandrow heißen sie beide, glaube ich, gesprochen, die hier genannt werden?

Wehner: Das hat, Herr Nowottny, schon mal jemand gegessen, man nimmt es wieder in den Mund.

Nowottny: Ich dachte, man könnte das einmal dadurch authentisch darstellen, daß Sie es selbst sagen, mit wem Sie gesprochen haben.

Wehner: Ich sage nein. Das habe ich gesagt, daß ich das am Schluß tue, denn die Gespräche sollen Sinn haben und sollen nicht nur für Schlagzeilenproduktionen Stoff bieten. [. . .]

Nowottny: Herr Wehner, was erregt eigentlich so am Zustand der Ost- und Berlinpolitik? Sind es Ihre Einschätzungen, im Fall Berlin ein wenig überzogen, haben Sie gesagt, der Regierungskurs, so wurde über diesen berühmten Tikker gemeldet, sei Ihnen zu hart, ist dies alles, sind diese Einschätzungen nicht von zu großer Ungeduld getragen in dieser Frage, eine in der Sache eigentlich unangemessene Ungeduld?

Wehner: Von wem?

Nowottny: Ihrerseits!

Wehner: Ach meinerseits?

Nowottny: Natürlich!

Wehner: Ich sehe die Ungeduld bei denen, die aus dem Berlin-Abkommen etwas anderes machen wollen, als in ihm drinsteckt und möglich ist. Ich qualifiziere diese Ungeduld nicht; ich habe keinen einzigen Gesprächspartner in den Städten, die wir bisher hier besucht haben, von der anderen Seite gefunden, der nicht ernst gemeint hat, genauso wie seinerzeit Breschnew und Brandt übereinstimmend gemeint haben, daß die strikte Einhaltung und volle Anwendung des Berlin-Abkommens für sie gültig ist. Und so ist das hier. Und ich will deswegen Mißdeutungen und auch jene Versuche der Gegner der Verträge in Bonn und anderswo zunichte machen helfen, die diese Verträge zu etwas anderem zu machen versuchen, als sie sein können.

Nowottny: Herr Wehner, haben Sie tatsächlich gesagt, daß Sie in dieser Frage, Einschätzung Berlins, nicht in Übereinstimmung mit dem Regierungskurs sind? Wie lange können Sie dann noch Fraktionsführer der größten Bundestagsfraktion der Regierungsparteien bleiben, wenn dies so ist?

Wehner: Das werden wir wohl in Leningrad nicht auszutragen haben, sondern in Bonn austragen.

Nowottny: Sind Sie bereit dazu, in nächster Zeit dies zu tun?

Wehner: Was?

Nowottny: Dies auszutragen?

Wehner: Bin auszutragen bereit, daß es um die Einhaltung der Verträge geht und daß die Schlüsselrolle für diese Verträge das Viermächte-Berlin-Abkommen ist, das vier Signatarmächte unterzeichnet haben. Und wenn wir etwas wollen, Auslegungsstreitigkeiten haben, haben wir uns an die vier zu wenden und nicht so zu tun, als sei das eine Sache der Sowjets...

Nowottny: Herr Wehner, was ist Ihr bis jetzt stärkster politischer Eindruck auf dieser Reise gewesen, schließen Sie die Gespräche, die Sie gehabt haben, einmal ein?

Wehner: Die Gespräche werden ja weitergeführt, und den wirklichen Eindruck wird man am Montag haben können.

Nowottny: Ich frage bis jetzt.

Wehner: Und bis jetzt sind es zwei interessante Erkenntnisse. Das eine, daß die Gesprächspartner mit einer langen Perspektive rechnen, das heißt, daß sie nicht taktieren auf Bruch oder Beschuldigung »Rückkehr dazu«, und das andere ist, daß sie fragend heraushören wollen, wie wir es eigentlich hielten, die wir uns seinerzeit so intensiv für die Verträge eingesetzt haben, ob daran etwas abgeschlafft sei. Und da sind die Informationsgespräche recht nützlich...

Nowottny: Herr Wehner [...] wenn man an dieses Berlin-Problem denkt [...], warum haben Sie sich so massiv nunmehr an die Öffentlichkeit gewandt? Fanden Ihre Bedenken in Bonn, innerhalb der Fraktion und der Partei, keinen Widerhall?

Wehner: Die Fraktion hat keine Gelegenheit, sich damit zu befassen. Und was die Regierung betrifft, so habe ich seit Dezember vergangenen Jahres im Zusammenhang mit Prag und anderen öffentlich keinen Zweifel an meiner anderen Auffassung über die Art der Verhandlungen und Nichtverhandlungen gelassen. Und war dabei immer loyal gegenüber der Regierung. Und im übrigen, Familienzusammenführung – damit Sie nicht denken, das sei nur eines Herren Sache –, über solche Sache spreche ich, weil ich das seit Jahren weiß, wie man Sachen konkret löst mit denen, die mit mir informative und erklärende Gespräche führen. Ganz konkret. Karaganda-Fälle usw.

Nowottny: Haben Sie dieses Thema hier angesprochen?

Wehner: Ich will damit sagen, das löst man nicht durch Plakatierung, sondern durch intensives immer wieder Heranbringen.

ARD/WDR, 28. 9. 1973

*

Fritz Pleitgen, aus Moskau: Sie sind also besorgt um die Verträge. Glauben Sie, daß die mit viel Schwung gestartete Ostpolitik der Regierung Brandt/Scheel scheitern könnte?

Wehner: Scheitern nicht – die Verträge sind die Verträge. Es kann ihnen nur so gehen, wie es seinerzeit, 1955, mit dem Beschluß gegangen ist, daß Bonn und Moskau diplomatische Beziehungen aufnehmen. Es hat dann viele Jahre gedauert, nämlich genau bis zum Inkraftsetzen des Vertrags mit Moskau – das waren mehr als anderthalb Jahrzehnte –, ehe das, was 55 hätte angefangen werden können, wirklich angefangen wurde. Also, ich habe keine Angst, sondern Sorge. Vom Scheitern ist keine Rede, ich bin aber ehrlich genug zu sagen, ich sehe die Gefahr, daß sie sozusagen ausgelaugt behandelt werden.

Pleitgen: Nun stellt sich die Frage, ob Sie mit Ihren hier in Moskau wiederholten Erklärungen den Bundeskanzler nicht unnötig in Schwierigkeiten bringen, oder richtet sich Ihre Kritik mehr an die Adresse von Walter Scheel, oder wollten Sie überhaupt der Regierung nur auf die Sprünge helfen?

Wehner: Ich habe keine einzige Adresse genannt, und bei den Gesprächen, die ich geführt habe, habe ich die Position der bundesrepublikanischen Politik in Richtung Moskau und in Richtung andere osteuropäische Staaten vertreten, erklärt, habe aber – und da unterscheide ich mich eben von den meisten anderen – deutlich gemacht, daß wir uns streng an die Verträge halten, und zwar nach Buchstaben und nach Geist. Und da allerdings müßte ich wieder anfangen, wo ich vorher Ihnen gesagt habe, wo meine Sorgen liegen.

Pleitgen: In der Bundesrepublik wird kritisiert und moniert, daß Sie einen Streit im Kabinett um die Auslegung des Berlin-Abkommens hier in Moskau austragen. Dies sei kein guter Stil, Moskau könne sich entlastet fühlen.

Wehner: Ob man sich im Kabinett streitet, weiß ich nicht. Ich gehöre dem Kabinett nicht an. Ob Moskau sich entlastet fühlen kann, bezweifle ich; denn mein Gespräch – und ich war ja einer der Teilnehmer am Gespräch mit dem stellvertretenden Außenminister Kusnezow – war ja ein in der Sache sehr präzises. Das war ich, der anfing mit den Fragen, die das vierseitige Abkommen – wie sie es hier nennen – Berlins betreffen, und ich wollte gern mal wissen, wo sie der Meinung wären, wir verstießen dagegen. So fing die Diskussion an. Also da machen die, die das Gegenteil behaupten, ein falsches Spiel.

Pleitgen: Der Regierende Bürgermeister von Berlin Schütz hat erklärt, die Dinge um Berlin seien von Bonner Seite keineswegs überzogen worden. Empfinden Sie dies als eine Zurechtweisung?

Wehner: Ich habe keine Möglichkeit nach meiner Art, mit anderen zu leben und zu diskutieren, von hier aus zu sagen, was ich von dieser Art halte. In Bonn hätte ich einiges dazu zu sagen. Das beginnt schon mit Fraktionssitzungen in Berlin, für die ich bin, für die ich aber im Rahmen des Viererabkommens bin, das heißt nach Vereinbarung der Tagesordnung und gegen dieses Fortsetzen oder Demonstration. Das wissen alle von mir, und bisher haben sie es so hingenommen, wenn sie es in Wirklichkeit gern anders möchten, gut, das geht nicht mit mir.

Pleitgen: Die Opposition spricht sogar von einem Dolchstoß in den Rücken der Regierung. Haben Sie eine so harte Reaktion erwartet?

Wehner: Ich hatte erwartet, daß bei Gelegenheit dieser Reise, möglicherweise schon kurz vorher, von allen Seiten auf mich eingestochen werden würde. Aber wenn ich von einigen absehe, ich habe die hier nicht zu zitieren und auch nicht für sie Reklame zu machen, ja in besonders schlimmer Weise über die Reise und über meine angeblichen Tricks dabei geschrieben und geredet und gesendet haben, habe ich mich in einem Punkte gewissermaßen getäuscht, es fing erst an, als ich dort weg war und in einer Position, in der ich mich nicht zu jeder einzelnen Behauptung äußern kann.

ARD, Panorama, 1. 10. 1973

*

Spiegel: Herr Wehner, Sie haben die Reaktion des Bundeskanzlers auf Ihre kritischen Bemerkungen aus Moskau, Kiew und Leningrad als »Zurechtweisung« bezeichnet. Wofür eigentlich fühlen Sie sich zurechtgewiesen?

Wehner: Dafür, daß ich in Gesprächen mit Journalisten zur Unterstützung meiner Auffassung, es komme bei den Ostverträgen auf strikte Einhaltung und volle Anwendung an, sehr weit gegangen bin, meine Befürchtungen drastisch zu begründen. Dabei habe ich so oft von »wir« gesprochen, weil bei uns die Auffassung vorzuherrschen scheint, die »anderen« seien immer schuld, wenn es nicht automatisch weitergeht, wie wir es gern hätten...

Spiegel: Es kann nicht sein, daß ein international erfahrener Mann wie Sie nicht gewußt haben sollte, daß diese auf dem Boden Sowjet-Rußlands getanen Äußerungen spektakulär wirken würden. Das ist Ihnen doch klar gewesen.

Wehner: Das ist mir klar gewesen. Ich sage Ihnen gleich dazu: um so mehr war ich darauf bedacht, bei den Gesprächen, welche die Delegation gemeinsam mit sowjetischen Partnern auf der jeweils anderen Seite des Tisches geführt hat, die Auffassung der Regierung zu interpretieren und zu vertreten.

Spiegel: Bleibt die Frage: Was bringt einen nach Amt und Einfluß so mächtigen Mann dazu, seine Befürchtungen nicht in Bonn vorzubringen, an den Schalthebeln, die ihm dort zur Hand sind? Warum diese Flucht an die Öffentlichkeit während einer Rußlandreise?

Wehner: Tut mir leid, daß Sie das so sehen, ich kann Sie nicht daran hindern.

Erstens habe ich hier keine Schalthebel, ich bin auch kein mächtiger Mann; ich habe ernstzunehmende Pflichten und dadurch auch ernstzunehmende Rücksichten, die ich einzuhalten habe. Und das ist mir – sozusagen nach dem Spruch »Wes' das Herz voll ist, des geht der Mund über« – bei der Begründung meiner Auffassungen mit Presseleuten und Fernsehleuten offensichtlich nicht plaziert genug gelungen.

Spiegel: Sie haben den Regierungschef und seine Mannschaft für abgeschlafft erklärt.

Wehner: Nein, sondern ich habe wiedergegeben, daß ich Eindrücke aus Gesprächen gewonnen hatte, die sich in der Frage ausdrücken ließen, ob unsere Koalition, die es unter sehr schwierigen Bedingungen im vergangenen Jahr mit großer Intensität und Energie fertiggebracht hat, die Verträge zur Ratifikation und zum Inkraftsetzen zu bringen, sich dieser Dinge heute nicht zu schlaff, oder jedenfalls nicht mehr in derselben Rangfolge annähme.

Spiegel: Haben Sie Hoffnung, mit Ihrem Moskauer Alleingang das erreicht oder zumindest gefördert zu haben, was Sie wollten? Der erste Anschein ist doch, daß Ihre Attacke eher gegen Ihre Ziele zurückgeschlagen ist und sie nicht gefördert hat.

Wehner: Ich habe in der Bundestagsdebatte vom letzten Mittwoch erlebt, wie das Hohelied des Viermächteabkommens über Berlin von den Herren der Opposition angestimmt wurde. Es liegt natürlich bei der Regierung zu wägen, was sich daraus machen läßt. Das ist das eine. Und das andere: Ich denke, es haben eine ganze Menge Menschen angefangen, sich zu überlegen, ob nicht doch was dahintersteckt, wenn jemand wie ich versucht, anderen einige Dinge auf diese Weise ins Bewußtsein zu bringen.

Spiegel: Wenn dahintergesteckt haben sollte, daß Sie dem abbremsenden Einfluß des freidemokratischen Koalitionspartners auf die Außenpolitik und die Deutschlandpolitik dieser Regierung engere Grenzen ziehen wollten, dann haben Sie offenbar das Gegenteil erreicht.

Wehner: Ich sehe Einflüsse und Einwirkungen oder auch das Lebendigwerden der Verträge nicht unter dem Gesichtspunkt: hier SPD und da FDP, und ich will ausdrücklich zurückweisen, als ob ich hier mit kritischen Bemerkungen die FDP oder speziell FDP-Repräsentanten gemeint hätte. Das schließt allerdings nicht aus, daß meine Befürchtungen auch solche Leute mit betreffen. Aber wie gesagt: Es ist keine Kritik von Partei zu Partei.

Spiegel: Sondern Kritik an einzelnen Personen?

Wehner: Nein, sondern Kritik an Gewohnheiten, von denen ich befürchte, sie könnten uns und die amtliche Politik übermannen.

Spiegel: Haben Sie, während Sie in Rußland waren, Informationen nicht gehabt, die Ihnen jetzt mitgeteilt worden sind – etwa über die New Yorker Verhandlungen des Außenministers – und die Ihre Gesamtbeurteilung der Lage zwischen uns und den östlichen Partnern verändert haben?

Wehner: Da genügt ein Wort: nein.

Spiegel: Dann ist es um so verwunderlicher, daß Sie die Kontroverse, die durch Ihre Moskauer Äußerungen ausgelöst worden ist, hier in Bonn nach Ihrer Rückkehr nicht durchgehalten haben.

Wehner: Das ist noch nicht abgeschlossen. Nur: Ich habe eine Zurechtweisung bekommen, mit der habe ich zu leben. Im übrigen habe ich, wo ich gefragt werde, deutlich zu machen, was mich bewegt und wie ich zu den konkreten Notwendigkeiten und Möglichkeiten der Politik der Bundesrepublik stehe in manchen Fragen, die zwischen Opposition und uns so bitter strittig gewesen und nach meiner Ansicht auch geblieben sind.

Spiegel: Wenn wir Sie recht verstehen: Die Zurechtweisung

beseitigt Ihre abweichende Meinung nicht, auch nicht die künftige Auseinandersetzung über das, was strittig geblieben ist?

Wehner: Nein, wo es in der Sache notwendig ist, nicht. Nur: Die Zurechtweisung hat mich in meine Grenzen gewiesen. Ich nehme das ohne jede Bitterkeit zur Kenntnis und auf mich.

Spiegel: Und Sie können und wollen in diesen Grenzen und unter diesen Umständen an dem Platz, an dem Sie stehen, bleiben? Sie wollen und können die Fraktion der SPD weiter führen?

Wehner: Das kommt auf die Fraktion an. Anfang Dezember ist, nach Turnus, die Neuwahl des Fraktionsvorsitzenden fällig. Und ich gedenke mich zur Neuwahl für die nächsten 18 Monate zu stellen. Nach unserer Geschäftsordnung müssen wir dreimal in einer Legislaturperiode wählen.

Wir sind nicht so fein wie die CDU/CSU-Fraktion, die einen Vorsitzenden für vier Jahre wählt – und inzwischen muß er über Bord.

Spiegel: Sie halten es also für möglich und sehen auch noch einen Sinn darin, abermals 18 Monate Fraktionsvorsitzender zu sein?

Wehner: Seien Sie vorsichtig, denn das ist dann schon wieder eine Festlegung, als ob ich nach 18 Monaten das nicht mehr machen wolle. Ich stelle mich zur Wahl und habe bisher kein Limit bekanntgegeben oder auch für mich selber bestimmt entschieden.

Spiegel: Hängt auch das von der Fraktion ab?

Wehner: Ja. In der Beziehung bin ich nun wirklich altmodisch demokratisch. Ich habe mich ernsthaft – Sie werden über mich lachen, sollen Sie ruhig, man muß mal Spaß haben –, ich habe mich wirklich verbissen dagegen gewehrt, daß etwa bei der Kabinettsbildung von einigen führenden Herren gesagt wird: Und Herbert Wehner übernimmt die Fraktion.

So war das 1969. Ich habe gesagt: Der Wehner übernimmt keine Fraktion, sondern stellt sich, wenn die Fraktion ihn wählen will, zur Wahl. So ist das wieder und wieder. Ich mag dieses Verfügen über Schalthebel, über Hausmacht, über Bataillone nicht.

Spiegel: Wenn Sie auch die Fraktion nicht als Hausmacht ansehen wollen oder können, rechnen Sie überhaupt damit, noch einmal gewählt zu werden?

Wehner: Ich rechne damit, daß manche mir einen Denkzettel mitgeben werden. Das muß man immer riskieren, aber das hat sich gelohnt.

Spiegel: Wie soll, wie kann das eigentlich weitergehen zwischen dem Vorsitzenden der größten Regierungsfraktion und dem Regierungschef? Man weiß ja nun von Ihnen selbst, daß es zwischen der »Nummer Eins« und Ihnen, wo immer Sie sich in dieser Zahlenreihe einordnen mögen...

Wehner: Ich habe keine Nummer.

Spiegel: ... sehr tiefgreifende Meinungsunterschiede gibt. Wie soll das weitergehen?

Wehner: Ordentlich. Das ist ja eine Frage des Vertrauens.

Spiegel: Besteht das noch?

Wehner: Wenn Sie mich fragen, kenne ich keinen, der an Stelle des Bundeskanzlers und Vorsitzenden der SPD mein Vertrauen in diesem Maße haben könnte.

Spiegel: Vertraut der Bundeskanzler Ihnen noch in dem gleichen Maß?

Wehner: Da müssen Sie ihn fragen. Dies ist hier ja kein Tripel-Interview, wie das Tripel-Konzert von Beethoven, das sehr schön ist, obwohl manche Musiksachverständige sagen, das sei kein Konzert, das ins Konzept paßt. Nein – das ist zuviel gefragt.

Spiegel: Herr Wehner, wir danken Ihnen für dieses Gespräch.

Rudolf Augstein, Hermann Schreiber
Der Spiegel, 8. 10. 1973

Knut Terjung: Ist denn der Bruch zwischen Ihnen und dem Bundeskanzler Willy Brandt noch zu kitten?

Wehner: Weder ist Bruch das richtige Wort noch ist Kitt der geeignete Stoff, um da etwas zu machen. Hier geht es um das, was ich aus Loyalität und vollem Vertrauen in die Persönlichkeit Willy Brandts versuchen möchte, in der offenen Diskussion um ihn herum zu entwickeln oder entwikkeln zu helfen, ihm helfen soll.

Zweites Deutsches Fernsehen, 9. 10. 1973

*

Horst Knape: Wegen der stagnierenden Deutschland- und Ostpolitik hatten Sie Willy Brandt attackiert. Ist dieser Streit inzwischen ausgeräumt?

Wehner: Wir haben uns kürzlich an einem Freitagabend um halb sieben getroffen und haben uns bis kurz vor elf unterhalten. Beim Gute-Nacht-Sagen habe ich dem Bundeskanzler gesagt, ich bäte ihn, es noch einmal mit mir zu versuchen. Er hat meiner Bitte nicht widersprochen, jedenfalls hat er sie nicht abgelehnt.

Knape: Angenommen, Brandt wäre nicht mehr Bundeskanzler. Welche Rückwirkungen würden Sie für die SPD sehen?

Wehner: Dieses ist einfach zu beantworten: Es ist gar nicht auszudenken. Die Identität der Persönlichkeit Brandts als des Politikers, der an der schwierigsten Stelle – nämlich in Berlin – seine Prüfungen abgelegt und dann in einer schwierigen Koalition mit der CDU/CSU Türen zum Osten und den Neutralen geöffnet und an der Spitze der Koalition Brandt/Scheel mögliche Wege gebahnt hat, ist lebenswichtig für die SPD. Sie ist so lebenswichtig, auch für ihre Mitgliedschaft, für das Wählerpotential, daß es keinen konstruierbaren Ersatz dafür gibt.

Knape: Wenn Sie sich selbst einmal von der Politik zurückziehen, wen würden Sie sich als Nachfolger vorstellen?

Wehner: Ich bin weder Monarch noch Durchlaucht. Ich stelle mir für mich privat manches vor. Glücklicherweise

215

habe ich keinerlei Recht, darüber bestimmen zu können, wer an meine Stelle tritt oder – richtiger gesagt – gewählt wird. Das überlasse ich denen, welche die Aufgabe haben zu wählen.

Stern, 15. 11. 1973

*

Hilde Purwin: Ihre Moskaureise – das ist nun schon ein paar Wochen her – hat eine Menge Wirbel gemacht. Fühlen Sie sich von der Sache her bestätigt?

Wehner: Erlauben Sie mir eine Vorbemerkung. Es wäre für alle Beteiligten natürlich bequemer gewesen, wenn ich auf mir gestellte Standardfragen dort in Moskau die üblichen deutschen Standardantworten gegeben hätte. Das habe ich nicht getan. Das mag mein Fehler sein. Das ist aber meine Art – und meine Unart, wie manche meinen.

Ich fühle mich nicht bestätigt. Ich stelle nur, ich sage Ihnen das ehrlich, mit Betrübnis fest, daß es offensichtlich Zeit braucht, ehe manche Illusionen und Wunschvorstellungen auf das Maß zurückgeschnitten werden, das unvermeidlich ist. Die Verträge sind doch nicht die Verwandlung von Menschen, die sich gegenseitig jahrzehntelang als Teufel bezeichnet haben, in Engel, falls dieses Bild etwas sagt.

Jetzt soll das alles zum positiven Gegenteil werden? Dies alles muß erst einmal weg! Das muß überwunden werden! Die Verträge sind der Abschluß völlig vertragloser Zeiten, in denen es zum Teil ganz schwere Krisen gegeben hat, die manch einer schon vergessen haben möchte. Andere wünschen sich vielleicht ähnliche Krisen wieder, weil sie dann meinen, es gebe eine Aufstrammung der Gefühle.

Aber, kein Zweifel: Jetzt, wo es vertragliche Grundlagen gibt, wird über deren Auslegung heftig gestritten werden. Auf beiden Seiten sind wir ja Deutsche.

Neue Rhein/Ruhr-Zeitung, 24. 11. 1973

216

Parlamentsarbeit

Helmut Hohrmann: Herr Wehner, das Fazit einer soziologischen Studie über die Einstellungs- und Meinungsänderung von Jungparlamentariern während der 7. Legislaturperiode lautet kurz gesagt: Eine auch im Parlament und in den Fraktionen anzutreffende Bürokratisierung verleite zum Spezialistentum, vermindere die ursprünglich vorhandene Lust zur Initiative, auch zur unbequemen, und erzeuge konservativen Anpassungsdruck. Inwieweit entsprechen diese Untersuchungsergebnisse Ihren Erfahrungen als Fraktionsvorsitzender?
Wehner: Das sind nun eine Menge Punkte, die Sie in dieser Frage zusammenfassen; manches davon ist richtig beobachtet. Aber solche Sammelbegriffe wie »konservativer Anpassungsdruck« oder ähnliches will ich nicht übernehmen oder für Ernst nehmen. Wahr ist, daß – wie vieles in unserem Leben – leider auch das parlamentarische Leben sehr dadurch geprägt wird, daß nicht nur Akten gewälzt werden – was unvermeidlich ist –, sondern Schablonen fabriziert werden und daß dafür, seien es Assistenten, seien es Mitarbeiter für die Abgeordneten tätig sein sollen, so daß die Abgeordneten in Wirklichkeit häufig nichts anderes sind als Personen, die vorgestanztes Material, sei es bewerten, sei es verwerten sollen. Die Gefahr ist drin. Nur hat ja jeder die Möglichkeit, sich in der Fraktion nicht nur zu Worte zu melden, sondern zur Geltung zu bringen und auch dafür zu sorgen, daß dem entgegengesteuert wird und man sich dem nicht anpaßt. Ich habe auch manches gelesen, was der eine oder andere junge Abgeordnete nach Schluß seiner Erfah-

rungen in der vorigen Periode an bitteren Urteilen veröffentlicht hat. Nur, es wäre viel besser, man hätte vorher miteinander gesprochen.

Hohrmann: Diese Möglichkeit, in der Fraktion offen über solche Probleme zu diskutieren, schließen Sie nicht aus?

Wehner: Die schließe ich nicht nur aus, sondern die suche ich. Die sind nicht in Sitzungen allein zu verwirklichen. Die müssen auch im Gespräch gefunden werden. Mag sein, daß es Fälle gibt, in denen jemand nach seinem Geschmack lange warten muß, ehe man gründlich über seine Beschwerden, seine Vorstellungen und seine eigentlichen Fähigkeiten aussprechen kann. Aber in keinem Fall wird dem ja nicht entsprochen.

Hohrmann: Haben solche Beobachtungen, die Sie gemacht haben, dazu beigetragen, zu Ihrem ja von der Fraktion mit Zustimmung zur Kenntnis genommenen Vorschlag, die Ämter der Fraktion auf mehrere zu verteilen und eben auch Jüngere mit einzubeziehen, und wie bewerten Sie die ersten Erfolge dieser – wenn man so sagen darf – Reorganisation?

Wehner: Ich habe der Fraktion keinen Plan aufgenötigt. Was ich getan habe, war, daß nach Möglichkeit jeder, jede und jeder, eine Aufgabe haben soll, die weitgehend – soweit sich das machen läßt – auch seinen Neigungen und seinen Fähigkeiten entspricht. So haben wir, was die Obleute der Fraktion in den Ausschüssen des Bundestages angeht, zugleich jeweils einen stellvertretenden Obmann dazu gewählt. Da haben wir in einer ganzen Reihe von Fällen neue Mitglieder unserer Fraktion dazu gewonnen, daß sie sich zur Wahl stellten. Das haben wir dann bei der Zusammensetzung der Arbeitskreisvorstände so gehalten. Wir haben auch den Versuch gemacht, das ist sehr schwierig gewesen beim Problemdruck und auch bei der Notwendigkeit, sich im Rahmen der Zahl zu bewegen, jeden dort in den Ausschuß bringen zu lassen, von dem man meint, dort könne er mit seinen bisherigen Einblicken und Erfahrungen, sei es aus dem Beruf, sei es aus seinem sonstigen Leben, zunächst einmal am positivsten und produktivsten mit tätig sein. Da ist also der Versuch, jeder und jedem eine Verantwortung anzutragen und zu übertragen, weitgehend gelungen.

Hohrmann: Herr Wehner, eine letzte Frage: Vielleicht in jeder Partei und überhaupt in der Politik neigt man dazu, Leute, auch wenn man sie nicht kennt, politisch einzuordnen nach rechts oder links, nach fortschrittlich oder konservativ. Wie reüssiert ein Neu-Parlamentarier trotz solcher Vorurteile, und das ist natürlich wahrscheinlich nur feuilletonistisch oder beschreibend zu beantworten, wie muß er als Persönlichkeit auftreten?

Wehner: Es gibt manche, die schließen sich Gruppierungen an, die es gibt, und meinen, dort könnten sie nicht nur zu Worte, sondern auch zur Geltung kommen. Es gibt andere, die das nicht tun.

Was mich, den Vorsitzenden der Fraktion betrifft, so will ich, daß jeder zu Worte, zur Geltung und auch zu der Möglichkeit kommt, sich zu beschweren und Gedanken auszutauschen. Dazu halte ich zum Beispiel auch die stellvertretenden Fraktionsvorsitzenden an. Ich habe dies mal durchgesetzt, daß keiner, der kandidiert hat als stellvertretender Vorsitzender und dann auch gewählt worden ist, außerdem noch ein anderes – um es so zu sagen – Amt in der Fraktion übernimmt. Sondern er muß für gewisse Bereiche, die seinen Erfahrungen, seinen Interessen besonders entsprechen und auch unseren Notwendigkeiten entsprechen, frei sein, um, ohne Arbeitskreisleiter oder Ausschußvorsitzender oder Obmann zu sein, überall in einem etwas weitergesteckten Bereich helfen, tätig sein, nachfassen und beraten zu können. Und das macht schon viel aus.

Rias Berlin, 29. 4. 1977

*

Frage: Bei solchen Bemühungen stoßen Sie, so scheint es, gelegentlich auf Gruppen und Kreise. Da gibt es den Tübinger Kreis, den Frankfurter, den Leverkusener, den Lahnsteiner Kreis, es gibt die Gruppe der Kanalarbeiter. Behindern sie die Fraktionsführung?

Wehner: Ich selbst gehöre keinem Kreis an; ich darf das nicht, ich will das auch nicht. Andererseits bin ich alt genug, um zu wissen, daß es sinnlos ist, über solche Kreisfreudigkeiten zu nörgeln oder zu donnern. Meine Aufgabe war und bleibt, die Fraktion handlungsfähig zu erhalten und sie nicht zerfasern zu lassen.

»Die Zeit«, 4. 7. 1975

*

Peter Schnell: Herr Wehner, besteht die Gefahr, daß die Debatten des Deutschen Bundestages ausufern und zu einem — wie man es nennt — Schlagabtausch zwischen den Spitzenpolitikern zerfallen?

Wehner: Zugegeben, die Gefahr besteht. Und es heißt zugleich, daß bei dieser Art von Debatten, in deren Verlauf leider sehr viel vor-angefertigte Reden vorgetragen werden, statt wirkliche Debatten zu führen, eben sich entfernen vom parlamentarischen Stil und dem Sich-verständlich-Machen hinsichtlich dessen, was die unterschiedlichen Seiten eigentlich wollen, und wie sie es wollen. [...]

Schnell: Könnte es sein, Herr Wehner, daß das Parlament, wie übrigens auch alle anderen Veranstaltungen, in denen Menschen miteinander reden und diskutieren und Meinungen austauschen, daß das Parlament durch die Wirksamkeit der elektronischen Medien deformiert wird?

Wehner: Ja. Und wenn ich das so mit »Ja« beantworte, gehe ich zugleich in die Gefahrenzone, als sei ich etwa dagegen, daß man gewisse Debatten, und in Wirklichkeit sind es Debattenausschnitte, -auszüge, ganz groß durch Fernsehen und Medien verbreitet.

Ich war, als das seinerzeit erörtert wurde, nicht frei von der Befürchtung, daß es damit vorwiegend Schaudebatten geben würde und daß sich alles zusammendrängen würde für die Zeiten, von denen man wußte und wissen konnte, da wird übertragen. Das denaturiert das Parlament als solches, womit ich nicht sage, ich wäre überhaupt gegen die Übertragung gewesen. Wenn aber Übertragung, bitte sehr, dann also hätten sowohl die Medien als auch die Parlamentsseite Wege suchen und finden müssen, um so miteinander umzugehen, daß für die Hörer deutlich wurde: Wie entstehen Gesetze, wie entstehen, und warum wird um sie manchmal paragraphenweise und abschnittweise gekämpft. Das ist sicher viel schwieriger als zeitweise solche Schaugeschichten zu machen. Aber die Schausachen haben bisher mehr beschädigt von den parlamentarischen Notwendigkeiten, als sie gefördert. [...]

Schnell: Im Bundestag sind immer wieder Anläufe unternommen worden, die Arbeit durch technische und formale Maßnahmen zu reformieren. Zum Beispiel durch die Festlegung von Redezeiten oder auch durch den Versuch, daß Redner möglichst ohne Manuskript sprechen sollten, frei. Was halten Sie von solchen Maßnahmen und ihrer Wirksamkeit und ihrer Durchsetzbarkeit?

Wehner: Sie kennen das alte Wort, daß der Weg zur Hölle mit guten Vorsätzen gepflastert ist. So ist es leider auch hier. Nur, ganz gebe ich noch nicht auf. Ich denke noch an eine Zusammenkunft, an der die Vorsitzenden der Fraktionen im Bundestag und einige andere – vor allem die Präsidiumsmitglieder – teilgenommen haben beim Bundestagspräsidenten. Und dort würde – wenn darüber hätte öffentlich gesprochen werden können – deutlich geworden sein, daß ich zum Beispiel die Auffassung vertreten habe, und sie ist akzeptiert worden, daß jeweils nach einem Regierungsmitglied unmittelbar nicht nur der entsprechende Sprecher der Opposition spricht, sondern daß es auch, was die Länge der in Anspruch genommenen Redezeiten betrifft, hier eine Analogie geben muß. Was die Redezeiten selbst betrifft, so bin ich für kürzere. Es ist ein Irrsinn, daß das inzwischen ausartet zu zwei Stunden. Ich kann mir allerdings den Vorwurf nicht verkneifen gegen die Mitglieder des Präsidiums. Die hätten kraft ihres Amtes und kraft der Geschäftsordnung des Parlaments die Möglichkeit, die Leute in einem gewissen Rahmen zu halten.

Radio Bremen, 23.9.1978

Wehner: Das Parlament ist, und das war eine schwache Seite während fast aller seiner Perioden, leider zu einem nicht ganz geringen Teil in einer Situation, in der Abgeordnete sozusagen im Wetteifer mit Ministerialräten stehen. Dies beginnt schon in Ausschüssen, wer ein Komma richtiger setzt als der andere, um es einmal etwas spitz zu sagen, beziehungsweise, wer kniffliger formulieren kann als andere, was die Gesetze nicht leichter verständlich und nicht leichter lesbar gemacht hat und auch nicht leichter durchführbar gemacht hat, als es eigentlich sein sollte, sein könnte.

Das Parlament reagiert leider zu stark auf Schlagzeilen, womit ich sagen will, auf das, was Presse, aber auch andere Medien, sozusagen als das, was angeblich geschehe, in den Vordergrund stellt, als daß es selbst durch seine originären Auseinandersetzungen und Diskussionen hilft, daß die Schlagzeilen mehr und mehr sich den Realitäten annähern.

Sibylle Krause-Burger: Herr Wehner, wie steht es mit der Rücksicht auf das Bundesverfassungsgericht. Ist das so etwas wie eine Normalisierung, hat sich das Parlament da richtig eingepeilt, oder hat es da einen Teil seiner Selbständigkeit aufgegeben?

Wehner: Hier muß man die Kritik, soweit das geht und auch soweit es erlaubt ist, gerecht verteilen. Das Verfassungsgericht hat seinen Rang im Grundgesetz zugewiesen bekommen. Das Verfassungsgericht und seine Urteile oder Sprüche in der oder der Sache, in der es angerufen worden ist, sind nicht widerrufbar oder sind auch nicht revidierbar; das heißt, man muß sich dann entsprechend darauf beim Fortgang der Gesetzgebung einrichten. Was parlamentarischerseits am Verfassungsgericht oder an gewissen Verfassungsgerichtsurteilen mit Kritik vermerkt worden ist, trifft in einigen nicht unwesentlichen Punkten tatsächlich zu, nämlich, daß das Verfassungsgericht in einigen Fällen so weit gegangen ist, gewissermaßen vorzuschreiben, wie eigentlich das Gesetz im einzelnen sein müßte. An diesem Punkt ist das Verfassungsgericht zu weit gegangen, und außerdem schadet es sich selbst und der Autorität. Bleiben wir bei der Autorität seines Spruches. Im Grunde genommen kann der Bundestag nichts tun, wenn das Verfassungsgericht, in welchem Sachpunkt auch immer, seinen Spruch gefällt hat. [...]

Die Plenardebatte ist für mich keine Art Gottesdienst, sondern ich bin gewählt und ich halte es für meine Pflicht, die Wahl so zu rechtfertigen, daß ich dabei bin, wenn über das, worüber der Bundestag zu entscheiden hat, geredet und gerungen wird. Dies ist meine Auffassung. Leider hat der größte Teil der Parlamentsabgeordneten eine andere Auffassung. Ich kann ihnen das nicht vorwerfen, ich kann nur den Versuch machen, mit meiner Auffassung, solange es mir gegeben ist, zu bestehen. Ich habe auch zweimal in diesen Jahren, nach der Geschäftsordnung zu rechtfertigen, Anträge gestellt, die Beschlußfähigkeit des Hauses in mir wesentlich erscheinenden Fragen festzustellen, und in beiden Fällen war das Haus nicht beschlußfähig. Das war nicht eine Marotte von mir oder ein Versuch, mich meinerseits zu profilieren, sondern ich wollte ein wenig dazu beitragen, daß, nehmen wir einmal den Bericht des Wehrbeauftragten, der nicht vor einem fast leeren Haus ausdebattiert wird und dann der Wehrbeauftragte, der der Wehrbeauftragte des Deutschen Bundestages ist, dann sozusagen vor demselben mehr oder weniger leeren Haus seine eigenen abschließenden Bemerkungen zu einer Debatte über seinen Bericht, die man hätte schon sieben Monate früher führen können, wenn man es nicht hätte liegen lassen, hätte geben müssen. Das sind kompliziert klingende Dinge, aber ich habe einen Respekt vor dem Parlament. [...]

Krause-Burger: Es gibt aber auch objektive Gründe dafür, daß Abgeordnete einer Plenardebatte fernbleiben, weil nämlich irgendwelche anderen Sitzungen sie beanspruchen.

Wehner: Darüber habe ich mit niemandem zu streiten. Ich will auch nicht besserwissen oder besser sein als andere. Nur eines ist klar, es ist eine Bestimmung, daß zum Beispiel Ausschußsitzungen während des Plenums nur in den Ausnahmefällen möglich sind, in denen das Präsidium des Bundestages und der Ältestenrat die Zustimmung dazu gegeben hat. Alles andere sind Sprüche.

Krause-Burger: Aber wird denn in Plenardebatten noch irgend etwas entschieden? Ist es denn nicht so, daß alle wesentlichen Entscheidungen schon lange vor der Debatte gefallen sind, daß alle Diskussionen ausgetragen worden sind, daß in der Plenardebatte nur noch so etwas wie eine Wiederaufführung des Dramas stattfindet?

Wehner: Es ist nicht so, daß alles schon entschieden ist. Auch die Zweite und die Dritte Lesung gibt nicht nur Möglichkeiten, sondern Notwendigkeiten und wird ja auch nicht selten genutzt, sei es Anträge in der Zweiten Lesung einzubringen und über sie auch Abstimmungen zustande bringen zu lassen, oder auch in der Dritten Lesung noch einmal deutlich zu machen, wo die Auffassungen unterschiedlich oder widersprechend aufeinander stießen, und schließlich am Ende sogar deutlich zu machen: Wenn die Mehrheit jetzt hier das Gesetz so beschließt, wie es durch die Ausschußberatungen und durch die Zweite Lesung im Plenum gegangen ist, dann haben wir entweder gefunden, daß wir uns in manchen Dingen durchgesetzt oder hörbar gemacht haben, beziehungsweise, wenn das und wo das nicht der Fall ist, sagen wir am Schluß, wie wir insgesamt zum Gesetz stehen.

Krause-Burger: Diese seltsamen Mehrheitsverhältnisse, wie Sie sagen, Herr Wehner, führen ja dazu, und Sie haben das ja eben beschrieben, daß zwischen den politischen Gegnern sehr eng zusammengearbeitet werden muß. Ganz im Gegensatz dazu sieht dann das Spektakel aus, das im Plenum aufgeführt wird mit Debatten, die zwar nicht den großen Sachthemen und sehr tiefgründig gegeneinander geführt werden, sondern die sich sehr häufig in billiger Polemik erschöpfen.

Wehner: Gut, aber es gibt noch eins, auf das Sie nicht

hingewiesen haben, und ich erlaube es mir zu sagen: Die gegenwärtigen unterschiedlichen Mehrheitsverhältnisse im Bundestag und im Bundesrat, also der Länderkammer, führen leider auch dazu, daß, wenn es gewissen Taktikern gefällt, ein nicht geringer Teil der vom Bundestag mit Mehrheit geschlossenen Gesetze schließlich im Vermittlungsausschuß zwischen Bundestag und Bundesrat landet, und die Verhandlungen des Vermittlungsausschusses sind nicht nur nicht öffentlich, über sie wird auch nicht im Detail berichtet, auch nicht das gesetzgebende Organ Bundestag. Es bekommt einen abschließenden Bericht über die Ergebnisse und den Beschluß des Vermittlungsausschusses und hat darüber mit ja oder mit nein abzustimmen. Dazu sind dann nur noch Erklärungen zu geben möglich. Das führt dazu, daß der Gesetzgebungsvorgang leider undurchsichtiger geworden ist, als er sein dürfte, nämlich, sowohl dürfte für die Abgeordneten als auch für die Mitbürgerinnen und Mitbürger. Das ist ein Punkt, über den man ernsthaft, wenn man parlamentarische Demokratie nicht nur will, sondern auch erhalten und auch weiterentwickeln will, positiv weiterentwickeln will, miteinander sprechen und notfalls ringen muß, eine Sache, der man sich widmen müßte...

Krause-Burger: Und noch etwas anderes, vielleicht sehr Äußerliches, macht stutzig, verstimmt: Es reden immer dieselben Leute, und kaum einer spricht noch frei, die meisten lesen ab.

Wehner: Es liegt daran, daß nur ganz bestimmte Teile der Plenarsitzungen durch Fernsehen vermittelt werden, das halte ich für ein Unglück; entweder hätte man überhaupt nicht Fernsehübertragungen machen dürfen und wenn, dann müssen sie – so unsinnig das klingt – alle Debatten betreffen. Denn wenn Sie sagen, man hört immer nur dieselben, ja, weil immer nur das Fernsehen für ganz bestimmte Debattenteile überhaupt Übertragungen veranstaltet. Und da sind Leute, die sich selber oder von Ihren Fraktionen als erste Leute in der oder der Sache bezeichnet werden, diejenigen allein, die sozusagen für den Zuschauer zu Worte kommen. Das zweite ist Lesen. Ich halte das für eine schreckliche Sache; nur, das ist nicht nur die Schuld der Abgeordneten, das ist auch das Unvermögen des Parlaments, des Präsidenten, des jeweils amtierenden; denn die Geschäftsordnung verbietet das. Und ich möchte einmal sehen, wieso es nicht möglich sein sollte, daß man in einigen Debatten sagt: Herr Abgeordneter, aufgrund des Paragraphen soundso der Geschäftsordnung muß ich Sie darauf aufmerksam machen, die Rede ist als Rede zu halten und nicht als Vorlesung zu verstehen und zu veranstalten.

Warum riskiert man nicht ein zweites oder ein drittes Mal einen solchen Quasi-Eklat, sondern tut es? Das wird ein wenig erzieherisch sein. Ich will nicht schulmeistern lassen die Abgeordneten, aber ich will ihnen helfen, daß sie von dieser Unsitte herunterkommen, daß andere Leute ihre Reden geschrieben haben – das ist doch das Vorrangige dabei – und sie sie dann vortragen. Und daß man Reden schon vorher zu lesen bekommt, die durch die Pressestellen verbreitet worden sind und daß dann die Rede entweder gar nicht gehalten worden ist, weil die Debatte vorher zu Ende kam oder daß sie anders gehalten worden ist als der Text, der da vorgelegt worden ist schon vorher.

Süddeutscher Rundfunk, 24. 2. 1979

Grobe Keile

Klaus Jürgen Haller: Sie wurden gefragt nach dem möglicherweise gemeinsamen Nenner der Linken innerhalb der SPD. Und Sie haben geantwortet, daß diese, soweit Sie es überhaupt sagen können, doch entschiedener sozialistische Politik diskutiert und in die Tat umgesetzt sehen wollen.

Wehner: Das ist unsere Vorstellung, ja. Machen Sie mir die nicht zu eigen. Entschuldigen Sie: Wie können Sie mich fragen, der ich Ihnen hier gesagt habe, ich bin kein Sprecher der Linken, und die würden es sich mit Recht verbitten, von mir interpretiert zu werden. Wieso, was heißt hier denn Sozialisierung? Bei uns ist doch sogar mit größter Peinlichkeit schon in der Erörterung, ob man denn, und wenn ob, wie und in welchen Grenzen man zum Beispiel gewisse Investitionssteuerungen vornehmen könnte.

Warum braucht man das Gespenst der Sozialisierung? Weil man einen Buhmann braucht.

Haller: Aber Herr Wehner, ich gebrauche es doch gar nicht.

Wehner: Ich rede von »man«. Sie sind nicht »man«. Ich meine mit einem »n«.

Haller: Was finden Sie, müßte eigentlich geschehen, und wäre das nicht vielleicht auch eine Aufgabe dieses Parteitages, solchen, Sie würden vielleicht sagen »Gespenstern«, Verdächtigungen oder solchen Mißdeutungen, den Boden zu entziehen?

Wehner: Ich bin doch kein Herkules. Ich bitte um Entschuldigung, ich mache hier, was einer kann, soweit er kann. Es gibt eine Partei, die fast eine Million Mitglieder hat, doch als

Partei. Und da kann nicht ein Regisseur auftreten oder ein Redakteur auftreten oder ein Superstar auftreten und kann sagen hü oder hott. Da wird gerungen, hier wird gerungen: sehr schwierig, manchmal auch sehr langweilig, sehr kurzweilig für die Zusehenden, für die, die wissen, was eigentlich dabei verlorengehen kann, langweilig und manchmal peinsam.

Westdeutscher Rundfunk, 10. 4. 1973

*

Werner Sonne: Sie haben eben vom »Kampf bis aufs Messer« gesprochen. Was haben Sie damit gemeint?
Wehner: Ich bitte Sie mal um Entschuldigung, nicht. Ich zeige Ihnen, was ich wirklich gesagt habe. Denn ich kenne die Praktiken, jemandem ein Mikrophon vorzuhalten und dann ihm eine Frage zu stellen, die in der Sache nicht stimmt, weil Sie sich auf etwas verlassen, was leider dpa geschrieben hat.
Hier haben Sie das nicht korrigierte Protokoll. In dem steht: Als der Vizepräsident von Hassel den Abgeordneten dann fragte, ob er eine Zwischenfrage des Abgeordneten Wehner gestatte und dieser genickt hat, bitte schön, Herr Abgeordneter Wehner, da habe ich folgendes gefragt: »Darf ich Sie, sehr verehrter Herr Kollege, fragen, ob Sie das Ablenken auf diese Frage – es war die Frage des Herrn Carstens – als einen Beitrag zur Sicherheits- und Verteidigungspolitik ansehen?« In Klammern: Demonstrativer Beifall bei der CDU/CSU. »Dann geht es Ihnen«, habe ich hinzugefügt, »nicht um Sicherheit und Verteidigung«, weil er »ja« gesagt hat, »sondern um innenpolitischen Kampf bis aufs Messer.« Das ist die Wahrheit.
Sonne: Herr Wehner, wie bewerten Sie denn insgesamt das Ergebnis von Hannover?
Wehner: Ich werte gar nichts. Ich wollte mich nur wehren gegen eine zur Zeit grassierende Krankheit, mir Mikrophone vor den Mund zu halten und mich mit Fragen zu behelligen, die in der Sache etwas mir zuschieben, das ich nie gesagt

habe. So war es in Warschau. Und so ist es hier. Hier haben Sie sich nun glücklicherweise, wenn Sie möchten, überzeugen können, das ist das mir auf meine Bitte zur Verfügung gestellte (Protokoll). Sonst hätte ich es nicht. Sonst grassierte nur immer noch das, daß Wehner laut dpa-Meldung... von Leuten also gemacht, die selber nicht im Plenum sind, was ich ihnen nicht vorwerfe, die irgendwo sitzen, weil sie das dann übertragen bekommen... dort stand, Wehner hätte hinzugefügt: »Kampf bis aufs Messer«. Ich bedanke mich für diese Art von Kampf bis aufs Messer. Ich halte noch viele Messer aus.

Westdeutscher Rundfunk, 15. 1. 1976

*

Klaus Altmann, zum Steuerpaket: Sie haben noch einmal ganz eindringlich an die Fraktion appelliert zur Geschlossenheit bei der Abstimmung am Donnerstag. Diese Geschlossenheit hat sich nicht ganz ergeben. Zwei Abgeordnete sind bei ihrem Nein geblieben. Hält das für den Donnerstag?
Wehner: Ich bin Parlamentarier. Ich weiß nicht, von wem Sie diese Neuigkeit haben.
Altmann: Man hört es aus den Türen.
Wehner: Man hört, ja, aus den Türen. Ich habe auch nichts dagegen. Ich sage Ihnen, dies war eine der gründlichsten Diskussionen, die wir seit langer Zeit gehabt haben. 21 haben das Wort genommen. Und man war sachlich. Das gibt noch einige Differenzen, aber dabei gibt es auch den Vorsatz, nochmals zu überdenken.
Altmann: Sie haben vor einer Probeabstimmung gewarnt. Heißt das, daß Sie dem Frieden von heute, wie er sich offenbar in der Fraktion gezeigt hat, nicht ganz trauen?
Wehner: Lassen Sie die Witze sein, falls Sie mir das nicht übelnehmen – »Frieden und Probeabstimmung«. Das Wort habe ich gebraucht, um jenen Unsinn, der außerhalb der Fraktion in Medien und Zeitungen verbreitet worden ist, als ob ich heute hier eine Probeabstimmung veranstalten wollte, von vornherein ablehne, weil dies ja hier keine Kompanie

von Puppen ist. Hier reden wir, hier streiten wir, und abgestimmt wird im Plenum und nicht hier. Wir hatten einen Antrag. Den hatten einige eingebracht, noch einmal zurückzugehen, um die ganze Steuervorlage sozusagen zu vertagen. Über den ist auch ausgiebig sachlich diskutiert worden. Der Antrag ist schließlich von den Antragstellern zurückgezogen worden.

Altmann: Mit einem Lob von Ihnen für die Begründung, daß sich Sozialdemokraten nicht auf Sozialdemokraten hetzen lassen?

Wehner: Nein, im Gegenteil. Das ist alles falsch. Ich kann Ihnen das nicht ersparen.

ARD/NDR, Tagesschau, 14. 6. 1977

*

Peter Ellgaard: Befürchten Sie nicht, daß in absehbarer Zeit die Krise doch noch mal wieder hochkommt. Mit anderen Worten, wieviel Zeit geben Sie dieser Koalition noch?

Wehner: Sie müssen mich doch nicht für einen Quatschkopf halten. Von mir kriegen Sie keine Prognosen. Und ich bin noch versucht zu sagen, wir Deutschen fürchten Gott, sonst nichts in der Welt, weil Sie vom Fürchten reden.

Zweites Deutsches Fernsehen, 14. 6. 1977

*

Udo Philipp: Herr Wehner, gestatten Sie mir, daß ich nur eine Tatsache ergründe: Wie ist die Stimmung in der Fraktion heute gewesen?

Wehner: Sehr gut.

Philipp: Sehr gut – was heißt das, hat sich niemand der Kritik, der verhaltenen Kritik von Ihnen angeschlossen, daß der Wahlkampf nicht so recht war, Kritik auch an der Barakke?

Wehner: Können Sie eigentlich nichts anderes, als solche Fragen stellen . . .

Philipp: Das ist doch nur eine Tatsachenergründung, Herr Wehner.

Wehner: ... die nicht auf Tatsachen beruhen, weil Sie über Tatsachen sprechen wollen, sondern aus Deutungen, nicht. Ich bin ja gerne bereit, auch mich unter kritisches Feuer nehmen zu lassen. Nur, hier ist geredet worden von einem auch über Plakate und solche Sachen. Darauf hat sich also der, der im Parteihaus dafür Verantwortung hat und trägt, ohne daß er die Plakate macht, dazu geäußert. Aber das ist doch keine Geschichte, die man dem einen oder dem anderen anhängen kann.

Philipp: Das war der Herr Rosenthal, war das der einzige, oder gab es da noch mehrere Leute, die das...

Wehner: ... wenn Sie das unbedingt wollen, dann sage ich Ihnen...

Philipp: Gerne, Herr Wehner, gerne...

Wehner: Ja sicher, Sie haben ja gar nichts anderes zu tun, als Leute reinzulegen.

Philipp: Das ist kein Reinlegen, Herr Wehner, das ist nur eine Frage.

Wehner: Ich denke nicht daran, nicht... Ja sicher, Sie haben ja auch recht. Wenn ich so ein Ding hätte (zeigt auf das Reportermikrophon) und würde Sie fragen, was meinten Sie wohl, wie Sie herumflanieren würden, nicht?

Philipp: Natürlich, aufgrund Ihrer Erfahrung, Herr Wehner, natürlich, das gestehe ich zu.

Wehner: Ja, ich habe Erfahrung, 31 Jahre in diesem Parlament. Und ich will nicht, daß das am Schluß auch noch auseinandergefragt und zerredet wird durch diese Art, mit Unterstellungen. Hier war eine Sitzung, das war eine nicht-öffentliche Sitzung. Wenn jemand ernsthaft was will zum Thema, aber wenn er kommt mit Vorurteilen, kriegt er von mir eine grobe Antwort, nicht.

Philipp: Dies war ja kein Vorurteil, Herr Wehner, sondern nur die Frage, ob in der Tat – und Sie stellen es richtig, und ich nehme das zur Kenntnis.

Wehner: Ich weiß... alles wunderbar formuliert.

Frage eines zweiten Journalisten: Herr Wehner, haben Sie denn Ihre Kritik vom Montag wiederholt?

Wehner: Wenn Sie den Text dessen, was Sie Kritik nennen, würden zur Grundlage einer Frage machen, würde ich Ihnen gerne antworten. Aber diesen Versuch, daß etwas, was ich am Morgen nach dem Wahltag auf Fragen gesagt habe, wo ich deutlich gemacht habe, wie wichtig das ist, daß es eine Grundlage gibt für weiteres Regieren – Bundeskanzler Helmut Schmidt und dieser Koalition –, so kann man doch nicht, weil ich dabei auch einen Nebensatz gehabt habe, ich würde mich über gewisse Dinge sicher auch in den Parteikörperschaften äußern. Ich kann aus meiner Mappe den Text herausholen, dann würde ich Ihnen den übersetzen, nämlich, was ich, wenn auch nicht gerade sehr geschickt und außerdem übermüdet, nicht, denn ich kann ja nicht Leuten eine Tüte vorhalten, sondern ich muß mich äußern und wehren. Da kommen Sie nicht weiter.

Philipp: Darf ich dann bitten, daß Sie es nochmal so, wie Sie es gemeint haben, hier wiederholen?

Wehner: Nein. Ich lasse mich nicht verhören. Und ich gönne Ihnen nicht den Triumph, daß man eine Woche und dann noch eine zweite Woche fortgesetzt etwas breittreten kann. Ich habe mich geäußert, was ich gesagt habe, war ehrlich. Und laßt das nicht zu einem Konfliktthema werden.

Philipp: Dies war ja kein Verhör, sondern nur ein Interview des Zweiten Deutschen Fernsehens.

Wehner: Sicher, na sicher. Ich wünsche Ihnen guten Erfolg. Aber so können Sie mit mir keinen Erfolg haben.

Zweites Deutsches Fernsehen, 8. 10. 1980

Mahnungen

Wehner: Erstens versuche ich den Jungsozialisten beizubringen, was das für eine Selbstverstümmelung bedeutet, wenn man Reformen von vornherein in systemüberwindende, systemsprengende und systemimmanente einteilt. Man kommt einmal an diesen Punkt, daß man für Reformen Mehrheiten braucht. Es geht nicht anders, sonst kommt man auf die Baader/Meinhof-Linie und hat keine Reform mehr, sondern nur noch Trümmer.

Stern: Sie gehen lieber auf Nummer Sicher.

Wehner: Das sind so Ihre Ausdrücke. Natürlich wird man auch einmal etwas wagen müssen, was im Moment nicht populär ist, bei dem sogar die eigenen Leute zusammenzukken. Man muß dann die Zähne zusammenbeißen.

Stern: Die Jusos haben sich besonders auf Kommunalpolitik konzentriert.

Wehner: Ja, da fangen sie an mit den Nulltarifen. Ich kenne die Preise der Nulltarife in den Ländern, wo kommunale Verkehrsmittel nach einigen Jahren so sind, wie Verkehrsmittel sein müssen, wenn sie nicht gepflegt werden können. Warum soll man den Unsinn machen, den andere schon gemacht haben und von dem sie jetzt unter großen Aufwendungen wieder weg wollen. Genauso ist das mit den Mieten. Man schaue sich doch die Wohnungen an: niedrigste Mieten, aber entsprechend ist der Zustand der Häuser.

Stern: Was stört Sie mehr – der Inhalt oder die Sprache der Juso-Forderungen?

Wehner: Mich stört vor allem, was sie über das Eigentum reden. Wenn jemand mit solchen Forderungen kommt, dann gucke ich ihn scharf an. Dann will ich wissen, meint er das so, wie man selber früher einmal gedacht hat, oder ist das ein Provokateur, dem es darauf ankommt, daß man vor der Sozialdemokratischen Partei und ihren Leuten zurückschrecken soll, und er selbst geht dann weg wie der Hund vom Dreck und hat es nicht mehr zu verantworten.

Stern: Das Godesberger SPD-Programm und das Grundgesetz sehen die soziale Bindung des Eigentums vor. Selbst Verfassungsrichter machen sich Gedanken darüber. Die Jungsozialisten betonen das jetzt noch ein bißchen stärker. Das kann der Partei doch gar nicht so unangenehm sein.

Wehner: Jedesmal, wenn man nur andeutet, und nicht genau sagt, was gemeint ist, fangen sämtliche Puppen an zu tanzen. Warum soll sich eigentlich diese Partei all das, was sie vorhat, durch unklare Ausdrucksweise noch schwerer machen? Angst vor Angriffen auf das Eigentum reicht doch viel weiter als der Kreis der Betroffenen. Wenn man also die Bodenspekulanten ausschalten will – was die Leute ja für vernünftig halten –, muß doch nicht so geredet werden, als wolle man das Bodeneigentum antasten.

Stern: Ängstliche Leute hören immer das Schlimmste heraus.

Wehner: Ich verteidige zum Beispiel das Eigentum der Bauern und meine das ehrlich. Ein Mann wie Rehwinkel hat mir einmal nach einer sehr bitteren Debatte gesagt: »Herr Wehner, auf Sie kann man sich verlassen.« Ich weiß doch, dort, wo das bäuerliche Eigentum liquidiert worden ist, dort hat man das Elend, obwohl es sich meist um Staaten mit jahrhundertealter Agrarwirtschaft handelt.

Stern: Herr Wehner, stehen die Geschäfte der von Ihnen getragenen Bundesregierung gut?

Wehner: Man kann nie zufrieden sein. Die SPD-Fraktion erwartet, daß die Regierung mit den Erfahrungen, die sie in dieser Zeit gemacht hat, seit sie sich konstituiert hat, ihre Kräfte rationell einsetzt.

Stern: Bedeutet »rationell« einsetzen, daß das Kabinett Brandt/Scheel von den zahlreichen Reformen, die in der

Regierungserklärung aufgezählt wurden, jetzt einige streichen muß? Ist ein Prioritätenprogramm für den Rest der Legislaturperiode nötig?

Wehner: Ja, und da sehe ich Ansätze beim Bundeskanzler, und ich wünsche ihm – er wird das auch können –, daß er das im Griff behält.

Stern: Sie selbst sagten im Bundestag, Sie wollten den Bundeskanzler verteidigen, »so wie er ist«. Klingt da nicht an, daß Sie ihn sich eigentlich anders wünschen?

Wehner: Ich habe nichts zu wünschen. Ich respektiere ihn als Individuum. Nein, man kann den Bundeskanzler nicht umformen, umfunktionieren, oder wie die Ausdrücke alle heißen. Man muß Willy Brandt so nehmen, wie er ist.

Klaus Voland und Gerhard Gründler, Stern, 7. 3. 1971

*

Frage: Sie haben mehrmals Unzufriedenheit mit der Bonner Ministerrunde erkennen lassen. Hat sich diese Unzufriedenheit in Zufriedenheit verwandelt?

Wehner: Ich bin nicht unzufrieden, ich stelle eine fehlende Qualität fest. Ich habe gesagt, daß die Minister keinen Mannschaftsgeist hätten, daß es an ihm fehle. Das ist nicht Unzufriedenheit, sondern ich stelle das mit Wehmut fest. Ich kann nicht meinen Hut ziehen vor einer noch so guten Gruppe von Solisten. Dann sollen sie als Solisten gehen.

Frage: Ist denn der Chefsolist nach der letzten Fraktionssitzung bereit, Mannschaftsgeist zu zeigen?

Wehner: Man kann doch Menschen nicht ändern. Schiller ist ein umstrittener Mann, aber ich frage: Wo ist der Goethe der CDU?

Nürnberger Nachrichten, 11. 3. 1972

*

Knut Terjung: Mir kommt es darauf an zu erfahren, worauf sich Ihre Kritik konzentriert, die Kritik an der SPD und deren Parteivorsitzenden, Bundeskanzler Willy Brandt.

Wehner: Ich habe der SPD nach ihrem höchsten Wahler-

gebnis in ihrer ganzen Geschichte am 19. November in aller
Offenheit und Öffentlichkeit dargelegt, in Artikeln und in
Reden, worum es jetzt geht, daß man nicht übermütig werden darf, daß man immer sich daran erinnern muß, regieren
kann man nur zusammen mit einem Partner, auch wenn
man das höchste Ergebnis seiner Geschichte hat; und habe
deutlich gemacht, daß es hier um eine Bündnispolitik geht,
worunter ich mehr verstehe als das Zurückfallen in das
Koalitionieren der einen mit der anderen, der anderen mit
der dritten usw. Dies ist nun leider, nachdem das Jahr 73 fast
zu Ende geht, in diesem Jahr kaum Gegenstand der wirklichen Erörterungen geworden und geblieben, sondern es hat
sich die SPD vorwiegend mit sich selbst beschäftigt. Da liegt
ihre Schwäche.

Terjung: Was muß geschehen, um das Notwendige möglich
zu machen?

Wehner: Vor allen Dingen muß geschehen, daß die vom
Parteitag im April in Hannover gewählte politische Führung
bei allen Unterschiedlichkeiten sich als ein in den Grundfragen zusammenarbeitendes Organ in der Partei erweist. Das
ist es, was nach wie vor möglich ist und auch notwendig
ist.

Zweites Deutsches Fernsehen, 9. 10. 1973

*

Hilde Purwin: Wo liegen die Einbrüche bei der SPD? Bei den
Schichten, die jetzt Sorge haben, die SPD könne zu schnell
marschieren und zu weit gehen oder bei den Schichten, die
enttäuscht darüber sind, daß Ihre Partei nicht weit genug
geht?

Wehner: Da ist von beidem etwas. Es gibt manches von
dem, was Sie eben als mögliche Beweggründe oder auch
Wegbeweggründe genannt haben. Hinzu aber kommt, daß
die SPD an manchen Orten das Bild einer mit sich selbst
zankenden Partei bietet. Das muß sie versuchen, in Ordnung zu bringen. Das heißt, und das will ich ganz deutlich
sagen: Die SPD muß sich finden. Sie wird gebraucht, und

eine Sache ist nicht schon geregelt, weil die SPD da ist, sondern die SPD muß zeigen, was sie leisten kann, wenn sie sich zusammennimmt. Zur Zeit nimmt sie sich zu wenig zusammen.

Purwin: Fühlt sich da nicht die Parteiführung herausgefordert? Was kann sie dagegen tun?

Wehner: Dagegen? Sie muß vor allen Dingen etwas dafür tun! Im April ist der Parteivorstand gewählt worden. Es wird Zeit, daß er in Erscheinung tritt als ein vom Parteitag mit der Führung dieser Partei beauftragtes Organ und sich nicht vorwiegend als noch in den Anfängen befindlich über Arbeitsmethoden und entsprechendes unterhält.

Neue Rhein/Ruhr-Zeitung, 24. 11. 1973

*

Knut Terjung: Sehen Sie Ihre Aufgabe als Fraktionsvorsitzender im wesentlichen darin, die Regierung zu kontrollieren oder eher sie zu unterstützen?

Wehner: Ich sehe meine Aufgabe darin, in dieser schwierigen Situation – soweit das menschenmöglich ist, ich kann auch nicht Übermenschliches – ihr nahezubringen, worauf es nach der Meinung breiter Schichten, die ich nicht allein deuten kann, aber doch auch deute, ankommt.

Zweites Deutsches Fernsehen, 30. 11. 1973

*

Hilde Purwin: Kann die SPD regierungsmüde werden, weil sich in der Koalition zu wenige Ziele der Partei verwirklichen lassen?

Wehner: Solche Gedanken hat es schon immer gegeben. Ich denke mit Wehmut an die These: »Die Partei muß der Regierung immer anderthalb Schritte voraus sein.« Ich habe damals schon gewarnt; genau das kann die SPD nicht vertragen. Dann ist sie nicht mehr regierungsfähig.

Purwin: Herr Wehner, sind Sie einverstanden mit der Absicht der SPD, einerseits die Bundesregierung zu unterstützen, andererseits Ziele anzupeilen, die über die Regierungsabsichten hinausgehen?

Wehner: Die Sache hat ihre fruchtbare und ihre gefährliche Seite. Gefährlich wird es, wenn man immer mehr das Maul aufreißt und dabei meint, wir müssen ja dann sowieso Rabatt geben. Aber ich will niemandem den Mund verkleben. Man muß sagen dürfen, was wahrscheinlich das beste ist, aber unter den gegebenen Umständen nicht möglich ist, und was unter den gegebenen Umständen das beste ist.

Neue Rhein/Ruhr-Zeitung, 26. 1. 1977

*

Hilde Purwin: [. . .] Wollen Sie die SPD wieder in die Opposition führen, Herr Wehner?

Wehner: Früher hat man mir nachgesagt, daß ich die SPD in die Regierung geführt oder gelockt habe. Und jetzt sagt man das Gegenteil. Ich möchte wissen, was diejenigen wollen, die solche Behauptungen aufstellen.

Es gibt in einer Hinsicht bei dem gegenwärtigen politischen Kräfteverhältnis keinen Ersatz für die gegenwärtige Koalition. Was ich mit »in einer Hinsicht« meine, ist die Grundlage der Politik der Bundesrepublik überhaupt, nämlich, nach Kräften durch eigene Beiträge für die Friedenssicherung zu wirken. Die Bundesrepublik wäre schlimm dran, wenn weder in Washington noch in Moskau der Eindruck bestünde, daß hier verstanden wird, worauf es bei unseren Lebensinteressen ankommt.

Es gibt kein Land, das zur Wahrung seiner sozialen Sicherheit und inneren Freiheit so darauf angewiesen ist wie wir, daß es von anderen als ein Land anerkannt wird, das sich aufrichtig und ernsthaft um Beiträge zur Friedenssicherung bemüht.

Purwin: Bundeskanzler Helmut Schmidt hat am Dienstag vor der SPD-Fraktion gesagt, die SPD müsse sich entscheiden, ob sie regieren oder opponieren will. Er will heute diese Rede veröffentlichen, was sonst nicht üblich ist. Also muß er doch gute Gründe für seine Mahnung haben.

Wehner: Ganz sicher hat er Gründe nach der Fraktionsdiskussion über Hessen-Wahl und Juso-Kongreß. Wenn die

SPD jetzt opponieren wollte – sei es stückweise, sei es aus Nostalgie oder weil die jüngeren Jahrgänge meinen, anders kämen sie nicht wieder in Tritt –, dann würde sie schwere Zeiten erleben. Wir müssen an dieser Koalition festhalten.

Neue Rhein/Ruhr-Zeitung, 24. 3. 1977

*

Jürgen Kellermeier: Sie haben wiederholt Ihre Sorge geäußert, daß die Koalition diese Legislaturperiode unter Umständen nicht überstehen könnte. Was sind die Hauptgründe für Ihre Skepsis, oder, wenn man anders fragen wollte, wo sehen Sie vor diesem Hintergrund die eigentlichen Schwächen der SPD?

Wehner: Die eigentlichen Schwächen der SPD bestehen darin, daß sie aus ihrer Natur heraus – was ich ihr nicht vorwerfe – immer wieder mit dem Drang und auch mit Strömungen und Strömen zu rechnen hat und zu tun bekommt, die viel mehr und wenn's geht fast alles auf einmal zum Besten ordnen wollen. Und sie daran zu erinnern, was der bisher einzige aus den Reihen der Sozialdemokraten zum Bundespräsidenten gewählte Bundespräsident, Heinemann, gesagt hat, nämlich, daß es darauf ankomme, jeweils den Schritt zu tun, der insofern ein strategischer Schritt ist, weil er andere nach sich zieht, daran lernt die SPD noch und wird immer wieder lernen müssen. [...]

Kellermeier: [...] Was würde es für die SPD in Ihrer Sicht bedeuten, wenn sie sich selbst durch eigenes Verschulden aus der Regierung heraus in die Opposition lavierte? Schlagwortartig: Regeneration oder Gefahr der Spaltung?

Wehner: Bitte Sie um Entschuldigung! Mir wird ja manches nachgesagt, auch dies, vor einigen Wochen, ich wollte die SPD in die Opposition sei es lotsen, sei es lancieren, sei es führen. Führen will ich überhaupt nicht, ich will nur helfen, in jedem Fall, Personen als auch Gruppierungen helfen, daß sie zueinander finden. Die SPD würde, wenn sie sich jetzt aus der Regierung herausmanövrieren ließe, ganz schwere

Jahre vor sich haben, (Jahre) innerer Auseinandersetzung.

Norddeutscher Rundfunk/Westdeutscher Rundfunk,
25. 6. 1977

*

Rainer H. Popp: Hat die seit mehr als 110 Jahre stehende Säule der Sozialdemokratie, die Solidarität, Brüche bekommen?

Wehner: Solidarität war immer etwas, das nie verwechselt werden darf mit »eine Hand wäscht die andere« oder Korpsgeist. Das Komische ist, daß manche von denen, die sich als ausgesprochene Sozialisten betrachten, zu wenig Solidarität in und mit der Partei insgesamt aufbringen, weil bei uns alles akademisiert ist. Dies ist die Wurzel, und der kommen heute viele nicht genügend nach. Heute ist ein Laufbahndenken, das ist das Zeichen der Zeit, würde ich sagen. – Jeder für sich. Das steckt auch die SPD an. Da gibt's gewisse Dinge aus der Tradition, die wiedererweckt werden müssen, soweit es geht.

Popp: Herr Wehner, kann es auch daran liegen, wie Ihr Parteifreund Eppler es in Köln formulierte: Ich verlange ein Wiedereinsetzen der Politik, ihre Rechte und Pflichten. Sicherlich bei einem sozialdemokratischen Bundeskanzler eine recht ungewöhnliche Forderung.

Wehner: Ich gönne Eppler jede Spitzfindigkeiten. Er ist ein sehr geistreicher Mann, sagt manches äußerst Beachtliche, aber auch manches Spitze. Und hier ist ein Punkt, wo ich nicht neben ihm stehe, weil ich dafür bin, den Bundeskanzler zu verteidigen und nicht ihm noch Knüppel zwischen die Beine zu werfen.

Popp: Die Opposition steckt in einer Krise, weil ihr offiziell gewählter Führer angeblich nicht führen kann. Jetzt gibt es unbestreitbar in der SPD auch Probleme. Kann es daran liegen, daß dort zu viele führen wollen?

Wehner: Ich will zum Beispiel überhaupt nicht führen, ich will helfen. Und über andere maße ich mir kein Urteil an.

Was vielen fehlt, ist die Fähigkeit, die Relativität der Möglichkeiten einer solchen Partei in einem so verfaßten Staat einzuschätzen.

Popp: Herr Wehner, Herr Strauß hat Herrn Genscher eine Edelkurtisane genannt, der Kohl und Albrecht hinterherrennen, um die Gunst der Liberalen zu behalten . . .

Wehner: Strauß weiß besser Bescheid mit Kurtisanen als ich, da kann ich nicht konkurrieren.

Popp: Welchen Preis muß die SPD für die »Liebesdienste« der Liberalen bezahlen?

Wehner: Ich gehe auf diesen Puffstil nicht ein, den überlasse ich Strauß, und da ist er auch gut aufgehoben. Wir haben eine Koalition, das heißt nicht, daß wir auch bis ins Letzte hinein Sympathien haben. Wir sind zwei verschiedene Parteien, und wir haben manche Gegensätze. Die Notwendigkeiten des Miteinander-Wirkens sind heute zwingender, als daß man sich erlauben kann umzusteigen. Das weiß Herr Genscher, und das weiß auch die Spitze der SPD.

Westdeutsche Zeitung, 30. 6. 1977

*

Wehner: Worum es geht, ist, daß die Fraktion, deren Mitglieder ja gewählt worden sind für die SPD und dafür, daß der Bundeskanzler seine Politik auch tatsächlich gestützt bekommt, daß sie sich dieser Aufgabe bei allen unterschiedlichen Auffassungen in Einzelfällen bewußt bleibt.

Frage: Das heißt, daß Sie die Fraktionsdisziplin zunächst einmal über das Gewissen des Abgeordneten stellen, dem er ja eigentlich ausschließlich verpflichtet ist.

Wehner: Nein, sehen Sie mal, so einfach ist das aber. Gebe ich zu, daß das Spaß machen muß, so mit solchen Begriffen umzugehen, Gewissen und Disziplin. Ich stelle, das habe ich auch in meiner Erklärung im Bundestag ja deutlich gemacht, ich stelle fest, daß der Art. 38 Absatz 1 stimmt, daß der Abgeordnete seinem Gewissen verpflichtet ist, und das ist eine Sache, um die in manchen Fällen mehr oder weniger lange und hart gerungen werden muß, was der einzelne meint, mit seinem Gewissen vereinbaren zu können oder nicht. Auch darüber haben wir uns in dieser Spätabendsitzung eine ganze Menge einander zu sagen gehabt. Und im übrigen Disziplin: Ich habe noch nie erwartet und werde auch nicht erwarten, daß Leute etwa unter Disziplin verstehen sollen, stramm oder im Takt zu marschieren, sondern hier geht es um die Handlungsfähigkeit eines Teiles und in diesem Falle der die Regierung tragenden Fraktion der Sozialdemokratischen Partei in den Auseinandersetzungen um zum Teil lebenswichtige Fragen für unsere Republik. Da muß man ja wohl Disziplin nicht als etwas betrachten, das eben sozusagen auch dazugehört. Hier muß man miteinander sprechen und ringen, daß jeder mit Selbstdisziplin, zu der sich diese Fraktion gerade im Zusammenhang mit den Terrorismuserscheinungen verpflichtet hat vor ganz wenigen Wochen in einer einmütig und einstimmig angenommenen Entschließung.

Norddeutscher Rundfunk, 13. 10. 1977

*

Wehner: Ich warne davor, mit Programmen zu spielen oder – dumm gesagt – auch um sich zu werfen und Programme mit Katalogen zu verwechseln und eine Partei mit einem Instrument.

Eine Partei muß eine Organisation haben, die nicht technokratisch gelenkt wird, sondern im Vertrauen der Gewählten zueinander und auch der Hauptamtlichen bei den Nichthauptamtlichen und durch diese wirken. Das hat die SPD lange ausgezeichnet. Und sie ist an manchen Stellen in dieser Beziehung etwas lädiert jetzt. Das müssen wir wieder reparieren und auffrischen. Das ist wichtiger als noch ein Programm.

Gespräch mit Jürgen Kellermeier, ARD, 6. 11. 1979

Jürgen Kellermeier: Herr Wehner, der Bundeskanzler hat Ihre Sorge, die Sie unlängst geäußert haben, vor einer Spaltung der SPD als nicht übertrieben bezeichnet. Sie selbst haben darauf hingewiesen, daß es in der SPD, wohl auch zwischen Ihnen und dem SPD-Vorsitzenden, Unterschiede in der Beurteilung der innerparteilichen Lage gebe oder gegeben habe. Worin bestehen diese Unterschiede?

Wehner: Zum Beispiel darin, daß er in dem Punkte anderer Meinung ist, als ich sie zum Ausdruck gebracht habe, nämlich, daß es nach seiner Einsicht und seiner Erfahrung keine Spaltungsgefahren gäbe. Ich will gern daran mitwirken, daß von mir so gesehene Spaltungs-, Abspaltungs-, Splitterungs- und auch Lähmungsmöglichkeiten überwunden werden. Aber, wie gesagt: mitwirken; ich bin nicht der Führer. [...]

Kellermeier: Was würde eine Spaltung in der SPD oder eine Abspaltung von der SPD nach Ihrer Auffassung für die Bundesrepublik und für die deutsche Politik bedeuten?

Wehner: Es würde sehr viel bedeuten. Für die Bundesrepublik würde es bedeuten, daß eine wesentliche politische Kraft ausgeschaltet würde aus der Tätigkeit, in der sie ihre Regierungsfähigkeit beweisen kann. Und es würde wohl auch nicht ohne nachteilige Folgen für die Beziehungen dieses Teiles des getrennten Deutschlands zum anderen Teil und zur anderen Himmelsrichtung, nämlich zum östlichen Bereich, bleiben.

Kellermeier: Anders gefragt: Ist eigentlich Einheit der Partei etwas, das um jeden Preis aufrechterhalten werden muß und das alle anderen Gesichtspunkte überwiegt?

Wehner: »Um jeden Preis« könnte sehr mißdeutet werden. Ich sehe die Notwendigkeit, das menschlich Mögliche, das äußerst Mögliche zu tun, um die Übereinstimmung der Mitgliedschaft und der Organe dieser Partei in einer nicht gerade zur Zeit sehr rosig aussehenden internationalen Situation zu erhalten, weil diese Handlungsfähigkeit von großer Bedeutung für unser ganzes Volk ist. Nicht, als ob wir allein fähig wären, aber wenn wir unsere Fähigkeit verlie-

ren, dann ist es schlecht gestellt um das politische Gesamt-
gewicht hier in Deutschland.

Norddeutscher Rundfunk, 17. 2. 1981

*

Liebe Freunde,
verzeiht mir, daß ich zu Anfang dieses Schreibens wiederho-
le, was ich am Ende meines Briefes vor genau 14 Tagen
geschrieben habe:
»Worauf es jetzt ankommt ist, unsererseits kühlen Kopf zu
bewahren, beharrlich zu sein und Kurs zu halten.«
Dies gilt um so mehr nach der inzwischen von einer relativ
knappen Mehrheit gefällten Entscheidung der hessischen
FDP zugunsten des Herrn Dregger und seiner CDU. Ich
versage mir eine wortreiche Wertung dessen, was die FDP
damit ihrer Idee von Liberalität und sich selbst angetan hat.
Überzeugte und weitsichtige Liberale haben das Ihrige öffentlich dazu gesagt.
Ich sehe keinen Sinn darin, meinerseits von Bonn aus mit
Hohn und Spott oder polemischer Schärfe zu reagieren,
auch wenn Herr Genscher gestern abend in der ZDF-Sen-
dung »Bonner Perspektiven« den Wahlkampf gegen die
(hessische) SPD auf die ihm eigene Art eröffnet hat. [...]
Konzentration auf uns selbst, werben *für* sozialdemokratische Politik scheint auch mir stets wichtiger als Kampf *gegen*
die konkurrierenden Parteien. Die drei »W-Begriffe«, die
zunehmend in die politische Diskussion eingeführt werden,
und zwar in folgender Reihenfolge: »Wende« – »Wackeln«
– »Wechsel«, mögen für andere gelten. Wir Sozialdemokraten treten ein für Kontinuität, für Stetigkeit, für Verläßlich-
keit.
Wir verschließen natürlich nicht die Augen vor dem, was
um uns herum parteipolitisch vorgeht: Wir haben es seit
langem zu tun mit einer Obstruktion betreibenden CSU/
CDU-Opposition. Wir haben es mittlerweile zu tun mit auf
ihre Art Obstruktion betreibenden »Grünen«, die unserer

parlamentarischen Demokratie, unserem Land mit Unregierbarkeit drohen. Wir haben es auch zu tun mit einer nervösen FDP, die um ihre Rolle als »Dritte Kraft« bangt.
In einer Zeit, die bestimmt ist von verschiedenen Kriegen und von weltwirtschaftlichen Krisen, werden wir uns nicht von innenpolitischen Taktiererein anstecken lassen. Unsere Pflicht ist, sich den sachlichen Notwendigkeiten unseres Landes zu stellen. [...]
Wenn fortgesetzt weiter gefragt wird, wie lange die sozialliberale Koalition in Bonn noch halte, läge es am Vorsitzenden der FDP, dem Vizekanzler Hans-Dietrich Genscher, den Spekulationen ein Ende zu machen und sich *eindeutig* zu erklären. Ich vermag mir jedenfalls nicht vorzustellen, wie es die FDP verantworten und erklären wollte, ihr Wort zu brechen, indem sie Bundeskanzler Helmut Schmidt in den Rücken fiele, mit dessen Namen auch sie 1980 in den Wahlkampf gezogen ist.
Wir Sozialdemokraten stehen zu unserem Wort, halten Kurs und werden uns ausschließlich an Sachfragen orientieren.

Herzlich grüßt Euch Herbert Wehner
Brief an die Fraktionsmitglieder, 21. 6. 1982

*

A. Buchholz: Sie haben gesagt, es hat mir weh getan im Bundestag, als der Kanzler gesprochen hat. Können Sie das noch etwas genauer umschreiben? [...]
Wehner: Ja, sicher. Nur wenn ich gesagt habe, es hat mir weh getan, so, weil der Bundeskanzler in einer Weise dargelegt hat, worum es geht und wo unser Platz in dieser kritischen Situation der Weltkrise, der ökonomischen Weltkrise ist. Da hatte er kalte Leute anreden müssen. Und insofern weiß ich, dies war – ich bitte um Entschuldigung, wenn ich den Ausdruck gebrauche – eine Art Verschwörung, mit der wir es jetzt zu tun hatten, wobei mir einige Kollegen und Kolleginnen, die zur FDP gehören, leid tun, weil das nicht ihrer Charaktereigenschaft entsprochen hat.

Buchholz: Geht da eine Ära zu Ende für die Bundesrepublik? Beginnt da eine ganz neue Politik?

Wehner: Ja. Das ist so. Das ist eine Ära, wenn man das so sagen darf, die noch dadurch schmerzhaft wird, daß jetzt die einen die anderen fortgesetzt in die Ecke treiben wollen.

Buchholz: Sie sagen, ein Komplott der FDP Kann man aber nicht auch fragen, ob die SPD in bezug auf ihren eigenen Kanzler alles richtig gemacht hat in der Vergangenheit?

Wehner: Ich bin ja in der Beziehung keiner, der so was aushängt. Aber was war, zum Beispiel die Abstimmungen und auch die Erörterungen, die wir in der vorigen und die wir in dieser Woche gehabt haben, sind jedesmal abgeschlossen worden mit einstimmigen Entschließungen. Ich war der Vorsitzende und bin es noch in dieser SPD-Fraktion, bin es seit vielen Jahren und habe mir viel Mühe gegeben, wundere mich, daß das jetzt so übereinstimmend und geschlossen zustande gebracht worden ist und nicht sich dann irgendwelche Gruppe, mehr oder weniger kleine oder große, beiseitegestellt hat. Es gab keine solche.

Buchholz: Vielleicht war das eine große Leistung des Bundeskanzlers, zum Abschluß die SPD durch diese Regierungserklärung sozusagen geschlossen und wieder einig mit neuem Selbstvertrauen, ich glaube, das hat man förmlich gespürt, in die Opposition zu führen.

Wehner: Ja, das würde ich genauso sehen, und ich verneige mich vor dem Bundeskanzler. Ich kenne ihn ja, seitdem es wieder eine SPD gibt in der Nachkriegszeit und habe mit ihm zusammengearbeitet. Wir sind beide aus Hamburg. Das heißt, ich war eigentlich früher von Dresden, wo ich aber nicht wieder hin durfte. Ich verneige mich vor dem Bundeskanzler hinsichtlich dessen, was er jetzt gemacht hat in einer Rede, die es verdient, daß alle Leute sie, wenn auch kritisch, lesen. Die Presse gibt ja kaum noch etwas wieder, was wörtlich deutlich gemacht wird. [. . .]

Buchholz: Sie haben gesagt, daß Sie sich nicht mehr aufstellen lassen, wenn ein neuer Bundestag gewählt werden wird. Es wird ein neuer SPD-Fraktionsvorsitzender dann also ge-

246

wählt werden müssen. Was würden Sie Ihrer eigenen Partei für die Oppositionszeit, die jetzt auf sie zukommt, raten, mit auf den Weg geben?

Wehner: Meine Erfahrungen, sonst nichts. Ich kann ihnen keinen anderen Rat geben, als sie an manches zu erinnern, was vielleicht manchem weh tut, weil er eine Rolle gespielt hat bei gewissen Auseinandersetzungen, und ich werde auch nicht auf den oder den oder den, solche Leute zeigen. Aber jetzt kommt es darauf an, daß man Nerven und gutes Gewissen behält.

Buchholz: Wie lange, schätzen Sie, wird diese Oppositionszeit?

Wehner: Wenn Sie nicht erschrecken, sage ich Ihnen, es kann fünfzehn Jahre dauern.

Saarländischer Rundfunk, 18. 9. 1982

*

Frage: Eben sind die Zahlen durch, Herr Wehner, wie ist Ihnen zumute in diesem zeitgeschichtlichen Augenblick?

Wehner: Ich hatte das so erwartet. Da diese eigentümliche Art, sich eine Mehrheit – na, wenn man sagen darf – zusammenzubringen, ja vorher schon bekannt war. Und nun sind die Resultate eindeutig, und nun geht es weiter.

Frage: Herr Wehner, »Aus« für die Koalition, deren Architekt Sie ja sind?

Wehner: Gewesen bin. [...]

Frage: »Aus« für ein sozialliberales Deutschland. Welche Verluste aus Ihrer Sicht?

Wehner: Eine Menge von Verschlechterungen im sozialen Bereich, mit denen wir es nun zu tun bekommen werden und mit denen wir in dem Parlament, soweit es sich um abstimm-erforderliche Festlegungen handelt, es sicherlich schwer haben werden.

Frage: Die Schuldfrage, wer war es, der die Koalition platzen ließ? Nur vordergründig Herr Genscher, oder war es das Überlebensinteresse der FDP?

Wehner: Ich will da ganz sachlich antworten. Herr Genscher hat seit Jahr und Tag das mit seinem Duz-Freund Kohl, dem Vorsitzenden der CDU/CSU-Fraktion, gemacht. Und wie das jetzt aussehen wird, das hängt also davon ab, wie die Auseinandersetzungen – soweit man das sagen kann – versachlicht geführt werden, daß es also ohne große äußere Krisenerscheinungen vor sich gehen wird. Nur, in der Sache wird es jetzt sehr hart werden.

Frage: Ihre Partei muß jetzt in die Opposition. Vielleicht in eine heilsame Opposition. Vielleicht formiert sie sich neu zu neuer Geschlossenheit. Haben Sie da Hoffnung?

Wehner: Ich bin dabei sehr behutsam. Natürlich ist sie in der Opposition von jetzt an. Und sie wird sich kümmern müssen, da sie nicht irgendwo anders sich Leute ausleihen kann, und es auch Unfug wäre – so, wie es die eine oder andere Stimme versucht deutlich zu machen – mit den sogenannten Grünen – oder was immer so bezeichnet wird – rechnen zu können. Es geht jetzt darum, hart antreten für eine wahrscheinlich sehr schwierige nächste Periode, solange noch die Zeit für diesen 9. Bundestag gilt. Und dann für die nächste Runde, den 10. Bundestag. [. . .]

Frage: Haben Sie Sorge um Deutschland?

Wehner: Ich habe Sorge um Deutschland, weil das von anderen ausgenützt werden wird, das, was wir nicht mehr an Übereinstimmung hier haben. Das war ein wesentlicher Faktor dessen, was erreicht worden ist von dieser Koalition. Das geht jetzt rückwärts.

ARD/NDR, 1. 10. 1982

Anhang

Rede Herbert Wehners im Deutschen Bundestag am 30. Juni 1960

Präsident D. Dr. Gerstenmaier: Das Wort hat der Herr Abgeordnete Wehner.
Wehner (SPD): Herr Präsident! Meine Damen und Herren! Gleichviel, was auf den verschiedenen Seiten unseres Hauses von dieser Debatte erwartet wird, ich glaube, diese Debatte kann eigentlich nichts anderes sein als eine hoffentlich im Positiven bemerkenswerte Etappe im Ringen um das höchsterreichbare Maß an Übereinstimmung bei der Bewältigung der deutschen Lebensfragen. Mir ist es verständlich, daß dabei noch sehr stark Gefühle und Gedanken mitschwingen, die geprägt worden sind durch die jahrelangen Auseinandersetzungen über Abschnitte des Weges, den wir alle haben gehen müssen. Wie sehr das der Fall ist, zeigt sogar die Regierungserklärung des Herrn Bundesministers des Auswärtigen.

Die Frage – wechselseitig gestellt –: Werden die auf der anderen Seite des Hauses nun endlich einsehen, daß wir recht gehabt haben?, diese Frage wird immer wieder aufkommen. Unserem Klima entsprechend – da braucht man keine Angst zu haben – wird sie auch künftig noch oft die Form einer Forderung, je nach Temperament einer sehr barsch ausgesprochenen Forderung, annehmen.

So will ich mich angesichts dessen auch gar nicht damit aufhalten, das, was in dieser Beziehung vor der heutigen Bundestagsdebatte gesagt oder geschrieben worden ist, nochmals aufzugreifen – nicht deswegen, ich bitte alle um Entschuldigung, weil ich es mißachten möchte; es waren sehr viele Anregungen und bemerkenswerte Gedanken auch in dieser Vordebatte. Aber ich meine, die Ereignisse nötigen uns, den Blick nach vorn zu richten.

Allerdings muß ich auf eine Vermutung, die bei manchem auch als eine Behauptung vertreten wird, eingehen. Der Herr Bundesminister für Verteidigung, Strauß, hat den Wunsch der Sozialdemokraten nach einer *gemeinsamen Außenpolitik* als einen bemerkenswerten Schachzug im Ringen um die Stimmen für die Bundestagswahl im kommenden Jahr bezeichnet. Das hat er am 24. Juni getan. Aber die CDU selbst nimmt für sich in Anspruch, alles, was sie selbst tut und noch tun wird, um diese

Wahl zu gewinnen, sei – und hier zitiere ich Sie – „von entscheidender Bedeutung für das nationale Schicksal".

(Lachen bei der CDU/CSU.)

So am 22. Juni im »Deutschland-Union-Dienst«. – Sie bestätigen es, es entspricht Ihren Empfindungen!

(Heiterkeit.)

Da haben Sie in der gleichen Demokratie und vor dem gleichen Grundgesetz die unterschiedliche Bewertung des Strebens demokratischer Parteien nach der Mehrheit. In manchen Kommentaren und darunter auch in einigen Kommentaren bedeutender Auslandszeitungen ist um diese Debatte und um die ganze öffentliche Diskussion schließlich gerade das geschrieben worden, es handle sich eigentlich um bloße Taktik auf beiden Seiten. Das meine ich, und deswegen habe ich dieses Element aus dieser Vordiskussion doch aufgegriffen.

Ich meine, es kann nicht gut sein, die Volksvertreter, die Parteien und das Parlament selbst in den Geruch zu bringen, es werde von denen eigentlich gar nicht um die Sache selbst gerungen, sondern um etwas, das ganz parteiegoistischen Erwägungen entspringe.

Der Herr Bundeskanzler hat – und an diese Episode werde ich manchmal erinnert, auch in diesem Zusammenhang – im vergangenen Jahr – es muß genau vor einem Jahr gewesen sein – in einem Disput mit meinem Freund Fritz Erler gesagt, er, der Herr Bundeskanzler, sei genausogut Demokrat wie jener, Fritz Erler nämlich, denn auch er wolle ihm ja soviel wie möglich Stimmen abjagen. (Heiterkeit.)

Ich merke, Sie erinnern sich. Aber, wissen Sie, ich möchte nicht annehmen, daß damit *allein* zum Ausdruck gebracht werden sollte, was einen – um den Begriff des Herrn Bundeskanzlers zu verwenden – guten Demokraten ausmacht.

Wir stimmen wohl darin überein, daß unsere Verpflichtung auf das Grundgesetz als Wesentliches dazugehört. Jede demokratische Partei hat das Recht und ist bestrebt, die Mehrheit der Wähler zu gewinnen. Wenn aber im politischen Kampf dieses Streben als Selbstzweck verdächtigt wird, statt den Kampf, soweit das überhaupt menschenmöglich ist – da gibt es wohl gewisse Grenzen –, um die sachlichen Streitfragen selbst zu führen, so kann es nicht ausbleiben, daß die Demokratie und die zur Demokratie gehörenden Parteien und Institutionen schließlich in den Verdacht geraten, der Sache selbst gar nicht zu dienen, sondern sich ihrer nur zu bedienen. Und ich denke: Eigentlich kann das keiner wollen. So möchte ich meinen, Sie mögen immerhin auf dieser Seite, auf der großen Seite unseres Hauses, argwöhnen,

(Lachen bei der CDU/CSU. – Zuruf von der Mitte: Speckseite!)

– ja, sicher, meine Reverenz! – was denn die Sozialdemokratische Partei eigentlich im Sinne habe und was sie vielleicht im Schilde führe, wenn sie dazu auffordere, ernstlich zu versuchen, herauszufinden, ob die demokratischen Kräfte in der Bundesrepublik nicht zu gemeinsamen Bemühungen um die Lösung der gesamtdeutschen Fragen imstande und fähig sind.

Aber was Sie auch dahinter vermuten, meine Damen und Herren, schlagen Sie bitte unsere Mahnungen nicht einfach in den Wind.

(Beifall bei der SPD. – Zuruf von der Mitte: Tun wir ja auch nicht!)

Selbst wenn wir alle zusammen bei noch so großer Bemühung nicht imstande sein könnten, die derart gefährlich unübersichtlich gewordenen Fragen der eigentlichen Außenpolitik im Zuge einer solchen Debatte zu klären, sollten wir unter dem Eindruck der Ereignisse den Vorsatz zu fassen imstande sein, unser innenpolitisches Verhältnis zueinander in die Ordnung zu bringen, die uns befähigen könnte, der gesamtdeutschen Verpflichtung der Bundesrepublik Deutschland gerecht zu werden.

(Erneuter Beifall bei der SPD.)

Dabei sind wir alle, Sie auf der Seite der Regierungskoalition, wir auf der schmaleren Seite der Opposition, dem Ganzen verpflichtet.

(Beifall bei der SPD.)

Das, glaube ich, sind wir unseren Mitbürgern in der sowjetisch besetzten Zone schuldig; wir sind es Berlin schuldig, und wir sind es der demokratischen Ordnung bei uns selbst schuldig, die so sein muß, daß sie allen Belastungen gewachsen sein kann.

Wenn ich Ihnen in diesem Zusammenhang mit der ausdrücklichen Bitte, mich nicht mißverstehen zu wollen, sage, daß uns die Spuren Koreas, der Türkei und mancher anderer Ereignisse schrecken sollten, so tue ich das nicht, weil ich damit einen Vergleich der Zustände in den genannten Ländern und bei uns herbeizwingen möchte. Wir haben in der Bundesrepublik bei aller Erbitterung der Auseinandersetzungen, die immer wieder nachklingt und auch durchklingt, anderen Ländern manches voraus, auch hinsichtlich dessen, was in diesen Jahren erreicht worden ist. Aber doch gibt es Gründe, nicht an den Ereignissen in jenen Ländern vorbeizugehen.

Wenn nicht alles trügt – auch das weiß man nicht –, so bedeutet das *Scheitern der Gipfelkonferenz in Paris* wohl mehr als nur die zeitweilige Unterbrechung der Konferenzbrücke, die seit dem Ende der Blockade Berlins zwischen Ost und West aufrechterhalten wurde. Würde man mit der Lupe untersuchen, was meine verehrten Vorredner in dieser Beziehung gesagt haben und was jetzt ich mit diesen Bemerkungen gesagt habe, käme man hinsichtlich der Fakten schon zu einigen Unterschieden in der Betrachtung. Aber lassen Sie mich den Gedanken noch etwas weiter entwickeln.

253

Je mehr es offenbar wird, daß das Ringen um die Groß- und Weltmachtsansprüche des kommunistisch regierten China, das, wie ich annehme, in ein entscheidendes Stadium getreten ist, das Verhältnis der traditionellen Weltmächte zueinander und zur übrigen Welt beeinflußt, sogar bewegt, um so weniger brauchbar werden Vorstellungen aus den vergangenen Etappen der Auseinandersetzungen, die wir gemeinsam oder im Gegensatz zueinander gehabt haben, Vorstellungen, die vorher in manchen Fällen übereinstimmend, in anderen Fällen kontrovers als ausreichend angesehen werden konnten oder vielleicht sogar mußten.

Wir – und da spreche ich nun von den Sozialdemokraten; Sie haben ja Ihr Bedauern schon ausgedrückt – haben mit Sorge mit ansehen müssen, wie der sowjetische Ministerpräsident Chruschtschow die Pariser Konferenz unmöglich gemacht hat, die er vorher selbst angestrebt hatte.

Der Herr Bundesaußenminister hat hier in seiner Erklärung eine recht scharfe Bemerkung zu einem Artikel meines Kollegen Fritz Erler gemacht. Der Herr Minister wollte unter Hinweis auf die Erklärung des Bundeskanzlers vom 24. Mai hier im Hause ausdrücken, daß beim Bundeskanzler und bei der Regierung nicht Genugtuung oder Freude über dieses Ereignis – das Sie bedauert haben, das wir bedauern – herrscht. Ich bin sehr froh, und wir haben, was der Herr Bundeskanzler hier am 24. Mai sehr abgemessen und sehr abgewogen dazu gesagt hat, begrüßt. Nur, das, was hier bei meinem Freunde Fritz Erler gerügt wird, bezieht sich nicht auf diese zitierten Auffassungen, sondern auf die Behauptung eines nicht unbekannten amerikanischen Journalisten von der New York Times, Mr. Sulzberger, der behauptet hat:

»Bonns ehrwürdiger Kanzler gibt offen seine Befriedigung über den toten Punkt zu, der die gegenwärtige Situation in Berlin um sechs bis acht Monate verlängert. Er hat ihm geholfen, seine politische Macht in Bundesdeutschland zu festigen und hat die Idee der Gipfeldemokratie angeschlagen, die Adenauer mißbilligt.«

Wir wären froh, wenn diese Behauptungen und der ganze Artikel, der ja, wie Sie alle wissen – die meisten werden ihn ebenso gelesen haben, wie wir ihn gelesen haben –, noch eine ganze Reihe ähnlicher Behauptungen enthält, die mit dem, was hier am 24. Mai gesagt worden ist und worauf die Regierungserklärung heute mit Recht Bezug nimmt, nicht in Einklang gebracht werden können, nicht veröffentlicht worden wären.

Wir Sozialdemokraten haben ebenso wie Sie vor einigen Tagen mit Sorge und mit Bitterkeit miterlebt, wie die Vertreter der Ostblockstaaten die Konferenz von Genf abgebrochen haben, obwohl sie ja hatten wissen müssen, daß man sich unmittelbar vor der Vorlage neuer amerikanischer Vorschläge befand. Offenbar legen es die *Sowjetregierung* und ihre Gefolgschaft darauf an, jetzt vor allem in Asien und Afrika – aber auch

Lateinamerika rückt schon in diese Reihe hinein – durch eine groß angelegte Propaganda Stimmungen aufzuwühlen und so die Vorbereitungen für die großen Auseinandersetzungen in der Vollversammlung der Vereinten Nationen zu treffen, deren Termin ja feststeht und deren Termin wiederum mit anderen Terminen zusammenfällt, wie Sie alle wissen. Wahrscheinlich hofft die Sowjetregierung samt Gefolgschaft, in dieser so vorbereiteten Diskussion im breiten Forum der Vereinten Nationen besonders auf die vielen neuen Mitglieder Eindruck zu machen, mit denen es die Vereinten Nationen dort zu tun haben.

Wenn der sowjetische Ministerpräsident Chruschtschow nach Paris davon gesprochen hat, in sechs bis acht Monaten könne eine Gipfelkonferenz stattfinden, so muß, denke ich, diese Bemerkung wohl so verstanden werden, daß wir in dieser Zeit allerlei zu erwarten haben. Das ist etwas anderes, als wenn man diese Frist als eine Art Stillhaltefrist betrachten würde.

Angesichts dieser Auffassung und Einsichten ist es immerhin beruhigend, folgende Worte des amerikanischen Präsidenten *Eisenhower*, die er unlängst in Manila sagte, zu hören:

»Wir werden aber niemals die Tür zu friedlichen Verhandlungen schließen. Wir werden weiterhin deutlich darauf hinweisen, daß Vernunft und gesunder Menschenverstand über sinnlose Feindschaft und verzerrte Mißverständnisse und Propaganda die Oberhand gewinnen. Das Wettrüsten«

– so fuhr er fort –

»muß unter Kontrolle, und die nukleare Drohung muß beseitigt werden. Dies kann nach meiner Auffassung ohne appeasement oder Kapitulation erreicht werden, indem man den Kurs geduldiger, einfallsreicher und sachlicher Verhandlungen mit den Sowjetführern weitergeht.«

So Präsident Eisenhower am 16. Juni.

Im Vertrauen darauf, daß die Vereinigten Staaten keine Mühe scheuen werden, müssen wir, wenn etwas daran ist, daß in diesen sechs bis acht Monaten allerlei erwartet werden kann, in diesem unserem Bereich das Unsere dazu beitragen, daß in der kritischen Zeit bei uns alles in Ordnung ist und in Ordnung bleibt.

(Beifall bei der SPD und des Abgeordneten Majonica.)

Wenn ich den Herrn Bundesminister des Auswärtigen kürzlich richtig verstanden habe, so hat er davon berichtet, daß auch die Außenminister der Westeuropäischen Union, als sie am 17. Juni zusammen waren, keine über Vermutungen und Annnahmen .hinausgehenden Anhaltspunkte dafür gehabt haben, was den sowjetischen Ministerpräsidenten Chruschtschow in seinem Verhalten in Paris einen Monat vorher letztes Endes bestimmt habe, es so und nicht anders zu gestalten. Angesichts dieser

Feststellung finde ich es verständlich, daß man im Kreise der Außenminister der Westeuropäischen Union sehr vorsichtig war und sehr vorsichtig bleibt und daß man die Äußerung des sowjetischen Ministerpräsidenten bezüglich der in sechs bis acht Monaten möglichen Gipfelkonferenz nicht der eigenen Politik als eine Art von Versicherung zugrunde legen kann und will.

Wie unberechenbar die Lage angesichts des in seinen Einzelaktionen unberechenbaren Akteurs ist, das hat sich – ich folge hier, Sie mögen mir verzeihen, der Auffassung einer hervorragenden Journalistin, der man – deswegen nehme ich meine Zuflucht zu ihren Worten – schwerlich Wahlkampftaktik oder Wahlkampfabsichten unterstellen kann – in Paris gezeigt, wo nach ihren Worten dieselben Leute, die noch kurz zuvor sich sorgten, die Entspannungspolitik könne zu weit gehen, drei Tage später vor der Möglichkeit eines neuen Krieges zitterten, so Gräfin Dönhoff in der »Zeit«.

(Abgeordneter Dr. Krone: Wir haben es geraten!)

Ich glaube, es gibt hier einige Feinschmecker.

(Heiterkeit.)

Wenn – so möchte ich noch kurze Zeit ihren Gedanken folgen – der Begriff »redliche Bestandsaufnahme« – mein Begriff, wenn man so will – mißfällt, vielleicht weil ich ihn gebraucht habe oder weil die Bundesregierung, wie ich heute vernommen habe, meint, so etwas vertrage sich nicht mit ihrer Autorität, so sollte darüber kein Streit sein. Dann kann man ja das, worauf es ankommt, auch anders umschreiben. Da folge ich noch einmal den Worten der eben zitierten Journalistin, die geschrieben hat:

»Es gilt jetzt, die eingetretene Pause zu nutzen und die politischen Generalstabspläne zu überprüfen, einzelne Versionen durchzuspielen, Ideen, Vorschläge, Möglichkeiten zu untersuchen.«

(Zuruf von CDU/CSU: Das ist doch klar!)

Angenommen, daß das für Sie klar ist; wenn Sie entschuldigen, zitiere ich noch bis zu Ende:

»Weder Rüsten noch Reisen« – zum Gipfel nämlich – »sind ein Ersatz für Politik.«

(Beifall bei der SPD.)

Und um das abzuschließen – ich stimme damit ganz überein – :

»Daß äußere Festigkeit der einzig mögliche Ausgangspunkt in einer solchen Situation ist, das ist gewiß. Aber sie allein«

in Paranthese hinzugefügt: der Ausspruch, den man manchmal hört: Wenn die Sowjets irgend etwas in Berlin ändern, dann knallt's –

»genügt nicht.«

Soweit Gräfin Dönhoff.

Meine Damen und Herren, wir haben nicht die Absicht, die Bundesregierung jetzt in dieser oder jener Einzelfrage auf diesen oder jenen Schritt festzulegen, sie auf einen Gesamtplan für einen längeren Zeitraum festzulegen oder ihr einen solchen abzufordern. Wir schlagen vor und wir mahnen, die Bundesregierung möge sich der in Wahrheit gefährlich unübersichtlichen Lage gewachsen zeigen und alles in ihren Kräften stehende tun, um gemeinsam mit den Parteien der Opposition zu prüfen, erstens, was versucht, was in die Wege geleitet und was weitergeführt werden muß, damit wir alle zusammen sicher sein können, daß nicht durch einseitige Maßnahmen der anderen Seite die jetzige Lage im gespaltenen Deutschland noch weiter verschlechtert werden kann – das ganze Volk muß ja das, was sich daraus ergibt, tragen können –, zweitens, was ins Auge gefaßt und in gemeinsamen Bemühungen angestrebt werden muß, damit die deutschen Fragen ungeachtet aller erhöhten Schwierigkeiten in internationale Verhandlungen gebracht werden. Das sind zwei Dinge, aber zwei zusammengehörige Dinge, deren Prüfung wir vorschlagen, und das ist gemeint, wenn bisher die Rede war von außenpolitischer Bestandsaufnahme und von Bemühungen, das höchstmögliche Maß von Gemeinsamkeit in der Bewältigung der sich ergebenden Probleme zu erreichen – also vor allem gewissenhafte Prüfung der außenpolitischen Lage und all der Gegebenheiten, die für Deutschland von Bedeutung sein oder werden können.

Es ist kein Zweifel, die Bundesregierung weiß mehr, als die Opposition wissen kann. Aber wir wollen doch gar nicht auf diesem Umweg jetzt die Rollen von Regierung und Opposition vertauschen oder die Befugnisse von Regierung und Opposition verwechseln. Es geht nicht darum, der Regierung etwa die Politik der Sozialdemokraten, wie man es nennt, aufzwingen zu wollen, es geht ja wohl auch nicht um das Umgekehrte, sondern es geht darum, sich darüber zu verständigen, was zu tun ist, wenn dieses oder jenes eintritt, und was – vielleicht auf lange Sicht – angestrebt und getan werden muß, um die deutschen Fragen in internationale Verhandlungen zu bringen oder darin zu halten.

Nun wird uns häufig vorgehalten, was alles an Voraussetzungen für eine gemeinsame Außenpolitik – ein ziemlich verpflichtender Begriff – vorweg gefordert werden muß, mit der scharfen Betonung, daran sei nichts zu ändern, ja, daran brauche nichts geändert zu werden, denn die Voraussetzung für gemeinsame Politik sei die Fortsetzung der bisherigen Politik. Warum sollen wir nun darüber rechten? Diese Politik haben Sie bisher durchgeführt. Man muß sich nicht daran entzünden zu fragen, ob zu erwarten sei, ob in der vor uns liegenden Periode die Resultate, sagen wir, der nächsten acht Jahre andere sein können oder sein werden als die der verflossenen acht Jahre, wenn nämlich zu dieser Politik lediglich unsere Stimmen hinzukommen. Das ist nicht das – wenn wir es in dieser

Beziehung heute nicht zu einer übereinstimmenden Meinung bringen, werden wir es eines Tages zu einer solchen bringen –, was dieser Periode entspricht.

Es ist wichtig, daß wir an unsere künftigen Aufgaben mit einer konstruktiven Geisteshaltung herangehen. (Sehr richtig! bei der CDU/CSU.) – Ich bedanke mich für das Kompliment. – Gegenseitige Anschuldigungen über vergangene Aktionen sind nutzlos. (Aha! bei der CDU/CSU.) – Sie werden gleich noch mehr lachen, meine Herren, die Sie dazu geneigt sind; einen Moment! – Es hilft auch nichts, unsere Politik gegenüber der Sowjetunion als »hart« oder als »weich«, je nachdem, wer sie vertritt, zu definieren, oder wenn wir den internationalen Konflikt als »schwarz« oder als »weiß« bezeichnen. Unsere Haltung sollte ruhig, entschlossen und wachsam sein, während wir gleichzeitig jede Möglichkeit prüfen, unsere Beziehung zu einem hoffnungsvollen Plan zunehmender Verständigung und wechselseitiger Zusammenarbeit zu verbessern. – Bei den Herren, die sich bei Ihnen auf die Debatte vorbereitet haben, hat es längst geklingelt: So sagte der amerikanische Außenminister Herter. (Anhaltender Beifall bei der SPD.)

Ich mache mir das zu eigen.

Nun, meine Damen und Herren, der amerikanische Außenminister Herter hat zu Beginn dieses Jahres, der Übung folgend, die alle Männer in solchen Positionen einhalten müssen, in einem aber auch sachlich interessanten Jahresvorausblick etwas gesagt, an das man sich ab und zu erinnern sollte. Er sagte, 1960 werde ein außenpolitisch ereignisreiches Jahr werden, doch für die Lösung der Probleme würden wahrscheinlich Generationen nötig sein. Ich habe das Wort nicht leichtgenommen, weil ein Mann in solcher Position und bei solcher Gelegenheit und vor solchen Ereignissen, von denen er sagt, das Jahr wird voll von ihnen sein, das sicher nicht so hinsagt. Ich deute diese Worte wohl annähernd richtig, wenn ich aus ihnen heraushöre: Keine Seite der Weltmächte kann der jeweils anderen Seite ihre Lösungen aufzwingen, und jede Seite muß mit der anderen Seite rechnen. Das steckt wohl in diesem Wort von den »vielleicht Generationen«, die man für die Lösungen brauchen werde. Vielleicht hat der Herr Bundeskanzler daran gedacht und hat es ähnlich gemeint, als er kürzlich sagte, wenn nicht wir die Wiedervereinigung verwirklichen könnten, so werde es die kommende Generation tun.

Jedenfalls muß man der deutschen Politik wünschen, dessen eingedenk sich so zu verhalten und so zu disponieren, daß wir, die Bundesrepublik, überall und in geeigneter Weise versuchen, unsere Fragen anzubringen, um Vertrauen zu werben und geachtet zu sein.

Der Regierende Bürgermeister von Berlin, Willy Brandt, hat vor einigen

Tagen auf Berührungspunkte der Auffassungen der demokratischen Parteien hingewiesen, über die, wie er sich ausdrückte – und auch ich bin dieser Meinung –, es eigentlich keine Auseinandersetzungen bei uns in der Bundesrepublik zu geben brauchte. Ich nehme an, diese Berührungspunkte könnten, wenn man sich's genau überlegt, als Aktivposten bei der außenpolitischen Bestandsaufnahme von allen Seiten eingebracht werden; Bestandsaufnahme so verstanden, wie ich es vorhin versucht habe einschränkend zu sagen. Das sind:

Erstens: Berlin muß beim Bund bleiben. Aus einer Zweiteilung Deutschlands darf keine Dreiteilung werden.

Zweitens: Das deutsche Volk und die Bundesrepublik haben sich gegen jede Diktatur und für die westliche Gemeinschaft entschieden, das heißt für eine enge Zusammenarbeit mit den westlichen Nachbarn und der freien Welt.

Drittens: Die verantwortungsbewußten Kräfte Deutschlands haben sich gegen jede Form des Kommunismus und gegen die sowjetische Deutschlandpolitik entschieden.

Viertens: Es muß alles getan werden, um das Leben und das Los der 17 Millionen Landsleute im sowjetisch besetzten Teil Deutschlands zu erleichtern. Wir dürfen den Willen zur Selbstbestimmung in unserem Volke nicht erlahmen lassen und müssen uns ständig um neue Ansätze zur Lösung der deutschen Frage bemühen.

Fünftens: Nachdem Europa schon durch die Kommunisten gespalten ist, darf nicht dazu beigetragen werden, Europa noch einmal zu spalten. Vielmehr muß, soweit wir dazu etwas tun können, alles in die Wege geleitet werden, damit es in einer breiten Gemeinschaft zusammenarbeiten kann.

Sechstens: Bei aller Notwendigkeit, den Fragen der militärischen Sicherheit gerecht zu werden, muß die Bundesrepublik jede Anstrengung machen, um zur Sicherung des Friedens in der Welt beizutragen. (Unruhe bei der CDU/CSU.)

Ich merke, es lockert sich auf. (Heiterkeit.)

Sicherlich, meine Damen und Herren, ist das kein Programm für die Außenpolitik der nächsten Periode; (Sehr wahr! bei der CDU/CSU.) sicherlich nicht, natürlich nicht. Dann stimmen wir ja in diesem Punkt sogar überein. Diesen Anspruch erhebt die Aufzählung auch gar nicht. Aber es sind Feststellungen, die für die praktischen Schritte der nächsten Periode positive Bedeutung haben. Jedenfalls sollten sich die Skeptiker unter Ihnen einmal überlegen, wie es denn wäre, wenn es in diesen Punkten kontroverse Auffassungen gäbe! (Beifall bei der SPD. – Zustimmung des Abgeordneten Dr. Bucher.)

Der Herr Bundesverteidigungsminister Strauß hat vor einigen Tagen in

Schleswig gesagt, eine angestrebte gemeinsame Außenpolitik von Regierung und Opposition sei eine Frage von großer politischer Bedeutung, denn sie würde nicht nur der jetzt amtierenden Regierung, sondern auch künftigen Regierungen auf lange Sicht die politische Freundschaft der Verbündeten garantieren. Kurz darauf hat er in Erlangen von vier Voraussetzungen für eine gemeinsame Außenpolitik gesprochen. Ich habe sie auch im Deutschland-Union-Dienst wiedergefunden. Die vier Voraussetzungen, die er nennt – ich will ihn auf die Zahl genauso wenig festlegen, wie ich mir ganz klar darüber bin, wie viele Voraussetzungen eigentlich schon genannt worden sind –, sind:

a) Die Sozialdemokraten müßten gemeinsam mit der CDU anerkennen, daß die europäische Einheit und die Atlantische Allianz Voraussetzungen für die Erhaltung der Freiheit und für die Erlangung der deutschen Wiedervereinigung sind. (Sehr richtig! bei der CDU/CSU.)

b) Die Sozialdemokratische Partei müsse sich von der alten These distanzieren, daß die Wiedervereinigung nur möglich sei, wenn die Bundesrepublik Deutschland aus der NATO und aus den europäischen Bündnissystemen ausscheide.

c) Die Sozialdemokraten müßten nicht nur in Worten, sondern auch in der Tat bereit sein, mit den Unionsparteien die Lasten und Bürden der Landesverteidigung zu tragen, gleichgültig, wer in der Regierungsverantwortung und wer in der Opposition steht.

Dazu gibt es noch ein Anhängsel, das nicht numeriert ist, sondern sozusagen zwischen der dritten und der vierten Voraussetzung steht: Die Sozialdemokraten müßten alle irgendwie gearteten Disengagement-Pläne aufgeben.

d) Die Sozialdemokraten müßten den Begriff des Selbstbestimmungsrechts für ganz Deutschland, das heißt nach freien Wahlen für die Wiedervereinigung, uneingeschränkt anerkennen.

Das sind – mit der kleinen Unterteilung – die vier Voraussetzungen, von denen Herr Strauß gesprochen hat. Nun etwas auf Vorschuß. Für eine Bestandsaufnahme und für eine Diskussion, bei der man eingehend in die Sachverhalte hineinleuchten und hineingehen kann, möchte ich doch heute schon sagen:

Zu a) Die Sozialdemokratische Partei Deutschlands geht davon aus, daß das europäische und das atlantische Vetragssystem, dem die Bundesrepublik Deutschland angehört, Grundlage und Rahmen für alle Bemühungen der deutschen Außen- und Wiedervereinigungspolitik ist.

Zu b) Die Sozialdemokratische Partei Deutschlands hat nicht gefordert und beabsichtigt nicht, das Ausscheiden der Bundesrepublik aus den Vertrags- und Bündnisverpflichtungen zu betreiben. Sie ist der Auffassung, daß ein europäisches Sicherheitssystem die geeignetere Form wäre, den Beitrag des wiedervereinigten Deutschlands zur Sicherheit in Europa und in der Welt leisten zu können. (Sehr wahr! bei der SPD.)

Zu c) Die Sozialdemokratische Partei Deutschlands bekennt sich in Wort und Tat zur Verteidigung der freiheitlichen demokratischen Grundrechte und der Grundordnung und bejaht die Landesverteidigung. (Unruhe bei der CDU/CSU.)

Meine Damen und Herren, unterschiedliche Auffassungen über Zweckmäßigkeiten auf diesem Gebiet, die im demokratischen Staat legitim sind und die demokratisch-parlamentarisch ausgetragen werden, bedeuten doch nicht, daß die parlamentarische Opposition weniger verantwortungsfreudig wäre als die Regierung. (Beifall bei der SPD und Abgeordneten der FDP.)

Nun zu der Unterfrage oder Untervoraussetzung, allen *Disengagement-Plänen* abzuschwören. Hierzu berufe ich mich auf folgende Erklärung, die ich wörtlich wiedergeben muß:

»Wir Deutschen wollen nicht als Störenfriede auf dem Wege zur Abrüstung erscheinen. Wir halten auch die Abrüstung für ein essentielles Moment auf dem Wege zur Entspannung. Es wäre selbstverständlich unehrlich zu sagen: Es mag kontrolliert und inspiziert werden auf der Welt, nur nicht bei uns; sondern wir müssen hier das gute Beispiel geben, und wir sind bereit, die Bundesrepublik ganz oder teilweise zu einem Bestandteil einer Kontroll- und Inspektionszone zu machen –, das heißt nicht, daß die Kontroll- und Inspektionszone identisch ist mit den geographischen Grenzen der Bundesrepublik –, aber die Bundesrepublik, ganz oder teilweise, zu einem Bestandteil einer Kontrollzone zu machen nach den Vorschlägen, die zwischen den Großmächten vereinbart werden können. Einigen sich die Großmächte nicht, so wäre ein solcher deutscher Vorschlag von sich aus wohl nicht von weltentscheidender Bedeutung. Einigen sich die Großmächte jedoch, so stehen wir nicht durch irgendwelche deutschen Sonderwünsche dieser Einigung im Wege.«

Auf diese Erklärung des Herrn Bundesministers für Verteidigung vom Oktober 1959 nach seiner Rückkehr von einer Kanada-Reise berufe ich mich bei der Behandlung der Frage, was wir zu Disengagement-Plänen meinten. (Beifall bei der SPD.)

Vielleicht – die Sache ist ganz ernst –, vielleicht gibt es hier bei genauerem Besehen und bei genauerer Erörterung einen Berührungspunkt; vielleicht liegt er noch im weiten Feld. Aber bitte, das kann man ja noch untersuchen.

Zu d) berufe ich mich auf den Wortlaut des Beschlusses, den der Bundestag am 1. Oktober 1958 einstimmig, mit den Stimmen der Sozialdemokraten, in Berlin gefaßt hat. Er lautet:

»Der Deutsche Bundestag erwartet die Wiederherstellung der staatlichen

Einheit Deutschlands von einem unmittelbaren freien Willensentschluß des gesamten deutschen Volkes in seinen heute noch getrennten Teilen, der nach der Beseitigung der nicht in deutscher Zuständigkeit liegenden Hindernisse herbeizuführen ist.

Der Deutsche Bundestag erklärt seine Bereitschaft, jede Verhandlung zu unterstützen, die Wege zu einem solchen Willensentscheid des deutschen Volkes ebnet, sobald eine Vereinbarung der Vier Mächte diese Möglichkeit erschlossen hat.«

Das zu den vier Voraussetzungen oder Fragen.

Lassen Sie mich aber noch etwas zu den Fragen sagen, die ebenfalls vorher und nachher als Grundvoraussetzung oder was auch immer in die Diskussion gebracht worden sind. Der Herr Bundesminister Strauß zum Beispiel hat gefragt, ob denn die SPD die Verträge der Bundesrepublik nur dem Buchstaben nach oder dem Sinne nach halten wolle. Der verehrte Kollege Höcherl, der auch in diese Debatte hineingesprungen ist, hat das nette, volkstümliche und etwas deftige Beispiel für seine Frage gewählt, ob wir es denn mit den Verträgen so halten wollten – Sie werden entschuldigen, wenn ich das nicht genau so wiedergeben kann, aber ungefähr war es wohl so – wie jene Schwiegermutter, die die unerbetene Schwiegertochter zwar nicht aus dem Hause schicken, sich aber vornehmen kann, sie allmählich hinauszugraulen. (Heiterkeit.)

So war es ungefähr; ich bin nicht ganz so volkstümlich wie Sie. Das war die zweite Variante.

Dann gab es die dritte Variante, die schon in der Gegenüberstellung von Herrn Strauß mit liegt: oder ob wir als loyale Vertragspartner diese Verträge einhalten würden. Lassen Sie mich ganz offen sagen: Für Sozialdemokraten kommt nur dies in Frage!

Warum aber uns Fragen in dieser Weise stellen? Damit im Ausland Zweifel an der Vertragszuverlässigkeit der Deutschen oder wenigstens eines großen Teiles der Deutschen erweckt oder genährt werden? Ist das richtig, ist das klug? (Lebhafter Beifall bei der SPD.)

Ist das etwas, was der Lage entspricht?

Die reserviert kühle Haltung zum Beispiel des Präsidenten eines befreundeten Staates zu den Europa-Verträgen, seine Sondervorstellungen und Anforderungen bezüglich der NATO, ihrer inneren Ordnung und der Streitkräfte in nationaler Zuständigkeit, oder auch seine politischen Erkärungen darüber, was zum Beispiel hinsichtlich der deutschen Ostgrenzen längst erledigt und festgelegt sei, alles das wird hingenommen. Man vergleiche das mit der Art, mit der wir examiniert werden.

(Sehr richtig! und Beifall bei der SPD.)

Meine Damen und Herren! Wenn Sie schon nicht geneigt sind, als Prüfstein für die Haltung der deutschen Sozialdemokraten andere Beispiele anzunehmen, weil Sie sagen: Das hat der sich ja alles nur so zusammengesucht, das ist ein ganz fauler Trick, dann sollten Sie doch gerechterweise die *Haltung der Sozialdemokraten in Berlin* als einen solchen Prüfstein anerkennen. (Lebhafter Beifall bei der SPD.) Oder soll auch die noch allmählich in die Lauge hineinkommen?

Ich habe, was Berlin betrifft, aus der Feder eines Angehörigen der Christlich-Demokratischen Union gelesen, den ich als einen sachlichen innenpolitischen Gegner schätzen gelernt und den ich als einen aufrechten Deutschen kennengelernt habe:

»Es gibt in Berlin keinen verantwortlichen Politiker, der jemals dazu geraten hat, die Zahl der westlichen Truppen in Berlin zu verringern oder das Recht auf freie Meinungsäußerung einzuschränken, wie es in Genf erörtert worden ist. Das geschah ohne unsere Beteiligung und gegen unsere Auffassung. Es hat auch keinen verantwortlichen Politiker in Berlin gegeben, der jemals dafür eingetreten wäre, die Rechtsgrundlagen der Anwesenheit westlicher Truppen in Berlin zu verändern oder sich auf eine Befristung dieser Rechte durch Interimsabkommen einzulassen. Wir hatten nicht die Absicht, uns stückweise der sowjetischen Herrschaft auszuliefern. Niemand«

– so fährt er fort –

»ist berechtigt, sich für die in Genf gemachten Vorschläge oder für spätere Schubladenpläne ähnlicher Art auf Berlin, auf den Senat von Berlin oder einzelne seiner Mitglieder zu berufen. Die Berliner sind nicht stärker als ihre Schutzmacht. Aber die erklärte Berliner Haltung hat niemals Anlaß zur Nachgiebigkeit gegeben, sondern in der Bedrängnis und im Wagnis stets die integrale Wahrung der westlichen Position gefordert. Wir wären froh«

– so schließt er –

»wenn auch schon früher überall die gleichen Auffassungen geherrscht hätten. Niemand weiß besser als die Berliner selbst um das notwendige Maß an Härte zu ihrer eigenen Verteidigung.«

Kommt es nicht doch darauf an, die Berührungspunkte als Aktivposten zu hüten und zu pflegen, oder wäre es richtiger, nun wieder zu differenzieren – jetzt auf Berlin, auf den Prüfstein bezogen –, nicht nur zwischen Berliner Sozialdemokraten und den übrigen Sozialdemokraten, sondern auch zwischen Berlinern schlechthin – oder guthin – und sozialdemokratischen Berlinern?

Der Bundesverteidigungsminister – ich muß ihn noch einmal in Anspruch nehmen – hat gesagt, der erste Schritt zu einer gemeinsamen Außenpolitik sollte seines Erachtens eine geheime Debatte im Außenpolitischen Ausschuß des Bundestages sein; später könnten dann führende

Körperschaften der Parteien in gemeinsamer Sitzung über die Außenpolitik beraten. Das wäre doch des Versuches wert. Oder was spricht dagegen, diesen Versuch zu machen?

Zu dem, was der Herr Bundesminister Strauß als denkbare Methode erkannt hat, möchte ich für den Anfang, nicht etwa weil wir eine Koalition mit Ihnen einzugehen beabsichtigen – keine Angst, nicht darum geht es am Schluß der Legislaturperiode, (Heiterkeit und Beifall bei der SPD.)

ich meine: vor den Wahlen –, sondern weil wir beabsichtigen, hier der *gemeinsamen Verpflichtung von Regierung und Opposition* gerecht zu werden, mit auf den Weg geben:

»Die politische Partei, die gerade an der Macht ist, kann nicht gut von der Oppositionspartei eine Mitverantwortlichkeit an der Außenpolitik verlangen, wenn nicht die Führer der Opposition vollen Einblick in unsere politischen Maßnahmen erhalten. [. . .] Das ausführende Organ der Regierung kann nicht eine wichtige politische Maßnahme, die die Zustimmung des Kongresses erfordert, ankündigen und erst danach den Führern der Opposition Einblick gewähren. [. . .] Eine Politik, die den Kongreß umgeht, macht eine Zwei-Parteien-Politik unmöglich.

Und ich hoffe erneut, daß unsere Politiker nie wieder Fehler begehen mögen wie unter Präsident Wilson und daß unsere verantwortlichen Führer beider Parteien über unsere Politik vom anfänglichen Entwurf bis zur endgültigen Regelung auf dem laufenden gehalten werden.«

Bei allem Unterschied der Befugnisse, setze ich hinzu. Diese paar Erkenntnisse aus der Praxis eines Mannes, der regieren gelernt hatte – von Byrnes –, darf man wohl mit auf den Weg geben.

Wir bestehen nicht darauf, daß unsere jeweils zu den Konferenzen vorgelegten Vorschläge der verangenen Jahre, mit denen wir helfen wollten, den toten Punkt zu überwinden, nachträglich von Ihnen sanktioniert werden. Auch der heute wieder apostrophierte *Deutschlandplan* des Jahres 1959 war, was Sie von ihm auch immer halten mögen, aus der Sorge um Berlin und als ein Versuch zur Entlastung Berlins entstanden. Dieser Deutschlandplan – das habe ich ein Jahr nach der Übergabe der Vorschläge von 1959 an die Öffentlichkeit geschrieben – hat sich während der Genfer Konferenz ungeachtet mancher Berührungspunkte, die sich hinsichtlich der Methode und hinsichtlich des Geistes boten, in dem man an die schwierig gewordene Problematik der Wiedervereinigung herangehen muß – es gibt so ein »Paket«, das der Westen dort vorgetragen hat – hat sich nicht durchsetzen lassen. Damit ist er genau wie die Vorschläge, die wir zu anderen Außenministerkonferenzen gemacht haben, ein Vorschlag, der der Vergangenheit angehört. Wir kommen ja auch nicht mit den Vorschlägen von 1954 und 1955, an die sich – ich will hier nicht apostrophieren oder kompromittieren – auch der Herr Bundesminster des Auswärtigen noch erinnern wird. Wir haben darüber einige Male gesprochen. Die stellen wir jetzt nicht als unsere Forderungen auf oder verlangen nachträglich, daß Sie sich ihnen anschließen. Aber, meine Damen und Herren, Deutschlandplan hin und Deutschlandplan her – er ist ja kein Plan, der irgendwo zur Entscheidung stünde, und kann es nicht mehr sein. (Abgeordneter Majonica: In allen seinen Elementen!?)

Sie kennen doch das, meine Damen und Herren, was über das *Paket der Westmächte* – nun mal nicht über den Deutschlandplan – von Herrn Wilfried Martini geschrieben worden ist. Sprechen Sie – und wenn Sie es wollen: Lassen Sie uns gemeinsam darüber reden – im Kämmerlein über diese Tendenz in der deutschen Politik! Ich habe das lange verfolgt. Ich bin nicht boshaft in dieser Frage. Ich sehe nur, was es da an Strömungen gibt. Lesen Sie nach: 16. Juni, »Christ und Welt«, diese große Sache, wo das Paket der Westmächte genauso abgeledert wird, wie Sie unseren Deutschlandplan abledern, immerhin ganz in der Nähe, jedenfalls in der vom Verfasser gewollten Nähe und in Übereinstimmung mit Kräften aus Ihren Reihen! Da tun Sie mir leid – während sonst wir uns selber leid tun, wie Sie wissen.

(Beifall bei der SPD. – Lachen bei der CDU/CSU.)

Aber wem würde denn der gespenstische Versuch nützen, nachträglich der anderen Seite die Vorschläge oder die Maßnahmen von vorgestern aufnötigen zu wollen? So sind militärische Fragen häufig – allzu oft – in technischen Details in dieser Vordiskussion angeführt worden. Da habe ich kürzlich bemerkt, wie sich der Herr Bundesverteidigungsminister einiger Zerstörer entledigte – nicht im wahrsten Sinne des Wortes, er hatte sie ja noch gar nicht. Es war vielmehr etwas, worüber früher – vor Jahren, daran werden sich noch manche erinnern – so erbittert gestritten wurde wie über Glaubensbekenntnisse. Da mußte man so oder so handeln. Mit Eleganz – meine Reverenz! – hat der Herr Bundesverteidigungsminister jetzt gesagt: Wir müssen statt der damals geplanten Zerstörer heute andere Einheiten haben. Sie wissen ja auch noch, wie das gewesen ist.

Aber noch einmal: Auch das, was Sie vom Deutschlandplan für so besonders angreifenswert halten, können Sie – ich will Ihnen nicht zureden – nicht nachträglich sanktionieren, nachdem ich selbst gesagt habe: Er ist eine Sache der Vergangenheit.

(Abgeordneter Dr. Krone: Völlig, in allen Elementen!)

Sicher! Wenn es aber darum geht, einmal die Frage der Wiederherstellung der Einheit Deutschlands wirklich in Angriff zu nehmen, dann möchte ich wissen, wie wir den Beschluß des Bundestages vom 1. Oktober in die Tat umsetzen wollen und wo wir dann überall Elemente hernehmen müssen. Aber es hat wohl noch Zeit; darüber werden wir dann reden.

Im übrigen ist die Sozialdemokratische Partei eine demokratische Partei. Auch das, was wir da vorgeschlagen haben, Herr Krone, wäre unserer inneren Verfassung nach nur durchzuführen gewesen als eine *Gemeinschaftsaufgabe der demokratischen Kräfte* in der Bundesrepublik.
(Beifall bei der SPD.)
Ich rege mich nicht auf, wenn Sie das bezweifeln. Sie sollen nur wissen, was unsere Auffassung in dieser Frage ist. Und so sind wir wie bei einem Konvoi – entschuldigen Sie den militärischen Vergleich, er hat ja auch etwas mit dem Handel zu tun – gezwungen, uns nach der Geschwindigkeit und nach dem Vermögen jener zu richten, mit denen wir in dieser Frage gemeinsam stehen oder fallen. Das wäre doch nicht möglich gewesen für einen Alleingang der Sozialdemokraten, und ich werde Ihnen wohl kein Geheimnis verraten – das wissen Sie doch längst –, daß auch manches dazu geführt hat, ein Jahr nach der Veröffentlichung dieses Plans, das so darzustellen, wie ich es getan habe. Das können Sie nachlesen. Es wäre dumm, wenn ich es hier noch einmal beibrächte.
(Zuruf von der Mitte: Das wird anerkannt!)
Sie lesen das ja meistens nur in Auszügen. Ich weiß, vielbeschäftigte führende Leute haben es schwer, der Sache auf den Grund zu kommen, weil sie nur die Auszüge lesen.
(Beifall und Heiterkeit bei der SPD.)
Aber, meine Damen und Herren, dabei hat ja auch das eine Rolle gespielt, was jene Kraft auf der anderen Seite der Zonengrenze tat, die ursprünglich diesen Plan absolut verworfen und gesagt hat: Das ist ja nichts anderes als ein teuflischer Versuch, den Geltungsbereich der westdeutschen kapitalistischen Monopole auf die DDR zu erstrecken. So war das Ding bei ihnen abqualifiziert. Nach 14 Tagen haben sie dann gesagt: Vielleicht sollten wir den Sozialdemokraten einige Punkte so lange in die Schuhe drücken, bis sie der Schuh drückt. (Heiterkeit.)
Wir wollten das Ganze und jedes Mißverständnis nach jeder Seite hin ausschalten.
Und nun: Warum sollten wir nicht versuchen, auf der Basis der Anerkennung der moralischen und der nationalen Integrität des innenpolitischen Gegners zu Resultaten zu kommen, die uns allen morgen oder übermorgen helfen könnten? Es bleiben dann noch genug Einzelfragen zu klären. Darunter sehe ich so gewichtige wie die, was von der deutschen Politik aus getan werden kann und was getan werden muß, damit nicht das nukleare *Wettrüsten* alle Aussichten auf friedliche Lösungen ebenso wie auf die für den sozialen Fortschritt notwendige *militärische Entspannung* verschlingt. Es kommt darauf an, ob der Versuch gemacht werden soll oder nicht. Ich meine, es ist eigentlich klar, daß der Versuch gemacht werden muß, weil es eben darauf ankommt, die Bundesrepublik nicht scheitern zu

lassen in ihrer eigentlichen Aufgabe: der Erfüllung ihrer gesamtdeutschen Verpflichtung.

Da müssen wir doch nicht über »Provisorien« streiten. Hier geht es um die Erfüllung einer gesamtdeutschen Verpflichtung, über die wir wahrscheinlich nicht zu streiten haben. Müssen wir nicht – das ist meine Frage selbst dann, wenn außenpolitisch geraume Zeit eine Schlechtwetterperiode für Deutschland und die deutschen Fragen herrschen mag – um unseres inneren Verhältnisses im geteilten Deutschland willen versuchen, diese Anstrengung zu machen, die Streitfragen zu versachlichen? Wem zum Beispiel sollte jetzt eine Diskussion über »Provisorium Bundesrepublik« nützen? Sollten wir unsererseits nun anfangen, darüber zu reden, ob diejenigen, die 1949 dem Grundgesetz ihre Stimmen nicht gaben, indem sie sich der Stimme enthielten oder dagegen stimmten – es sind doch verhältnismäßig viele gewesen –, vertrauenswürdig sind, ob sie das Grundgesetz bis heute nur dem Buchstaben gemäß oder dem Sinn nach eingehalten haben? Ich meine, sie werden es wohl dem Sinn nach einhalten. Aber wo kommen wir hin, wenn wir wechselseitig in dieser Weise vorgehen? Ist denn – das ist eine Frage, die nicht weniger wichtig ist, glaube ich – die Scheidelinie, zwischen Leuten auf der einen Seite, die für den Westen sind, und Leuten auf der anderen Seite, die gegen den Westen sind?

Eine der beiden letzten Schriften, die Kurt Schumacher vor seinem Tode 1952 schrieb, beginnt mit dem Satz: »Die Sozialdemokratische Partei Deutschlands ist nach 1945 von der Idee ausgegangen, ein Deutschland zu schaffen, das die Wiederholung der Schrecken der Vergangenheit ausschließt.« Dann heißt es weiter: »Dazu war nach ihrer Meinung notwendig, die Zusammenarbeit mit den anderen freiheitlichen Faktoren in der Welt anzustreben, unter keinen Umständen aber die Deutschen in die Position der Untergeordneten sinken zu lassen.«

Das war also die Grundvorstellung, von der aus dieser Mann, der geraume Zeit unserer Partei das Gepräge gegeben hat, aber – das werden Sie wohl nicht bestreiten – klar und mit beiden Beinen im und zum Westen stehend, seine Ansichten entwickelt hat. Ich meine, statt immer wieder von vorn, mit dem Petersberger Abkommen und dem folgenden anzufangen, während dann eben von sozialdemokratischer Seite immer wieder auf das hingewiesen wird, was schon vorher getan worden ist, auch von Sozialdemokraten, mit sozialdemokratischer Beteiligung getan worden ist, sei es in Berlin, sei es an anderen Stellen, würde es nicht schaden, wenn Sie sich, meine Damen und Herren von den Regierungsparteien, meinetwegen in aller Stille, fragten, ob es nicht gut war, daß Sie es in dieser Periode mit einer demokratischen Opposition zu tun gehabt haben.

(Sehr richtig! bei der SPD. – Dr. Krone: Das ist doch selbstverständlich!)
Ich verlange nicht, daß Sie sich dazu äußern. Gut, alles ist selbstverständlich; es wäre manches selbstverständlich. Da wir aber schon von Selbstverständlichkeiten reden, möchte ich umgekehrt die Frage stellen, ob die sozialdemokratische Opposition bei aller Enttäuschung über so manches, was sie versucht und nicht erreicht hat, was sie sich gedacht und nicht verwirklicht gesehen hat, nicht auch froh darüber sein kann, vieles erreicht zu haben, sei es auch nur dadurch, daß Sie Zugeständnisse gemacht haben, um uns den Wind aus den Segeln zu nehmen. Ich will das im einzelnen nicht aufzählen; denn auf einigen Gebieten der Innen- und Sozialpolitik könnte dann zwischen Ihnen ein Streit entstehen. Ich will Sie nicht gegeneinander aufhetzen, sondern ich will den Versuch machen, ob wir uns nicht in anderen Fragen ein Stück näherkommen können. Ich möchte meinen, wir sollten bei dem Abstand, den wir von den Dingen haben, zeitbedingte Überspitzungen vernünftig betrachten. In Wirklichkeit sind die Auseinandersetzungen darum geführt worden, in welcher Weise wir den Westen, auf den wir beide, die Mehrheit und die Minderheit, angewiesen sind, für die deutschen Fragen bewegen können. Wenn ich sage »angewiesen sind«, meine ich, daß wir beide bei allen unseren Gegensätzen auch geistig zum Westen gehören.
(Beifall der SPD.)
Es gibt viele Gründe dafür, darüber in der Welt keine Zweifel aufkommen zu lassen oder gar zu nähren.
Mir hat heute ein Kollege einen Bericht aus einem Blatt gegeben, das in Bayern erscheint. Es ist der Bericht über einen Vortrag, den der Herr Kollege von Guttenberg bei einer Bonnfahrt der Jungen Union gehalten hat. Da heißt es:
»Die Bundesregierung legt viel mehr Wert auf ein absolutes Vertrauensverhältnis zu unseren NATO-Partnern als auf eine Zusammenarbeit mit den Sozialdemokraten.«
(Hört! Hört! bei der SPD. – Abgeordneter Freiherr von und zu Guttenberg: Das habe ich nicht gesagt!)
Mein sehr verehrter Herr Kollege, ich rege mich nicht darüber auf. Ich hätte das nicht geschrieben, weil das der NATO nicht guttun kann
(Sehr gut! bei der SPD – Abgeordneter Freiherr von und zu Guttenberg: Ich habe es auch nicht geschrieben!)
und weil es ihr nicht genehm sein kann und weil es eine falsche Fragestellung ist.
(Beifall bei der SPD. – Zuruf des Abgeordneten Freiherrn von und zu Guttenberg.)
Wenn ich Ihnen dazu helfen kann, von diesem Holzpferd herunterzu-

kommen, indem ich Sie hier zitiert habe – liebend gern! Was immer uns hier zum Streit anregen oder sogar zwingen mag, es gibt Dinge, die ausgestritten werden müssen. Alle sollten helfen, es verständlich zu machen: In der Bundesrepublik Deutschland gibt es eine demokratische Alternative zur gegenwärtigen Regierung.

(Lebhafter Beifall bei der SPD.)

Und das heißt: Die *Bundesrepublik* ist ein *zuverlässiger Vertragspartner*, gleichgültig ob die jetzige Regierung oder die gegenwärtige Opposition als Regierung die Geschäfte führt.

(Lebhafter Beifall bei der SPD und bei der FDP.)

Ich freue mich, daß im Unterschied zu manchen früher geübten Gepflogenheiten jetzt bei Auslandsreisen schon mehr in dieser Richtung argumentiert wird. So darf ich – ich möchte den Herrn *Bundesminister des Innern* nicht in diese außenpolitische Debatte hineinziehen; ich weiß, er mag das nicht –

(Heiterkeit)

sagen, das hat er richtig gemacht, als er in Argentinien in der Pressekonferenz nach dem Bericht des dpa-Korrespondenten auf die Frage antwortete

(Abgeordneter Dr. Jaeger: Auch ein Auszug?)

Sie können, sehr verehrter Herr, das Exemplar dann sehen, und im übrigen bitte ich Sie, mir doch die gleiche Langeweile zu gönnen, die wir bisher alle haben genießen dürfen.

(Heiterkeit und Beifall bei der SPD.)

»Auch wenn«

– so hat der Herr Bundesminister des Innern gesagt –

»die SPD die nächste Regierung bilden sollte, würde sich die Bonner Außenpolitik in den Grundfragen trotz aller derzeitigen Unterschiede in der Beurteilung der Methoden und der Einschätzung der Weltlage wahrscheinlich nicht ändern.«

Der Herr Bundesminister hat hinzugefügt – Sie brauchen ihm also deswegen keinen Vorwurf zu machen –:

(Heiterkeit)

»Vorläufig werden meine Freunde ihr Bestes tun, um einen Wahlsieg der Opposition zu verhindern.«

(Erneute Heiterkeit.)

Das ist ja klar. Warum sollte er das auch nicht sagen, warum sollte er das auch nicht tun? Dazu gehört er ja Ihrer Partei an.

(Anhaltende Heiterkeit.)

Die Frage, meine Damen und Herren: Finden die demokratischen Kräfte in der Bundesrepublik ungeachtet ihrer Gegensätze, die weder bagatellisiert werden sollen noch bagatellisiert werden dürfen, *das* Verhältnis zueinander, das von der Verantwortung jeder einzelnen Partei gegenüber dem Volksganzen in unserem geteilten Vaterland bestimmt wird? – diese Frage wird, was wir heute auch noch darüber streiten werden oder streiten müssen, in Wirklichkeit das bestimmende Thema der deutschen Politik werden. Angesichts seiner Bedeutung werden heute noch mancherorts mit Eifer betriebene Versuche schließlich scheitern, und – da wir hier schon manchmal von den Generationen gesprochen haben, die nach uns kommen, darf ich es in diesem Zusammenhang auch einmal tun – den Nachkommen werden diese Versuche in einer gewissen Kläglichkeit vor Augen stehen, die darauf hinauslaufen, die SPD an die Seite der Kommunisten zu drücken oder an ihrer Seite zu zeigen oder – Sie erinnern sich – den linken Flügel herauszukitzeln oder zu provozieren, damit die Sozialdemokratische Partei daran flügellahm werde. Kurz: Nachdem in der Bundesrepublik die Kommunistische Partei mit Verbot belegt und damit auch der Kontrolle durch Wahlen und der Kontrolle durch die breite Öffentlichkeit leider entzogen worden ist, hält man sich nun stellvertretend an den Sozialdemokraten schadlos und übt kalten Krieg. Das sollten wir nicht zum Ernstfall werden lassen.

Nach unserer Ansicht jedenfalls sind die Zeichen der Zeit so zu deuten: nicht Selbstzerfleischung, sondern Miteinanderwirken im Rahmen des demokratischen Ganzen, wenn auch in sachlicher innenpolitischer Gegnerschaft. Innenpolitische Gegnerschaft belebt die Demokratie. Aber ein Feindverhältnis, wie es von manchen gesucht und angestrebt wird, tötet schließlich die Demokratie,

(Beifall bei der SPD und bei Abgeordneten der FDP)

so harmlos das auch anfangen mag. Das geteilte Deutschland – meine Damen und Herren, ich will Sie damit nicht belehren; Sie wissen das wahrscheinlich zum größten Teil selbst – kann nicht unheilbar miteinander verfeindete christliche Demokraten und Sozialdemokraten ertragen. Ich danke Ihnen für Ihre Geduld.

(Langanhaltender Beifall bei der SPD und bei Abgeordneten der FDP.)

Deutscher Bundestag, 3. Wahlperiode, 122. Sitzung

Lebenslauf

Personenregister

Adenauer, Konrad (1876–1967),
CDU-Politiker (vor 1933: Zen-
trum). 1917–33 Oberbürgermeister Köln. 1946 Vorsitzender der CDU in der britischen
Besatzungszone. 1950–66
Vorsitzender der CDU. 1948/
49 Präsident des Parlamentarischen Rates, 1949–63 Bundeskanzler. 53 f., 99 f., 110 f.,
143, 152 ff., 175, 252, 254, 258

Ahlers, Conrad (1922–1980),
Journalist (u. a. »Spiegel«) und
Politiker. 1960–69 Stellvertretender Leiter, 1969–72 Leiter
des Presse- und Informations-
amtes der Bundesregierung.
1972–80 MdB (SPD). 1976–79
Chefredakteur der »Hamburger Morgenpost«. 1980 Inden-
dant der Deutschen Welle. 12

Albrecht, Ernst (geb. 1930),
CDU-Politiker. Seit 1970 MdL
in Niedersachsen. Seit 1976
Ministerpräsident des Landes
Niedersachsen. 241

Alexandrow 205

Arndt, Adolf (1904–1974), SPD-
Politiker. 1949–69 MdB.
1963–64 Senator für Wissen-
schaft und Kunst in Ber-
lin. 107

Augstein, Rudolf (geb. 1923),
Journalist. Seit 1947 Herausgeber, Mitbesitzer und Mitarbeiter des Nachrichtenmagazins
»Der Spiegel« 71

Bach, Johann Sebastian 179

Bahr, Egon (geb. 1922), SPD-Politiker. 1966–69 Sonderbot-
schafter. 1969–72 Staatssekretär im Bundeskanzleramt.
1972–74 Bundesminister für
besondere Aufgaben, 1974–76
für wirtschaftliche Zusammenarbeit. 1976–81 Bundesge-
schäftsführer der SPD. Seit
1972 MdB. 184

Bangemann, Martin (geb. 1934),
FDP-Politiker. 1973–79 MdB.
1979–84 Mitglied des Europäi-
schen Parlaments. Seit 1984
Bundeswirtschaftsminister.
Seit 1985 Vorsitzender der
FDP. 34

Barzel, Rainer (geb. 1924), CDU-
Politiker. Seit 1957 MdB.
1962–63 Bundesminister für
gesamtdeutsche Fragen.
1964–73 Vorsitzender der
CDU/CSU-Bundestagsfrak-
tion. 1982–83 Bundesminister
für innerdeutsche Beziehungen. 1983–84 Bundestagspräsi-

dent. 48, 55, 165 ff., 183, 195, 197 ff., 203

Becher, Johannes R. (1891–1958), Schriftsteller. 1954–58 Kulturminister der DDR. 112

Beethoven, Ludwig van 179, 214

Biedenkopf, Kurt Hans (geb. 1930), CDU-Politiker. 1973–77 Generalsekretär der CDU. 1976–80 MdB. Seit 1980 Mitglied des Landtages von Nordrhein-Westfalen. 175

Bismarck, Otto von 104

Böckler, Hans (1875–1951), Gewerkschafter und Politiker (SPD). 1947–51 Vorsitzender des DGB, zunächst in der britischen Besatzungszone, dann in der Bundesrepublik Deutschland. 125

Böhm, Karlheinz (geb. 1928), Schauspieler. Gründer der Stiftung »Menschen für Menschen« (für notleidende Menschen in der Sahel-Zone Afrikas). 68

Brandt, Willy (geb. 1913), SPD-Politiker. 1930 Mitglied der SPD, 1931 der Sozialistischen Arbeiterpartei Deutschlands (SAP). Im Exil in Norwegen und Schweden. 1949–57 und seit 1969 MdB. 1950 Mitglied des Berliner Abgeordnetenhauses. 1955–57 dessen Präsident. 1957–66 Regierender Bürgermeister von Berlin. 1966–69 Bundesaußenminister. 1969–74 Bundeskanzler. Seit 1964 Vorsitzender der SPD. 12, 25 f., 32 f., 38, 40, 53, 101 f., 158, 167, 170 ff., 174,

194, 201, 206, 210, 214 ff., 234 f., 258

Brecht, Arnold (1884–1977), Politologe. Preußischer Beamter, 1933 entlassen. Emigration in die USA. 93, 136

Brecht, Bertolt 112

Brentano, Heinrich von (1904–1964), CDU-Politiker. 1949–55 und 1961–64 Vorsitzender der CDU/CSU-Bundestagsfraktion. 1955–61 Bundesaußenminister. 152, 251, 254 f., 265

Breschnew, Leonid I. (1906–1982), sowjetischer Politiker. 1964–82 Sekretär (1966 Generalsekretär) der KPdSU. 1977–82 Vorsitzender des Präsidiums des Obersten Sowjets (Staatsoberhaupt). 206

Buber, Martin (1878–1965), jüdischer Religionsforscher und Religionsphilosoph. 1938–51 Professor für Sozialphilosophie an der Hebräischen Universität in Jerusalem. 1953 Friedenspreis des Deutschen Buchhandels. 81

Bucher, Ewald (geb. 1914), FDP-Politiker. 1953–69 MdB. 1962–65 Bundesjustizminister. 1965–66 Bundeswohnungsbauminister. 1964 Kandidat der FDP bei der Bundespräsidentenwahl. 1972 Parteiaustritt. 259

Byrnes, James Francis (1879–1972), amerikanischer Politiker (Demokrat). 1945–47 Außenminister; trat für eine Verständigungspolitik gegen-

Sachregister

Die hervorgehobenen Seitenzahlen verweisen auf Textpassagen, in denen
sich Herbert Wehner grundsätzlich zu bestimmten Sachverhalten äußert.

Abkommen, im alten Kontroll-
ratsgebäude unterzeichnet, re-
gelt das Berlin-Problem, ohne
es zu lösen. Trotz unterschied-
licher Rechtspositionen bringt
es auf der Basis eines Gewalt-
verzichts sowie alliierter Ber-
lin-Rechte und -Verantwort-
lichkeiten »praktische Verbes-
serungen der Lage«. Der
Transitverkehr von zivilen Personen und Gütern zwischen
Westberlin und der Bundesrepublik wird erleichtert, damit
er unbehindert in der »einfach-
sten und schnellsten Weise«
vor sich geht; Westberlin ist
zwar kein konstitutiver Teil
der Bundesrepublik, doch werden die »Bindungen« zwischen
ihnen aufrechterhalten, weiter-
entwickelt und die auswärtigen
Vertretungsbefugnisse Bonns
anerkannt; zwischen Westberlin sowie Ostberlin/DDR werden die »Kommunikationen«
verbessert, vor allem durch Be-
suchs-/Reisemöglichkeiten für
Westberliner.
Zusammen mit den konkreti-
sierenden und ergänzenden
Vereinbarungen zwischen der